基础教育

立德育人创新与探索

王金／许向辉／周妹　主编

新华出版社

图书在版编目（CIP）数据

基础教育立德育人创新与探索／王金，许向辉，周
妹主编 . —北京：新华出版社，2021. 10
ISBN 978-7-5166-6086-7
Ⅰ.①基… Ⅱ.①王… ②许… ③周… Ⅲ.①德育—
教学研究—中学 Ⅳ.①G631

中国版本图书馆 CIP 数据核字（2021）第 209105 号

基础教育立德育人创新与探索

主　　编：王　金　许向辉　周　妹

责任编辑：赵怀志
封面设计：武　艺

出版发行：新华出版社
地　　址：北京石景山区京原路 8 号　　　　**邮　　编：**100040
网　　址：http：//www. xinhuapub. com
经　　销：新华书店
购书热线：010-63077122　　　　　　中国新闻书店购书热线：010-63072012

照　　排：北京人文在线文化艺术有限公司
印　　刷：三河市龙大印装有限公司
成品尺寸：170mm×240mm　1/16
印　　张：24. 5　　　　　　　　　**字　　数：**356 千字
版　　次：2022 年 9 月第一版　　　　**印　　次：**2022 年 9 月河北第一次印刷
书　　号：ISBN 978-7-5166-6086-7
定　　价：80. 00 元

编委会名单

主　编： 王　金　许向辉　周　妹
编　委： 刘　蕊　陈合宁　张艳玲　刘　阳　王　洁
　　　　　　阎建宇　刘玉晶

前　言

教育是国家的立国之本，也是每个家庭的希望所在。提到百姓心中的头等大事，教育一直占据主要地位。从古至今，我们始终贯彻着尊师重教、崇智尚学的优良传统。也正是对教育、学习的执着追求，使得灿烂的中华文明能够代代相承。随着时代的发展与进步，百姓对教育水平的要求高，对教育公平的要求更高。

"十三五"时期，以习近平同志为核心的党中央高度重视教育工作，始终把教育摆在优先发展的战略地位，开启了加快教育现代化、建设教育强国的历史新征程。经过"十三五"时期的发展，我国基础教育历史性地解决了"有学上"的问题，教育公平实现了新跨越，正在乘势而上，向更好地实现人民群众"上好学"的愿望迈进。《中国教育现代化2035》明确地提出了"坚持教育为人民服务""让人民享受世界先进水平的优质教育""实现优质均衡的义务教育"思想，勾画出教育现代化的战略愿景。

新的城市总体规划赋予了大兴区全新的功能定位，特别是大兴国际机场投运后，国际航空枢纽地位日益凸显。全力打造首都南部教育发展新高地，大兴区的教育面临着发展的新形势。面对大兴百姓想要在家门口"上好学"的需求，大兴区教委积极引入优质教育资源，为大兴教育不断注入强大活力。

百年附中，底蕴深厚，守正创新，砥砺前行。首都师范大学附属中学作为一所文化底蕴深厚、育人特色鲜明的百年名校，在不同的历史时期始终走在教育改革发展的前沿。在北京市推进教育优质均衡的过程中，首师大附中教育集团积极承担社会责任，不断探索名校教育集团本质及运行规律，扩大优质教育资源的辐射范围。历经 10 余年的探索，取得了集团化办学的先进经验和研究成果，形成了具有成达教育特色的，"做优集团、做强校区"的紧密型教育集团典型发展模式。在这样的时代背景下，大兴区教委与首师大附中教育集团凝心聚力，顺势而起，深度合作，将优质教育资源和先进的办学理念引入大兴，落地生根。2013 年，大兴区政府收购原"兴涛学校"土地、房产，经过修缮改造，建成了一所由首师大附中承办的"高起点、高质量、高标准"的九年一贯制学校——首师大附中大兴北校区。

历经 7 年多的努力，我校充分利用集团办学的优势，同时在大兴区教委的全力支持下，形成了自我发展、自我提升、自我创新的内在机制。7 年多时间，学校全体领导和老师努力探索、勇于开拓、勤于实践，在校园文化的形成、管理模式的优化、课程体系的构建、中小学教育的有机衔接等方面做了很多尝试与探索，为学校留下了宝贵的财富。真正做到"为每个学生提供适合的教育"，并形成了学校的办学特色。

本书是首师大附中大兴北校区教师在认真做好日常工作的前提下，提供第一手资料，并由中小学各部门负责领导和学科教研组的教师，反复研讨、修改完成的。他们是学校教育教学成果的汇报者，也是学校教育教学工作的实践者。我们对参与本书编写工作的全体教师表示衷心的感谢，对奋斗在学校教育教学一线的老师们致以崇高的敬意！走过了奋进开拓的 7 年，面对着未来诸多希望与困难、机遇与挑战。我们将再接再厉，勇往直前！"为大兴教育服务，为大兴学生服务，为大兴百姓服务"的办学初心不变，知难而进、知重负重，务实、争先，我们永远在路上！

由于自身水平有限，书中难免存在问题和不足，恭请各位专家和同人批评指正。

王 金

2021 年 5 月 25 日

目 录

第一章 传承与创新

第二章 立德树人成达致远少年

第三章 基于核心素养的"成达+"课程

第四章　科学与人文交融的智慧课堂

第五章　成达教师的成长

传承与创新

　　首师大附中大兴北校区的建立与发展借助了巨人的臂膀，我校充分利用集体办学的优势，秉承本部"成德达才"的育人理念，恪守"自觉、勤奋、求实、创新"的校训。同时在大兴区教委的全力支持下，进行自我发展、自我提升、自我创新，提出了"为每个学生未来发展奠基"的办学思想，确立了"修身、立德、树人"的教师发展目标和"博闻广见、卓有通识，内外兼修、知行合一"的学生发展目标。学校推行"九年贯通培养"，打破学段壁垒，充分发挥九年一贯制学校的优势。

践行"成达致远"理念，促进学校全面发展

百年附中，底蕴深厚，守正创新，砥砺前行。首师大附中作为一所文化底蕴深厚、育人特色鲜明的百年名校，在不同的历史时期始终走在教育改革发展的前沿。自 2008 年起，首师大附中开启集团化办学之路，积极探索名校教育集团本质及运行规律，将优质的教育资源和科学的育人理念不断向外辐射。2013 年，大兴北校区建校。我们成了教育集团的一分子，成了一所可以"站在巨人的肩膀上"发展的"高起点、高质量、高标准"的九年一贯制学校。历经 7 年多的努力，我校充分利用集团办学的优势，同时在大兴区教委的全力支持下，形成了自我发展、自我提升、自我创新的内在机制。

学校从 2013 年建校之初的 8 个教学班、189 名在校学生、34 名教职工，扩大到如今的 9 个年级、45 个教学班、1600 名在校学生、129 名教职工。任课教师中有硕士研究生 45 人，学科带头人、骨干教师 26 人。建校 7 年多，学校教育教学质量稳步提高，加工能力不断增强，呈现出"低进高出"的良好态势和高质量发展的格局。随着 2020 年我国小康社会的全面建成，自 2021 年起，教育的高质量发展也将进入实质性推进阶段。面对新形势、新任务，首师大附中大兴北校区将牢牢秉承"正志笃行，成德达才"的育人理念，坚守"为党育人，为国育才"的教育初心，在不断深化教育教学改革，推进教育优质均衡发展的道路上疾步前行。现就学校实际工作做如下汇报。

一、以"成达"理念护航，促进学校科学管理

"成德达才"，百年育人理念历久弥新，我校自建校以来秉承首师大附中"成德达才"的育人理念，以落实立德树人为根本任务，以培养符合首都战略地位的养成教育为核心，充分发挥社会主义核心价值观和学生发展核心素养对我校德育建设和课程开发建设的引领作用。

在管理上，立足教与学、教师与学生两大主线，确立了"一横两纵"的生态管理系统（如图 1-1 所示）。横向上打通学部建立了从校长到副校长到中层干部到中小学全体教师的贯通管理，纵向上实现了教学和德育的贯通管理，充分发挥教研组和年级组的作用；德育建设上，将首师大附中本部所倡导的"全员育人"理念植根于德育建设中，以"人"为核心，结合实际情况积极探索，开发了适合全学段的不同层级的德育活动。同时，以养成教育为核心，在各年级设计养成目标，贯通推进。

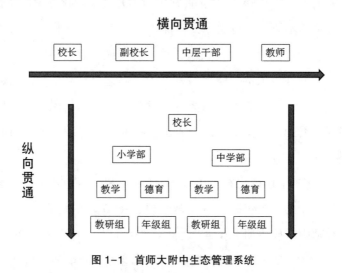

图 1-1　首师大附中生态管理系统

二、以"成达"文化引领，凝聚学校精神力量

"问渠那得清如许？为有源头活水来。"首师大附中根植百年沃土的深厚文化底蕴，"成德达才"的育人理念，"守正、开放、创新"的学校发展理念和勇担历史使命、潜心立德树人的精神底色，一直以来都得到了大兴北校区师生们的情感共鸣和深度认同，发挥了深远的影响力。我们秉承附中"成德达才"育人理念，以"成达致远"教育为核心，全面培养学生的核心素养和关键能力，为学生的终身成长服务。"成达"是始终以"人"的培养为核心，遵循教育规律和人才成长规律，培养正志笃行、成德达才、胸怀天下、家国担当的创新人才。"致远"出自诸葛亮的《诫子书》，后人将"致远"含义进一步引申为远大的理想、事业上的抱负、追求卓越等。"致远"是大兴北校区全体师生一种矢志不渝、锐意进取、勇于开拓

创新的精神，它要求我们正确认识和处理理想与现实的关系、学生当前学习与学生未来成长的关系。既立足现实，又放眼未来，着眼于学生的今天和明天，为学生的终身成长奠基。"宁静致远"是我们为师生营建的校园氛围；"笃行致远"是全体师生工作和学习的态度；"任重致远"是教师对职业、学生对学业的敬畏；"成达致远"是我们培养成德达才、学以致用、志向远大的人才的教育目标。

办负责任、有内涵、有温度的"成达教育"，不浮躁、不盲从、不功利，追求高品位、高质量、高素质，让每个孩子实现全面而有个性发展、自主发展和可持续发展。文化理念的认同与明晰，形成了一种强大的磁场效应，为全校师生注入了新的凝聚力和创造力，让全体师生有了共同认可的精神信念和共同追求的目标。同时也激励着全体师生不断反思、不断超越。

三、以"成达"课程构建，提升学校育人质量

育人方式变革是当前基础教育改革的一个焦点和重点问题。育人方式变革集中体现在从知识本位走向素养本位、从以教为主转向以学为主、从学科"割裂"走向学科"统整"、从"坐而论道"转向"学科实践"。育人方式的本质是"怎么培养人"，课程便是育人的根本途径。

学校在继承本部"四修课程"的基础上，根据大兴区区情和本校学情，构建了"成达+"课程体系（如图 1-2 所示），主要包括基础必修课程、贯通发展课程、能力拓展课程和自主研修 4 类课程。基础性课程，开足开齐国家课程、地方课程；贯通型课程，理顺学生在义务教育阶段的知识与能力培养，包含了旨在积淀学生一生素养的贯通型博识课程，以及旨在打通中小学段知识和能力衔接的贯通型直升课程；能力拓展课程，是向有个性化发展需求的学生提供丰沛的教育供给，为每一位学生提供适合其潜能充分发挥、个性全面发展的专长类课程；自主研修课程，旨在让学生在行中求知、知中践行，培养学生的责任担当意识和实践创新能力（如图 1-3 所示）。

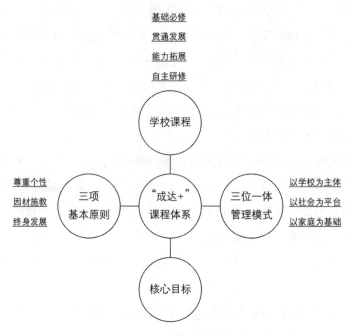

图 1-2 "成达+"课程体系

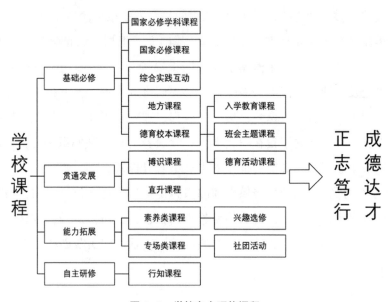

图 1-3 学校自主研修课程

以贯通发展课程为例，经过 3 年的探索，除了在纵向上关注同一学科在不同学段的知识关联，打通学段壁垒之外。我们开始关注横向上不同学科之间的关联，即实施多学科融合教学。上学期我校以"融合创新 贯通发展"为主题举办了第三届直升课程展示活动。向区教育两委的领导、兄弟学校的教育同人、小学六年级的学生家长展示了跨学科融合的 3 节课，获得市区专家、领导和家长们的一致好评。

四、以"成达"教师培养，打造学校中坚力量

青年教师既是教育的中坚力量，也是教育事业发展的宝贵财富。青年教师的快速成长，既是青年教师的强烈愿望，也是这个时代和社会的迫切要求。

我校教师平均年龄为 33.4 岁。依据青年教师发展需求，我校在 2019 年成立了"青年教师成长学院"，以培养"品德优秀、才能通达"的"成达"教师为目标，以"高素养""高学养""高精尖"为培养方向。青年教师成长学院依托课程发挥功能，设置了基础通修、教师素养、项目研究和自主研修 4 类课程，引导青年教师把握教育脉搏，练就扎实的教育教学基本功。同时，借助首师大附中总校的名师团队的力量，以"结对名师""走进名师课堂""名师讲堂"等多种形式搭建青年教师快速成长平台，再利用各类公开示课为青年教师搭建实践平台。内修外引的模式形成了教师崇尚学习的文化，植入了首师大附中善于创新、敢于探索的基因，锻造了一支追求进步的高品质教师队伍。

五、以"成达"学生发展，培养学校高素质人才

2020 年，由于疫情原因，我们经历了延期开学、线上教学、试开学和全面复课 4 个阶段。我们的教学模式也随之不断创新与改变。

2 月 17 日，延期开学阶段的"自学+学案""微课+互动"自学模式。教师要精选有针对性、差异性的学习材料，利用传统的"学案导学"方式稳步踏实推进居家学习，同时，借助"微课"指导学生开展深度学习，并通过多人视频对话开展的师生、生生互动，点拨思路。

4 月 13 日，线上教学阶段的"双师云课堂"模式。市、区级优质教学资源中的"录播名师"和我校的"答疑导师"同时开展线上教学。"答疑

导师"要全程观课,并在观课过程中找准师生互动点,预设难点和拓展点,做好课堂答疑和课后辅导反馈的准备,教师积极主动做好教学跟进服务,为学生提供个性化指导。我校的"答疑导师"对学生的笔记进行及时指导,对教材的整理提倡以多种形式呈现,如语音作业、思维导图等,教师要进行有效的反馈,定期安排练习来检测和巩固,让学生在此过程中实现自我建构。

5月11日,试开学阶段的"线上+线下"混合式教学。混合式教学是顺应特殊时期初三试开学备考阶段的全新尝试。它不是"线上"与"线下"简单机械相加,而是通过课前导学、课堂重点难点讲解、线上线下分层辅导与答疑,双线联动发挥最大合力,助力初三学生取得最优化的学习效果。

6月19日,重回线上教学阶段,即全面复课阶段。我们将复习模式调整为"集中讲授+分层辅导",做到精准施策,突出学生主体;在7月2日以后我们再次对接中考时间,开启"完善+修正"的综合演练模式,帮助初三学生用最佳状态对待中考。我们要求任课教师指导学生处理好"时间"与"精力"的分配问题,做到整体安排时间,分阶段保证学习质量;做好线上线下教学的衔接,兼顾不同学生的需求,制订一人一案的辅导计划;分学科整体安排,分层指导答疑。处理好"前学"与"后练"的关系,抓住基础和核心知识,关注学科能力培养,保证每日每科师生互动。

小学针对低段学生的身心发展特点,我们改变了以直播为主的授课模式,将时间的安排权利还给了学生,以"任务清单"的模式集中知识点,每周两次的线上课程提示学习要点、展示成果。面对学习困难的孩子从"情"入手,尽最大努力缩小学业差距。一是小组合作模式。教师指导采用线上学习的小组合作模式进行,让学生有榜样、有竞争、有动力,方便老师时刻关注,实时指导;二是师生情感联结。在尊重与平等的前提下,通过班会,班主任每周跟学生见面1~2,在安抚学生心理的同时,对一周来孩子们的行为习惯提出要求,使孩子们养成一生都受用的良好的行为习惯,彰显教师爱的成效;三是评比机制助力。每天清晨送学生一句话,以这种方式叫醒孩子们。对学生不吝惜表扬与鼓励,设立多种奖励项目,让学生有追求、有目标。

2020 年是极不平凡的一年，新冠肺炎疫情和百年变局交织，给我们教育人带来了一场大考、连环考。在校领导班子的带领下，我们迎难而上、砥砺奋进，付出艰苦努力，扛过了大疫大考，经受了风雨洗礼，学校各项工作均交出了优异答卷。

2021 年是"十四五"的开局之年，也是我们党成立 100 周年。站在高质量发展的新起点，我们深知基础教育强国的崛起，需要树立科学的发展理念，建立系统的改革思维，研制精准的问题解决方案，开创更为开放融通的新格局。征途漫漫，唯有奋斗，我们一定能在新时代的伟大征程上迈出更加坚实的步伐。

第二章

立德树人成达致远少年

　　立德树人作为当前教育的根本任务，与培养学生德、智、体、美、劳全面发展息息相关。培养全面发展的学生是我国实行素质教育最根本的要求，而在学校教育教学中培养学生德、智、体、美、劳，需要教师从学生角度出发，采取最为有效且合理的方式。同时，教师要从日常工作中不断优化学生的教育和管理方法，学习新的理念，并将其运用在日常工作中，这样才能完成教育根本任务，实现教育目标，从小对学生进行素质教育培养，使其成人、成才。

德育体系

加强教育途径多元化，构建德育课程体系化

张艳玲

目前，国内教育手段呈现更加多元化发展，教育不再仅仅依靠传统课堂授课方式，而是从多种渠道，将不同教育方法进行融合，为社会培养出全面、合格的全能型人才。国家要求我们应该注重德、智、体、美等全能型人才的培养，德在其中居于首位，可见其重要性。那么，针对中小学学生，我们应该怎样将德育与其他教育进行有机融合，为国家培养栋梁之材，成为中小学教师的重要职责。小学德育工作必须把认知性教育、体验性教育、隐性教育有机贯穿到学校德育工作中去，构建适应社会进步和学生发展需要的新型德育课程体系，才能增强小学德育实效性。基于以上思考，首师北把德育课程分为了七大板块。

一、以课堂为基础的德育课程

学科教学中蕴藏着丰富的德育资源，将德育资源的挖掘和利用贯穿课堂教学的全过程。各科教师在传授科学知识、培养学生能力的同时，根据学生特点，发挥学科优势，让学生在探索中获得真知，在实践中品味成功，在思索中激活思维，注重激发学习兴趣，培养良好习惯，端正学习态度，指导学习方法，为他们终身学习和发展奠定坚实基础，使学生在提高科学素养的同时获得人文素养、道德素养的提升。在课堂教学中，结合学科内容、特点，挖掘教育素材，各教研组、备课组在制订教研计划、教学

计划时，要从以下 4 个方面进行努力：一是突出教材中显性教育因素；二是挖掘教材中的隐性教育因素；三是补充教材外的相关教育内容；四是结合社会热点进行渗透。各科教师要努力提高教学艺术，不断探讨渗透艺术，提高渗透教育效果，使爱国主义、社会主义、集体主义教育与教学内容之间产生有机的、必然的、和谐的联系，努力在潜移默化中给学生以春风化雨式的教育。许多课程都包含着丰富多彩的德育内容，我们应积极深入的挖掘，对学生实施自觉的、有意识的影响，达到润物细无声之效。比如，语文教材中所选的文章，语言优美，故事生动有趣，蕴含着做人的道理，其内容本身就有很强的育人功能，我们要善于发现，找准切入点，进行思想教育。在作文中也可引导学生写"谈心日记"，引导学生在日记中宣泄内心的喜怒哀乐，迁移情绪和升华情感，有助于他们克服消极心理状态，完善自我人格。音乐课上，教师在教唱歌曲时，可在介绍歌曲产生的时代背景、歌词的含义、旋律的欣赏等方面进行德育渗透，潜移默化地陶冶学生的心灵；科学教学可注意培养学生运用辩证唯物主义的观点和方法去认识、改造世界；技术教学可注意培养学生勤俭朴素、爱惜劳动成果的优良品质；体育教学可注重培养学生团结、守纪、互助、机智、果断的品质和爱国主义精神等。思想品德学科教师要发挥思想政治课的优势，坚持理论联系实际，自觉地突出政治课的德育功能，及时把握学生的思想脉搏，结合教材、时事政治和富有教育意义的录像、影片等，有的放矢地进行德育。

二、以"博识"为特色的德育课程

我校的"博识课"是继承了本部的课程又进行了深度开发所得。它是以社会为课堂，拓宽了学生的人文、科技视野，让学生走出学校，不断接触祖国深厚的文化积淀和最新的科技发展成果，旨在丰富学生的文化积累、社会实践，培养学生的社会责任感、合作精神、创新精神等，提高综合素质，进而为学生建立良好的素质结构打下坚实的基础。

选点立足于大兴本土，扩展到大兴周边，如野生动物园、南海子麋鹿苑、中国西瓜博物馆、航天科普基地等。

课程设计立足于学生年龄特点，与学科实践相结合，如学习了北京广播电视塔，带孩子去亲身体验感受；学习了《让我们荡起双桨》，带学生去北海公园写生。

课程展示立足于给全体学生搭建舞台，培养学生自信表达，有年级知识竞赛、学生 PPT 展示、学生舞台表演等。

课程宗旨立足于提高学生综合能力，做到学用结合，每一个地点都是多学科融合，比如太平洋海底世界，学生勾兑海水、海洋知识问答、看动物表演等，学生学到了科学、生物、美术等多学科融合。

每个年级有特色：一年级方向为"亲近自然感悟生活"，比如大兴野生动物园、植物园、自然博物馆；二年级方向为"传承民族文化 弘扬民族精神 激发爱国情感"，比如抗日战争纪念馆等；三年级方向为"职业体验梦想起航""国内外建筑欣赏"，比如大兴的义利面包厂、中央电视塔等；四年级方向为"艺术欣赏""生活与健康"，比如大兴慧食食育教育基地、大兴宜生源教育实践基地等；五年级方向为"历史文化古迹"，比如国子监、民俗博物馆等。

三、以家长为补充的德育课程

为了开阔我校学生的视野、增长学生的见识，更好地为学生成长提供优质高效的教育资源，学校合理利用各行各业家长的优势资源，让家长走进课堂，担任讲师。我们诚挚地邀请热心教育事业的家长志愿者们走进我们的"家长大讲堂"。

家长们可以结合自身职业特点，为学生进行相关专业知识培训；结合兴趣爱好，向学生介绍相关方面知识；结合日常生活中动手实践能力的培养，引导全体同学共同参与感知，提高动手能力……"家长大讲堂"的主题讲座可以涉及多个角度，不仅可以普及健康卫生知识、进行安全教育的内容，也可以讲述环保理念、解读城市文化等。我校曾组织不同年级学生学过乘坐地铁的安全、健康饮水、春季流行病的预防、剪纸、做元宵等讲座。

请家长志愿者们给学生讲自己的专业知识，丰富学生知识，提升学生各方面素养。我们会请家长自主报名，根据自己的专业知识报自己可以给学生们讲授哪些知识。我们还会为家长发讲课证书，进行优秀讲师的评比。

由此，家长的资源进一步得到利用，学生的课堂更有声有色。我们相信，各行各业的家长一定能为我校学生提供更多丰富、宝贵的教育资源。

四、以活动为展示的德育课程

学校坚持"以人为本"的思想，充分发挥学生的主体意识，注重德育活动的组织实施。充分发挥德育基地的作用。活动讲实效、重过程，力求每次活动都能让学生乐于参加、积极参加、获得体验、受到教育。

每个月，学校都会有固定的主题活动：三月。感恩月，帮助学生播下感恩和爱的种子，让心灵开出最美的花；四月。亲子成长月，各年级组织家长走进校园，开展了丰富多彩的亲子活动；五月。安全教育月，带领学生进行校内的消防、地震逃生演练、组织班会、带领学生走出校园体验、给学生进行心理讲座等；六月。唱响童年月，组织学生唱红歌，歌唱我们伟大的祖国；九月。规范月，带领学生学习守则，规范学生行为；十月。爱国月，组织红诵活动；十一月。心理健康月，给学生进行心理讲座等；十二月。艺术绽放月，结合学校博识课程、选修课程，组织学生的艺术展演活动。

五、以评价为机制的德育课程

为了进一步提高德育工作的实效性，努力探索贴近学生实际、行之有效的小学生发展性评价新途径、新方法，转变教育观念，从学校工作的实际和学生成长的实际需要出发，力戒"高、大、空、远"的说教式评价办法，让评价活动真正从小学生"近、小、实、亲"之处着手，摒弃传统评价手段的甄别功能，从日常行为规范、基本习惯和基础道德品质着眼，让学生喜欢参与，有序竞争，快乐成长，健康发展，学校决定启动"小学生快乐成长规范工程"，结合开展"7+2 星评选"活动，即从学生身上找长处，在同学当中找榜样、树新星，使同学们真正感到：学习的榜样就在身边，真实可亲，实实在在；我要争星，自尊自爱、自强自立，人人争做德、智、体、美、劳全面发展的合格小学生，为树立良好的校风而努力！由此发挥评价的激励和导向功能，突出过程性评价和发展性评价，帮助学生树立目标、建立自信，激发内在发展动力。

"7+2星"内容及标准

友善之星：能够礼貌待人，积极帮助他人，与同学友好相处。

学习之星：能够认真听讲，积极回答问题，抓紧完成作业，成绩优异。

阅读之星：喜欢读书，知识丰富，善于积累，乐于创作。

守纪之星：遵守校规校纪、班规班纪。

体育之星：热爱运动，积极锻炼，身体强健。

艺术之星：热爱艺术，有某方面才艺，乐于展示。

劳动之星：积极参与校内外劳动，劳动有成效。

以上七星是学校固定的评选内容，除此之外，还设立了两个班主任可以自由挖掘的评选内容。可以结合自己的学科需求、班级的管理需要等进行自主开发。例如，自理星、整洁星、合作星……旨在培养学生各方面能力，树立班级各方面典型榜样。

"7+2星"表彰和奖励

1.每月进行各班的七色星评选工作，选出班级的单色星，并在学校的七色星笑脸墙进行照片展示、宣传。

2.每学期期末，各班根据申报表进行审核，评出校级"卓越星"，学校认定批准、留存档案。

3.每学期期末，学校召开一次表彰大会，表彰各班评选出来的"卓越星"，授给学生"卓越星"奖状和奖章，入选学校宣传栏。

六、以创编为作业的德育课程

我校从2016年开始，组织教师编写以"文明、和谐""榜样"等为主题的寒假作业和以"友善、平等""爱国"等为主题的暑假作业。作业以社会主义核心价值观为导向，以学生核心素养为标准，融入中国传统文化，将各学科知识进行有机整合，与中考、高考改革相契合。

主题作业体现三大特点：一是"和而不同，止于至善"，内容上横向实现了学科间内容的整合；二是"循序渐进，精益求精"，在纵向上关注了各学段间知识脉络的联系；三是"螺旋上升，全面发展"，难易程度上从一年级至六年级呈梯度变化，旨在将学生培养为综合素质突出的未来新型人才。这项作业是我校扎实落实课程建设取得的突破性进展，对我校的课程建设而言具有里程碑意义。

七、以沟通为保障的德育课程

有效的家校合作是相向的，是家庭教育和学校教育融为一体的体现。随着家长素质的提高，许多家长逐渐明白，把孩子送到学校，不是监管责任的转移，而是找到了帮助孩子成长的合伙人。为了提高家校合作的效果，我校的家长与老师形成了良好的沟通渠道，家长们在不同方面参与了学校的各项活动。

为了充分发挥家长会的作用，在学校、班级构思家长会内容的基础上，还应充分利用家委会这一桥梁，开展调查问卷，让家长们提出他们迫切关心的问题，学校、老师再针对家长的问题，丰富各年级、各班级的家长会内容，这样才能解决家长的实际需求，也能在家长会中对这些问题达成共识，以减轻老师平时工作答疑家长问题的负担，让家校协同育人更具体、更深刻。我校每次开展家长会之前，都会进行这样一番调查，虽费些工夫，但为了学生的发展，为了家校协作更加顺畅，学校、家长都愿意认真对待。有时家长提出的一些问题，在学校、老师的预想中确实没有想到：关于4~6年级食堂打饭配餐的问题，关于选修社团招人的条件问题，关于延时服务的问题……

（一）积极动员各科老师，与家长深度沟通

家长会上与家长沟通，不只是班主任的工作，对学生的教育，要全员、全方位参与，因此家长会上，也应积极动员各科老师，与家长进行学科方面的沟通。涉及学校层面的问题，请校长、主任来解答，涉及各个学科学习方面的问题，请语文、数学、英语、美术、音乐、体育各学科老师现身说法，都积极参与进来，培养德、智、体、美、劳全面发展的学生，家长会也少不了各科老师的身影。这样让家长与各学科老师更加接近，也让各学科老师更深入地参与到全员育人中来。

（二）鼓励老师展现特色，创新家长会形式

大家印象中的家长会都是严肃的、沉闷的，开家长会的时候，学生是忐忑不安的，生怕家长会开完，少不了一顿收拾。这就把家长会妖魔化了，家长会上该表扬的表扬，该鼓励的鼓励，该提醒的提醒，家长会是为了解决问题，而不是制造问题。老师和家长是合作的关系，双方关系越融洽，对孩子的教育就越事半功倍。

因此，我们鼓励班主任在家长会上创新形式，体现班级特色和班级文化。五年级的做法就很有意思，得到了家长的热烈欢迎，也为其他年级的家长会提供了更多思路。例如，举办亲子运动会，师生共同准备精彩的节目为家长展示，班主任亲手烘焙甜点迎接家长，让学生提前精心准备送给爸爸妈妈的贺卡……用心、用情精心筹备家长会，家长必然也能感受到老师的一番良苦用心，也会更加配合学校的各项工作。

（三）做好家长回访工作，巩固家长会成果

有些班主任总有些疑惑：每学期都开家长会，强调学习习惯，强调作业规范，强调大量阅读，强调预习复习……但为什么每次家长会都说，每次说完还是老样子，感觉开家长会没多大意义呢？那是因为，家长会不仅仅是一次会而已，家长会只是做到了沟通，沟通之后落实情况如何，还需要我们持续做家长回访工作，才能把理论落到实际，趁热打铁，取得最好的效果。

家长会回访，可以从3个方面来进行：一是家长会当天下发调查问卷，让家长及时写下感想和建议，反馈给学校，以了解哪些地方我们还需要改进；二是家长会后针对会上提到的问题，对学生及家长进行持续跟踪，督促、帮助家长培养孩子的良好习惯，保持家校教育工作一致性，而不是在学校一套，回家就变样；三是总结这一次家长会的成功经验和需要改进的地方，为下一次家长会提供有力的素材。

总之，德育课程的设置和实施不是一朝一夕的工作，而是一个值得长期探索的系统工程。学校工作始于德育，而又终于德育，德育课程是学校的内在驱动，在德育工作蓬勃开展的基础上，我校德育水平逐年攀升。

首师大附中大兴北校区德育课程实施方案
闫建宇

为深入贯彻《北京市中小学培育和践行社会主义核心价值观实施意

见》，全面落实立德树人的根本任务，我校依托"首师大附中"丰厚的人文底蕴，秉承"成德达才"的办学理念，向着"打造具有附中特色、面向未来、师生共同发展的生态型、智慧型、创新型学校"的目标前行。在社会主义核心价值观引领下，以德育课程为支撑，牢固树立"学校致力于培养学以致用、志存高远（成志于学，明德致远），即'全面发展+突出特长+创新精神+高尚品德'的适应未来、创造未来的时代新人"的育人目标，力争使每个学生都能健康成长。努力将培育和践行社会主义核心价值观融入教育教学全过程。

一、立德树人为本，德育课程为先

为实现"让每一位学生都成德达才"的核心目标，本着"尊重个性、因材施教、终身发展"3项育人原则，构建了"成达+育人体系"，确立了课程和活动两条主渠道，育人课程包含基础必修、贯通发展、能力拓展、自主研修四大类课程。育人活动包括主题班会展评、校园之星评选、养成教育活动和校园艺术节四大类活动。成达+育人体系形成了以学校为主体、以社会为平台、以家庭为基础的三位一体管理模式。初步形成具有我校特色的德育课程体系（见表2-1）。

表2-1 首师大附中大兴北校区德育课程体系

课程模块	课程结构	课程主题（目标）	课程形式	对象
基础必修	衔接教育	小初衔接	入学教育周	初一师生
			校园开放日	初一学生、家长
	养成教育	文明礼仪	一日常规量化	全体师生
			主题班会、年级会	全体学生
			文化建设	全体师生
	协同教育	家校合作	家长会、家长委员会	家长
			家长开放日	家长
			家长大讲堂	家长
			家访	全体学生

续表

课程模块	课程结构	课程主题（目标）	课程形式	对象
基础必修	心理健康教育	阳光心语活动	心理知识讲座	全体师生
			心理咨询	部分学生
			心理拓展活动	全体师生
	安全法制教育	安全防护	自救互救知识培训	全体师生
			防灾安全演练	全体师生
			卫生健康知识讲座	全体师生
			艾滋病预防讲座	全体师生
		法制宣传	法制讲座	全体师生
			主题展览	全体师生
自主研修	仪式教育	开学典礼	仪式	全体师生
		毕业典礼	仪式	初三师生
		百日誓师	仪式	初三师生
		升旗仪式	仪式	全体师生
		入队、入团、入党仪式	仪式	全体师生
能力拓展	传统文化教育	传统节日	传统节日主题作业	全体师生
			清明节、端午节、中秋节、国庆节、春节	全体师生
				全体师生
	科技、体育、艺术活动	科技活动	科技节、科技比赛	部分学生
		体育活动	体育节、运动会、体育比赛	部分学生
		艺术活动	艺术节	部分学生
				部分学生
贯通发展	实践活动	"四个一"活动	参加天安门升旗仪式、参观首都博物馆、历史博物馆等、抗日战争纪念馆	部分学生
		博识课	参观、学习、实践	初一、初二全体学生
		主题作业	主题作业	初一、初二学生

二、注重引领，强化落实

（一）常规教育系统化

常规教育是学校教育的基础，关系到学校的规范、有序，是凸显办学思想、实现办学愿景的前提。因此，学校将常规教育课程化，开展入学衔接教育，让学生实现小升初的转轨；进行养成教育，培养学生自主管理的良好习惯；搭建家校合作平台，凝聚教育合力；进行系列心理讲座，促进学生身心健康；营造安全育人环境，发挥德育示范作用。

1. 衔接教育

我校为新生量身打造的入学教育周课程。这样设计的目的，就是用正确的价值观引领学生迈好初中生活第一步。让学生承载着希望与梦想，奔向美好的明天。

2. 养成教育

开学初期，通过校会、班会对学生进行入学养成教育，并开展班级文化建设黑板报、板扎的评比活动，旨在培养学生自主管理的学习能力和正确的价值取向。

（1）开学初认真学习贯彻《中学生日常行为规范》《中学生守则》《兴华中学一日常规》。着重强调学生的仪容仪表、文明礼貌、遵规守纪、文明用餐及安全问题等，使学生明确首师大附中大兴北校区的规章制度和行为准则，培养学生良好习惯，尽快适应在首师大附中大兴北校区的生活和学习。

（2）开展"新学期 新起点"班级文化建设黑板报、板扎的评比活动。各班结合本年级、本班特点，从内容、构图设计上，设计独特风格的板报、板扎，用良好的文化氛围浸润学生的心灵，鼓舞学生的斗志。

3. 家校协作

搭建家校合作平台，凝聚教育合力。

（1）八月底对全员班主任、学生家长进行假期培训，加强学校与家庭的联系。开学后定期举办家长会，召开家长委员会，指导家长的家庭教育。

（2）完善班主任家访制度，加强与家长的沟通和理解，特别是后进生的家长，及时向他们汇报学生在校近况，让家长了解学生在校学习、生活、思想状况。

4. 心理辅导

我校历来重视心理健康教育工作，关注学生身心健康和职业认知。通过心理课、"心理小屋"，不断拓宽心理健康教育渠道，构建全员心育氛围。

5. 安全教育

安全教育是德育工作的重要组成部分，我校安全教育主要包括生命安全、防灾演练、应急救护、法制教育4个方面的宣传与培训。

（1）学校在爱眼日、预防艾滋病日、6·26国际禁毒日等特殊日子积极开展珍爱生命安全主题教育活动，帮助学生了解生命、珍爱生命，提升生命质量。

（2）在5·12防灾减灾日，邀请专业人士为学生开展安全教育讲座及逃生演练培训活动。完善应急预案，使校园在自然灾害来临时能够从容应对，最大限度地减少人身伤害和财产损失，提高我校师生防范各类自然灾害的意识和自救互救能力。

（3）借助公检法的力量邀请专业人士通过讲述真实案例对学生进行法制安全知识培训，教育学生在校内要服从教师管理，自觉遵守学校纪律，不携带管制刀具到校园，维护校园和谐稳定；在校外学生要提高防范意识、提高警惕、预防诈骗等，维护校园周边环境，确保学生有一个良好的成长环境和学习环境。

（二）仪式教育体系化

仪式育人是学校育人理念的直接体现，更是学校文化育人的重要组成。我校精心设计升旗仪式，入队、入团仪式，开学典礼，初三百日誓师，毕业典礼等教育活动，从主题、议程、主持到人员分工等，落实到每个环节、每个人，让活动的每一个细节都在潜移默化中起到良好的育人效果，已逐步形成一整套规范化的操作流程，使仪式、典礼在规范中创新。

1. 3月，学校精心设计初三百日誓师。在距中考100天时，为学生冲刺中考鼓舞士气、激发勇气，助力学生奋斗100天，换一生无悔。

2. 6月毕业典礼是我校实施德育教育的重要载体。通过毕业典礼"爱校教育""感恩教育""理想教育"表达毕业生对母校、对老师的感谢之情、感恩之心，立志从身边小事做起，弘扬"奉献、友爱、互助、进步"的志愿者精神，用自己的方式帮助他人，回馈社会。无论是教师、学生，还是家长，都在这样一次次隆重而热烈的仪式中不断升华自我。

3. 9月开学典礼、升国旗仪式是我校在新学年对学生进行入学教育的第一课。在庆祝新生加入首师北大家庭的同时向所有新生传递首师大附中大兴北校区的文化和价值观。

4. 11月通过入队、入团仪式开展主题教育活动，让学生向往组织、热爱组织，做一名有理想、有信念的中学生，在誓言中感悟成长、感悟责任。

（三）主题教育精品化

我校积极打造书香校园，开展体育节、艺术节、科技节、语言文化节，开展丰富多彩的社团活动等。努力使社会主义核心价值观成为每一名学生的精神追求和自觉行为。

1. 弘扬传统文化主题教育，践行社会主义核心价值观

（1）结合"教师节""国庆节""元旦"等重要节日、纪念日中蕴藏着的道德教育资源，开展"尊师、爱校、构建和谐校园"等各类主题教育活动，引导学生体验和感受重大纪念日中蕴含的中华民族传统文化、传统美德和革命传统加强爱国主义教育。

（2）利用博识课，组织学生前往故宫、名人故居等名胜古迹感受中国传统文化瑰宝，前往中国科学技术馆探究科学魅力，提高科学素养等社会实践活动。

2. 开展"书香校园"系列活动，积极打造书香校园，提高生活品质，提升自身修养

（1）号召学生每学期"读一本好书""看一部爱国主义电影""学一首红色经典歌曲"，努力营造全校读书氛围，激发师生的读书兴趣，让师生与好书做伴，与大师对话，为师生个性和谐发展积淀深厚的文化内涵。

（2）通过国旗下讲话、橱窗宣传、专题板报等活动，营造氛围，宣传读书的意义。

（3）充分利用班级图书角，鼓励学生阅读。

（4）为了培养学生的读书习惯，年级还开展了"中华经典诵读"活动，培养了学生的阅读习惯，在学校里形成了良好的阅读氛围。

3. 带领学生参加"四个一"活动，激发学生的爱国情感及民族自豪感

参观抗日战争纪念馆，让学生铭记历史、勿忘国耻、珍爱和平、开创未来；走进国家博物馆，让学生感受到深厚历史文化积淀和内涵；参观首都博物馆，让学生学到了许多历史知识，看到了世界文明，更加热爱学习、热爱历史、热爱自然、热爱祖国！组织学生走进生存岛，培养学生生存能力、交流沟通能力与团队合作意识。

4. 开展丰富多彩的科技社团活动

举办摄影比赛、合唱比赛、演讲比赛、模联、生物仿生社团、废弃物再利用服装展示等多种类型的兴趣小组和学生社团活动，给学生搭建一个展示自我个性的舞台和多元发展的舞台。通过体验丰富社团实践活动，为学生的全面发展提供新的视窗，拓宽学生成长发展的新思路。

常规教育、仪式教育、主题教育3项要素互相联系、互相渗透、互为条件、互相制约，构成了德育统一体，经过德育实践活动的"内化"与"外化"的过程，促进了学生德行的整体化发展。

学科育人

对《探寻新航路》一课寓德内容选择的案例分析

隋 凤

《探寻新航路》是部编版教材《历史》九年级上册第十五课内容，本课知识是人类历史上的一个重要转折点，见证了世界从分散走向整体的发展趋势，蕴含丰富德育内容：如梦想与实践、历史的偶然与必然、个人意志与时代需要、历史人物的功与过、世界的分散与一体等。《义务教育历史课程标准（2011 年版）》要求：通过哥伦布"发现"美洲、麦哲伦环球航行，初步理解新航路开辟的世界影响。这是对本课知识的精准解读，是对教学实施的明确要求；同时，也渗透出这段历史独有的寓德视角——文明的隔绝与相遇。故本课的德育核心目标定位为：通过学习，更好地认识文明发展的多样性，理解和尊重世界各国、各民族的文化传统，认同探寻新航路使世界文明区域从相互隔绝开始逐渐联系为一体。

一、案例研究中的教学设计简述

（一）教学目标分析

知道哥伦布首次航行的时间、支持国家和路线、到达地区等；了解哥伦布"发现"美洲的过程；知道麦哲伦环球航行的路线。通过对比 15 世纪前后欧洲人绘制的世界地图、观察《哥伦布大交换》等图片，锻炼分析历史问题的能力。

通过观察《哥伦布到达美洲想象图》《哥伦布向西班牙王室报告发现

之旅》等，学习从图中获取有效信息的方法。

肯定航海家的航海贡献和开创精神，但同时也应看到殖民掠夺带来的负面影响；认同"发现"美洲、环球航行是人类发展史上的重大事件，正确认识不同文明之间的共处问题。

（二）教学过程分析

导入：用字幕动画效果出示海路大通时代的群体成员及成就。学生感知这个时代成为人类挑战海洋、探索未知的最辉煌的时刻，感受海路大通的时代背景。

新知：

第一部分——欲往东方

15 世纪，开始了人类历史上的海洋时代。众多的航海家向着未知的海洋进发，他们中迪亚士、达·伽马、哥伦布、麦哲伦 4 位航海家功绩卓著。

激疑：他们航海路线各不相同，但出发前都有着共同的目的地，进而分析航海的原因。

第二部分——哥伦布"发现"美洲

结合《新航路开辟示意图》，简介迪亚士、达·伽马的航海成就，与他们向东找东方不同，哥伦布开创性地向西找东方，在对比中过渡到此目的学习。着重学习哥伦布四次航海中的首次航行。

首先，出示与哥伦布航海相关的 4 幅图片。然后师生围绕上图中的 4 个场景，即出发、远航、到达、归来，串联起哥伦布首次航行的整个过程。在此过程中，学生要仔细观察图片，捕捉"发现"美洲的重要信息。

1. 出发

组织学生讨论：哥伦布若要远航，需要做好哪些准备？教师补充哥伦布招募船员、筹集航行资金等情况。一方面，学生了解西班牙女王、富商和贵族以谋求财富为主要目的的支持；另一方面通过哥伦布携带玻璃球、小镜子等物品以便到东方交换的细节，以便为后面的"归来"形成对比。

设计意图：将学生基于现实生活认知的推理和哥伦布当时航海物质准备比较，突出哥伦布筹划航海的艰辛，衬托其卓越的航海业绩。

2. 远航

讲述哥伦布航海的过程，特别要生动形象地讲述哥伦布和船员"发现"美洲的场景，以突出哥伦布的勇敢、坚毅，引导学生肯定哥伦布的个人品质及其卓越功绩。

3. 到达

对《哥伦布到达美洲想象图》和《哥伦布航海日记》两则史料的研读，学生感受"发现"美洲的历史性一幕，强调1492年10月12日这个日期是东西方文明相遇的一刻。

结合《哥伦布到达美洲想象图》引导学生注意哥伦布对刚发现的岛屿的占有，呼应航海的动机。《哥伦布到达美洲想象图》有作者美化哥伦布的成分，《哥伦布航海日记》则是更可信的一手资料。结合《哥伦布航海日记》中的具体描述，提出问题：若是美洲当地人记录这一刻，他们会怎么写？哥伦布看到事物为什么总想到他们的金钱价值？学生关注到欧洲人、美洲人当时的反应截然不同，认识到追求财富是航海家冒险的重要驱动力。

设计意图：学生要注意辨别史料的学史方法。引导学生从不同角度历史地看问题，建立"发现"美洲的时空概念。

4. 归来

引导学生观察《哥伦布向西班牙王室报告发现之旅》图片中人物及其动作、神态，地面上的物品，并回答哥伦布为什么要带印第安人和美洲物产回来？听众为什么惊讶、兴奋？

设计意图：学生观察图片并提取有效信息，了解哥伦布首航成功的巨大反响。哥伦布发现美洲的过程是教学重点。突出重点的策略是：第一，哥伦布谱写了4次成功远航美洲的篇章，我选取具有开创意义的首航作为学习的主要内容；第二，以图学史，从图中获取有关哥伦布首航的重要信息。以此体现本课的核心教学内容。

第三部分——麦哲伦环球航行

哥伦布是用实践检验地圆学说的第一人，而最终证实地圆学说的是麦哲伦。结合麦哲伦海峡、大西洋、菲律宾的得名讲讲麦哲伦环球航行的过程。

第四部分——海路大通影响世界

1. **联系之路：世界开始联为一个整体**

对比观察《1489 年欧洲人绘制的地图》《1507 年欧洲人绘制的地图》，找出两幅世界地图的地理范围有什么不同？为什么会有这种不同？地图的变化，反映出欧洲人对世界了解的范围逐渐扩大。此前，人们只是知晓亚洲、欧洲、非洲的存在。哥伦布的航海发现，扩大了人们的视野，使人们对世界的认识向前跨越。

解读《哥伦布大交换》书名。明确哥伦布交换即哥伦布"发现"美洲以后带来的全球范围内的食物、动物、植物等交换。总结哥伦布开辟的新航路也是联系之路，世界逐渐联系成为一个整体。

2. **发展之路：促进欧洲资本主义经济发展**

通过这些新航路，大量的财富从新大陆涌向欧洲，航线所到之处，便是西欧人攫取财富之地，达·伽马航行所带来的利润高达全部航行的 60 倍。哥伦布发现了和东方同样富庶的美洲金银产地。新航路所及之处，欧洲的经济中心从地中海转移到了大西洋东岸。土地带来的财富与新航路商业带来的巨大收益相形见绌，茁壮成长的资产阶级掩盖了封建领主的社会风采。商品市场随着航线的延伸遍布世界，世界市场逐渐形成，资本主义生产时代的曙光最终打破了中世纪庄园的封闭。航海家的航海之路，也是商路，是促进欧洲资本主义的发展之路。

海路大通如何改变世界，这是本课教学的难点。学生刚接触世界历史，理性思维能力较弱，"世界开始连为一体"确实超越他们的认知，我突破难点的方法是借助地图、史料，搭建台阶，论从史出。这也彰显了历史特有的学科思想。

3. **血泪之路：拉丁美洲遭受深重灾难**

出示图片：2006 年来自意大利南部的艺术团体在纽约载歌载舞，纪念"哥伦布纪念日"。同时，出示文本：1992 年，正值哥伦布"发现"美洲 500 周年之际，美洲印第安人后裔打出的标语上写着："你们庆祝的是我们的灾难。"

通过上面两则材料营造学生认知冲突的情境。学生总结欧洲人在美洲掠夺、奴役、屠杀。知道美洲印第安人遭受了深重的灾难。同学们可能迷惑：哥伦布是英雄还是罪人？被西方人发现，对美洲来说是不是不幸？欧洲文明与美洲文明之间第一次相遇，就是这样悲剧，这种悲剧是否必要？正如墨西哥学者莱奥波尔多·塞亚所说：纪念 1492 年 10 月 12 日这个日子，"既不是为了庆祝，也不是为了谴责，而是为了思考"。总结本课知识，升华学生认知。

拓展：当社会文化各异、发达程度各异、科技水平各异的文明相遇的时候，该如何相互对待？如何共处？

设计意图：引发学生对文明之间如何共处的深入思考。海路大通 500 多年以后，世界密不可分。当今国际关系中，南北差距和对立越来越严重。追溯源头，人类文明最大最重要的相遇带来的竟然是仇恨和分裂，其后果影响至今。所以对这一问题的思考非常具有现实意义。学生开放性的思考，既是自身认识，也是对世界关系的思考。

二、问题分析与解决过程

（一）问题分析

历史学科丰富的知识内容使其在立德树人教育中发挥着重要作用。优秀历史人物的精神品质、重大历史事件折射出的人类发展趋势，世界不同文明成果中蕴藏的人类智慧……都是对学生进行人文熏陶的多元视角。在研究中发现，对同一内容的诠释角度不同，产生的德育效果不同，德育教育实效性也会产生不同层次的影响，在学科寓德内容的选择、实施上主要存在以下问题：

第一，寓德内容的选择过多地从教师教学角度出发，未能考虑学生实际德育需要。《探寻新航路》一课最初在设计本课寓德内容时，依照课标要求，从学科内容出发，囊括了航海家们用于向海洋探险的勇气、追求航海成功的坚持、努力，开辟新航路对美洲人民的罪恶掠夺等寓德视角，其出发点围绕在教师教，学生的德育教育情况并未得到充分考虑。

第二，关注教学资源中零散的寓德内容，未能充分挖掘出本课寓德内容的最佳视角。《探寻新航路》一课德育内涵丰富，航海家们追求航海梦想所付出的努力、历史人物的功与过、历史事件的偶然与必然、个人意志与时代需要等。最初，本课的寓德内容立足在"肯定航海家的航海贡献和开创精神，但也应看到殖民掠夺带来的负面影响"。结合课标要求，在对学科内容的反复分析后认识到无论是历史人物的优秀精神品质，还是对历史人物功过是非的评价，历史发展的偶然与必然等寓德内容都可在语文、政治、历史学科其他内容的教学中得以挖掘、实施。这些寓德内容并不是本课教学最独特的寓德视角。

（二）解决过程

为了避免在学科德育课例实施中出现寓德内容问题，结合《探寻新航路》一课，在寓德内容选择和设计中做了如下研究：

1. 调研：立足学情，充分了解学生德育的实际需要

在最初的课例实施中，立足历史人物、历史事件，从学科知识教学的角度设计了寓德内容。学生在课堂上表现积极，回答问题也很活跃，对老师设计的德育思考问题对答如流。但是，同学们回答上观点一致，形式色彩浓厚。课后调查发现，这些话在语文课、政治课、历史课的其他教学内容中都说过，"从小学到初中，这么多年，看见问题不用思考都能知道怎么回答了。"千篇一律的德育内容让学生的情感"冷漠"。

在接下来的课例实施中，我们通过走访其他学科任课教师，与学生交流，在深入研究教学内容的基础上，深挖寓德内容，将原定的德育教育点淡化，在全课知识学习的基础上发力于拓展思考，引导学生深入思考"不同文明如何相处"的新问题，在新的寓德视角下，学生动脑思考，深入理解，加强了情感认识，将德育内容内化于心。

2. 挖掘：立足知识，深入挖掘学科独特的寓德内容

学生在历史学习中对历史人物的功过是非，对历史事件的辩证思考都有一定基础，但本课的德育教育对学生以后的成长产生多大的触动，无从得知。《课程标准》要求：通过哥伦布"发现"美洲、麦哲伦环球航行，初步理解新航路开辟的世界影响。更高站位审视本课知识，1500年前后的海路大通，是人类历史上的一个重要分水岭，是人类文明从"区域史"迈向"世界史"的起点。结合学情调查，讨论后确定以哥伦布、麦哲伦两位

航海家的航海事件为两个学习要点，调整问题视角，引导学生在学习世界文明从隔绝到相遇的历史中，深入思考不同文明之间的共处问题，以史为鉴。

三、结论

综上所述，通过历史学科德育案例的研究，我们发现对于学科德育内容的选择应该遵循以下原则。

第一，深挖学科知识内容，寻找独特寓德视角。寓德内容的选择离不开对课标、学科知识的深入挖掘，历史学科的教学内容包罗万象，在与其他学科重叠的背后蕴藏历史学科独特的寓德视角，时代发展的不同特点，人物、事件在历史长河中的重要影响，中西文明间的横向对比，在历史横纵联系间的梳理、比较中，会帮助我们发现历史寓德内容的独特视角。

第二，了解学生德育情况，发挥寓德最大价值。德育的目标是学生，寓德内容的确定作为课堂德育的出发点需要考虑学生的情感需求。入耳不入心，动口不动脑，德育的作用很难渗入学生的心灵。通过多学科的走访，借助问卷、交流等形式，了解学生情感认识情况，设计学生实际情感需求的寓德内容，发挥德育的最大价值，充分体现历史学科的人文情怀。

第三，立足历史思考今天，以史为鉴服务学生。一切历史都是当代史。学习历史学科的德育价值在于借助历史思考今天，寓德内容的选择也要充分考虑这一因素。建立学生生活与历史学习之间的联系，促动学生的神经思维，帮助学生在思考历史人物、事件中汲取有益的人文因素，在原有情感认知基础上形成新的情感认知，从而更有效地落实学科德育目标，促进学生健康成长。

如何利用美术教学缓解
新冠疫情给学生带来的焦虑情绪

夏葳蕤

新型冠状病毒肺炎疫情的到来，打破了我们的平静生活。美术授课的形式在这个特殊的时期也发生了巨大的变化,我校进行了美术线上授课的形式。此时,学生们学习及生活发生了巨大的变化,原本的生活节奏被打乱,因而疫情期间很多学生及家庭不免产生了一些焦虑的情绪。在美术网上授课中,我们可以通过灵活有趣的教学方式,以及发现美、感受美、体验美的过程陶冶学生情操,缓解学生或某些家庭的焦虑情绪。当学生难以从学习中获得愉悦的心情,甚至产生心理问题,只有构建与学生内在发展需求相一致的课程,才有可能解决问题。

一、缓解新冠疫情给学生带来的焦虑情绪

2020 年新年伊始,一场始料未及的新型冠状病毒肺炎疫情肆虐,在这个不同于往年的春节假期与新学期中,每一种职业都迎来了一次前所未见的考验,每一个人也都在以自己的方式参与到这场没有硝烟的抗疫战斗之中。新型冠状病毒肺炎疫情的暴发改变了我们的生活规律,各个学校假期延长,学生原本的作息制度被完全打乱,很多同学不得不"闷"在家里学习。青少年正是朝气蓬勃的时候,他们对外面世界充满了幻想,而新型冠状病毒肺炎带来的学习和生活足迹的改变,给他们带来了精神上的困扰,从而产生了不少焦虑情绪。面对新型冠状病毒肺炎疫情带来的焦虑情绪的影响,我们应当运用合理的教学方法,对学生面临的焦虑情绪进行纾解。而美术教学作为一种美育教学方式,在应对新型冠状病毒肺炎疫情带来的焦虑情绪的时候展现出了独特的价值。

二、疫情背景下美术教学的功能

新型冠状病毒肺炎疫情背景下,学生的情绪普遍焦虑,面对这种情绪,可以通过美术教学来缓解。美术对于情绪焦虑缓解的功能主要体现在以下几个方面。

（一）陶冶学生情操,提高审美能力,美化环境与生活

小学生就像一张白纸一样,在他们的脑海中并没有美丑的观念,他们观念的形成需要老师合理的引导,而并非需要"填鸭式"的教学方式让他们强制遵守。在新型冠状病毒肺炎疫情背景的影响之下,线上教学则应当采取引导式教学的方式,让学生在潜移默化中获得美术知识。在美术教学中重视学生美好心灵的培养,比如在网课正式开始之前,老师可以准备一

些简单的心灵鸡汤式的小故事，这些小故事既是引导学生进入美术课堂的引子，也可以让学生了解到美术与人灵魂之间的关系，久而久之学生就会明白美术与心灵之间是相通的。老师也可以收集一些与自然相关的网络视频，而这些与自然相关的网络视频能够极大地满足在家中学习学生的需求，让学生在感受自然之美的时候得到陶冶情操的机会。学生的动手实践能力也是十分重要的，由于网课与线下课程之间的差别，老师需要在网课正式开始之前对学生进行引导，除了在课上要求学生准备蜡笔、彩笔、水粉等材料之外，还需要在网课进行的过程中用绘声绘色的语言，以及相应的图片、视频内容给学生讲授课程。同时在教授学生美术课程的时候要尊重学生的原创能力，每一个学生的思维方式和对世界的认知是有所差别的，而老师通过合理的引导，能够让学生彼此之间进行思想的交流和分享，而这种交流和分享能够激发出学生更多的创造性思想，既锻炼了学生的创作能力，也让学生在网课学习的时候分享了优秀的学习经验。

相较于其他学科来说，美术学科具有一定的特殊性，这种特殊性体现在学生在学习美术的过程中可以不断地提升个人的审美感悟，进而获得个人的审美能力的提升。在教学实践过程中，教师只有重视学生审美能力的提升，才能够让美术教学发挥其真正的效果。而要想提升学生的审美能力，就必须在老师的指导之下让学生提升相应的实践能力，而实践能力的提升才是学生能力提升的最终目标。

生活是一个大舞台，同时也是一切艺术产生的基础。小学美术教育的最终目标，不是为了让每一个小学生都成为专业的美术人才，而是希望运用美术教育所具有的美育功能，让小学生在学习美术的时候获得想象能力和创造能力，让他们在创作学习的过程中获得真正的快乐。而在网课教学的过程中应当抓住美术课程的这种特点，通过合理的教学方式方法引导学生去观察生活、体验生活，并且能够认识到美术作品与现实生活中美的共同点。比如，在网络上进行一年级《图形变变变》这一课教学当中我是这样做的：①播放一段动画，动画中出现了圆形、正方形、三角形，圆形变成了轮胎和皮球，正方形变成了抱枕和盒子，三角形变成了风筝和帽子，并且这 3 种图形通过组合变成了鱼、七星瓢虫、房子、狗。②通过探究性学习认识生活中的一些事物,让学生了解图形的基本概念。③让学生用七巧板摆出不同的造型。④通过融入环保思想,让学生在学习美术知识的时候了解光盘行动、进行废旧轮胎的改造。整堂课上,我积极引导学生观察分析大量生活中的实物图片和学生作品,引导学生结合自身实际生活进行对比,通过多媒体的展示,拓展了学生的思维,启发了学生创造的欲望,使美术教育走向生活化,达到学习目标,同时寓教于乐。

(二)美术创作是学生对生活的现实审美情感的一种表现

在小学美术课程中,所学习到的知识大部分都是基础性的,而在疫情期间的美术教学中,老师仍然需要让学生在学习美术知识的时候能够获得兴趣爱好的发展。在网课教学实践过程中,老师应当利用网课所具有的便利条件,充分利用多媒体教学的优势,让学生在快乐中学习美术知识,而这种学习方式能够有效地激发学生的想象力,为今后的学习和实践打下一个坚实的基础。而通过小学美术教学,让学生在学习绘画的过程中逐步地认识到色彩、线条、布局等内容在美术中的作用,从而让学生获得对现实生活中的审美理解。比如,在第二课时中让学生画公交车,在网课中我首先给学生们总结了公交车是长方形的外形、圆形的轮胎、长方形的窗户,让学生运用线条把公交车的形状勾画出来,在勾画出来后我又拿出了自己所画的作品,让学生进行比对。随后在课程中又带领学生画出了台灯、茶壶、小兔子,在创作一些复杂图形的时候我让他们学会分解图形,让学生认识到生活中一些复杂的图形都是由一些基本图形组成的。通过网课的实践教学让学生认识到美术创作是对现实生活的审美表达。虽然在疫情背景下美术教学由面授转变为线上教学,但是线上教学丝毫没有减弱学生的动手能力和沟通能力。小学美术教学能够有效激发学生的学习兴趣,对增强学生的审美能力和创新能力具有重要作用。小学美术教学的有效实施有助于落实对学生核心素养的培养。

(三)创新展示与评价方式

在疫情期间的网上教学与平时的美术教学有一定的差距。在家中低年级学生可以与家长一起观看教学视频、准备材料、动手制作,在实践活动中有效地培养磨合亲子关系。作品完成后可以让家长发到社交媒体,即朋友圈、抖音，给亲朋好友、老师欣赏、评论，不但弥补了家庭学习无法进行互评、师评、自评的缺失，而且增添了趣味性、愉悦性，达到放松身心、增强自信的效果。

我们还要注重创新网上美术课程教学过程中的美术作业展示形式与评价方法。一方面，我依据网上美术教学的需要来设计难度适中、操作可行、创意开放的美术练习作业，并请家长或学生们自己使用手机拍照展示；另一方面，我利用社交 App，将优秀的学生作业向全群推送并表扬，同时自动进行群内的作业展示与欣赏。我还利用多样的图片、影集编辑软件 App，将学生们在线学习的作业图片、学习照片、作品合影进行了美化制作，并添加上动画与音乐，再将其分享到美术教学的 QQ 群、微信群、学校群中，这样既可以更好地展示学生的美术作品，又极大地激发出学生的学习热情，还将学生创作的美术作品进行了分享欣赏与传播，极好地丰富了我的在线美术教学中学生作业的展示与评价方式，学生与家长的反馈极好。

三、结论

在小学美术教学中，老师要认识到自己所从事的是一个伟大的职业，也是一个需要极大工作热情和积极性的职业。在新型冠状病毒肺炎疫情背景下，美术教学工作形式发生了改变，但是美术教学的功能是无法改变的，而这次突发的新型冠状病毒肺炎疫情对于美术老师的教学来说，既是一种考验，也是一种创新探索的机会。因此，新型冠状病毒肺炎疫情背景下学生焦虑情绪的出现是正常的现象，我们在美术网课教学中应当抓住美术课程的特点，合理灵活地选择授课方式，以缓解学生焦虑的情绪，从而帮助学生积极健康的成长。

参考文献

[1] 尹少淳. 小学美术教学策略 [M]. 北京：北京师范大学出版社，2010.

[2] 陈文婷. 小学美术个性化教学实践 [J]. 百科知识，2020（27）：78-80.

[3] 袁如何. 小学美术教学校外拓展途径研究 [J]. 科学咨询（科技·管理），2020（10）：190.

[4] 杨婷. 浅析小学美术欣赏课教学策略 [J]. 当代家庭教育，2020（27）：149.

[5] 唐晓云. 小学美术的生活化教学 [J]. 新课程, 2020 (43): 97.

[6] 沈杰, 李军华. 正志笃行　成德达才——首都师范大学附属中学自主课程建设的创新探索 [M]. 北京: 北京师范大学出版社, 2017.

激发内动力，关注学生身心健康发展

姜　萍

　　兴趣和爱好是积极参加体育活动的内动力。学生的学习兴趣直接影响着学生的学习行为和效果，学生能否通过体育课程的学习形成体育锻炼的习惯，兴趣发挥着非常重要的作用。只有激发和保持学生的兴趣，才能使学生自觉、主动、积极地进行体育课程的学习。要培养学生体育锻炼习惯，教师就必须对学生循循善诱，晓之以理，鼓励他们以顽强的意志进行持之以恒的实践。当学生体育锻炼习惯初步形成后，要根据他们的实际，不断提出新要求，使之逐步得到巩固。

一、培养学生运动兴趣，激发学生运动动机

　　作为一名体育教师，在关注学生身体健康的同时，还要关注学生的心理健康。一直以来我都特别重视学生的心理教育，在教学中也就特别关注个体差异，关注学生的心理健康发展。

　　著名人本主义心理学家罗杰斯提出：学习不是将无助的个体牢牢绑在凳子上，再往他们脑子里塞满那些没有实际用处的、得不到结果的、愚蠢的、很快就会被忘记的东西。真正的学习就是青少年在源源不断的好奇心的驱使下，不知疲惫地吸收自己听到、看到、读到的一切有意义的东西。从心理学角度来讲，对某种行为有快乐感，就能产生爱好的兴趣，这种兴趣爱好是运动学习的动力[1]。因此，学习动机的确立，对老师掌握学生的学习特点起着非常大的作用。在课堂教学中，有一个女孩儿上体育课的时候纪律不好，经常不愿意上体育课。在一次迎面接力练习中，她在跑步的时候，班里的同学都在为她加油，通过努力，他们队获得了胜利。于是，在以后的体育课上她开始认真听讲，喜欢和同学们一起运动。通过这个课堂例子，更加说明了兴趣的重要性。因此，在体育课堂中，我会关注不同

的学生，培养学生的运动兴趣，进而激发学生的参与动机、参与兴趣，体验运动的成功和愉快，进而形成良好的体育态度，养成良好的体育习惯，学会科学锻炼的方法。

二、激发内动力，走向个别化

改变教学理念和教学模式，不能采用"填鸭式"教学，不断改变教学方法吸引你的学生，引导你的学生经历观察问题、发现问题、提出问题、探究和解决问题，回到实践中验证结论的正确性这一完整的过程。要注重基础知识的讲解，这样不仅有利于创新精神和实践能力的培养，更有利于学生体育兴趣的培养。目前，学生的运动兴趣是以自己身体素质的好坏来确定的，有的学生由于体育基础差，便采用逃避的方式，体育成绩不理想，尤其是在游戏竞赛时输了，认为自己拖累了小组，出现不自信情况。只有教师的耐心、细心和教学方法的转化，才能从根本上解决问题，使学生形成良好的学习氛围，真正做到让课堂教学焕发生命活力。

教师要爱学生，不能做"教育警察"，要让学生切实体会到你对他的关爱，愿意将心中的困惑告诉你，同时要和他一起面对困难，找到解决问题的途径；不能轻视学生，要尊重他们，和他们建立起平等、和谐的关系，真正成为学生的良师益友；多赏识学生，让他们有成就感，觉得学习是一种乐趣，而不是一种负担，做到由原来的被迫学转变为主动学。循循善诱，对同学间的交往不横加干涉、当众批评，要正确引导，使他们形成良好的同学关系，要成才先成人；激励机制要落到实处，不求人人成功，但求人人进步，每天表扬进步的学生，在教学过程中要注意学生良好的心理素质的训练，"大处着眼，小处入手"，并持之以恒，培养学生自尊自信、自控忍耐、坚毅等品格。

总之，教师如果能做到爱你的学生如爱你的孩子，在体育初始阶段的教学中，设置适宜的难度，使学生在轻松、愉快的学习氛围中，对学习产生浓厚的兴趣，那么你的学生体育学习能力就会增强，一定会成为有用的人，成为真正的人才。教师不仅可以正确分析、了解学生，而且可以预测学生将要发生的行为或发展的方向，并采取相应的干预或预防措施，达到预期的效果，也就是解决"怎么做"的问题。

三、让学生更好、更快地融入课堂

体育课学习运动技能是天经地义的事情，任何时候都不应该质疑。但新的课程标准既关注学习运动技能，也关注学习兴趣、需要和情感。新的课程标准提倡学习自主、合作、探究，让学生成为课堂的主人，让学生主动地去构建知识与技能。在小学阶段，我们需要充分了解不同的沟通方法对动作技能学习的效力，明确哪种沟通方式更好或什么时候单独使用、什么时候联合使用。毫无疑问，示范法、讲解法是我们最常用的指导方法。但是在讲解示范过程中，我们会遇到在教师认真示范讲解时，孩子们却心不在焉的情况。比如，在前滚翻教学中，教师认真示范讲解，孩子中有讲话的、做小动作的，不认真听讲的比比皆是，所以课堂学习效率肯定比较低。我们应该根据学生的实际情况出发，因为在他们心里，他们觉得自己会做的，所以就不用听了。因此，我觉得应该教技能之前应该先了解孩子的具体情况，可以课前先问："有哪些同学会翻跟斗？"而后请举手的同学展示，再由教师慢慢引导，进而完成本课内容。

四、情境教学提升课堂实效

新课程改革中，体育教学应遵循以学生发展为中心，重视学生的主体地位。体育与健康课程关注的核心是满足学生的需要和重视学生的情感体验，促进全面发展的社会主义新人的成长。从课程设计到评价的各个环节，应该始终把学生主动、全面的发展放在中心地位。充分发挥学生的学习积极性和学习潜能，提高学生的体育学习能力。教师要精心创设适合学生活动的情境，不仅可以激发学生欲望，让学生在乐中学、趣中练，由兴趣变志趣，即激"情"、激"趣"、激"志"[2]，从而扩展其体质、个性、能力发展的自由；而且可以使学生在一定情境中受到美的熏陶的同时潜移默化地获得知识、技能与身体的发展，从而形成良好的学习习惯与心理素质，达成在快乐中求发展、在发展中求快乐的教学目标。

情境教学法在小学体育教学中的运用能够为学生们带来有力的积极影响，通过情景模拟方法，充分调动学生的学习热情。同学们在健壮自己体魄的同时，使自己变得开朗，这些都是情景模拟教学方法的功劳。因此，在今后的体育课程中，要多设计情境教学，提高学生的学练兴趣，从而达到促进身心健康发展的目的。

五、结论

活到老，学到老。"有好的教师，才有好的教育。"作为一名教师，应该不断学习，一切从学生的需要出发，不断创新教育方法，并将其应用于教学实践中。

作为体育教师，要充分认识到自己肩上所担负的重要职责。在小学体育教学中，紧紧围绕小学生身心健康发展的新课程核心理念，充分激发内动力，让体育运动成为学生的重要组成部分，提高心理健康水平，形成终身体育意识，从而更好地促进学生身心健康全面发展。

参考文献

［1］陆宝根. 小学低年级学生体育兴趣的培养研究［J］. 体育科技文献通报，2013（3）.

［2］张文娟. 浅谈小学快乐体育教学的几种方法［J］. 学周刊，2017（4）：108.

第三节 ▶▶▶▶▶▶

活动育人 ————

成长树蜕变史

张　豪

　　班级的建设如同孕育一棵小树。小树在成长的不同阶段需要不同的呵护方式，同样，不同时期的班级建设也需要不同的规则与方略。在学校"成德达才"的教育理念影响下，培养品德优秀、才能通达的创新人才，让每个学生都能自主发展、全面而有个性发展和可持续发展成了我的教育目标。作为一名新教师，我在班级建设中也与孩子们一同成长，从一年级刚入学开始就在班级内"种"了一棵成长树，目前这棵成长树已陪伴我们历经了开花、结果、发展的 3 个阶段。

一、开花阶段——荣誉树

　　一年级的学生刚刚从幼儿园升入小学，从小朋友到小学生的身份转变使很多学生在心理上很难适应，面对陌生的环境、陌生的老师、陌生的同学、陌生的课程，产生了恐惧心理。为了给学生安全感与熟悉感，在开学初的一个多月的时间里，我仍用孩子们幼儿园所熟悉的小贴画来奖励他们。但我的小贴画越积累越多，孩子们积攒贴画的地方也五花八门，有的贴在书上，有的贴在本上，还有的贴在身上，甚至有些同学开始渐渐不珍惜小贴画，将其随手扔在地上。这可是荣誉的象征啊，于是我决定在班级内"种"一棵成长树，用来盛放孩子们的各种奖励荣誉。所以，在一年级上学期，成长树被命名为"荣誉树"。每当有学生获得了小贴画或喜报奖状等各项荣誉，都将它们贴到"荣誉树"对应自己名字的树叶上，看着"荣誉树"从之前只有光秃秃的树干，到后来的枝繁叶茂，孩子们脸上都笑开了花。

低年级的小学生好胜心与竞争意识很强烈，利用这一点，可以让孩子们在"攀比"中形成良性竞争，比比谁得的荣誉多，促使学生迅速适应小学的生活节奏。

给学生奖励也不能毫无章法，小贴画在开学初还勉强可行，但随着学生的逐渐成长，"荣誉树"上的小贴画显得有些不那么诱人了。我的目光又开始转向了班级常规。常规是班级生存发展的根本，对于一年级的学生来说，常规教育更是重中之重，良好的常规会直接影响学生身心的健康发展及良好人格的形成。因此，后期我从常规教育的课堂、作业、读书、卫生、两操、午餐、文明7个方面对学生进行奖励，对每一方面又进行了细分，课堂可分为专心听讲和积极举手，作业分为书写工整和作业全对，读书分为大声朗读和广泛阅读，卫生分为桌柜整洁和地面干净，两操分为认真做课间操和认真做眼保健操，午餐分为专心吃饭和光盘行动，文明分为诚信友善和热爱劳动。由于低年级的学生对童话故事很感兴趣，因此我利用七色花的故事为奖励机制命名，将上述的7项常规内容分别对应七色花的7种颜色，做成7种颜色的花瓣，哪位同学集齐七色花的所有花瓣，即可种出一朵七色花，将七色花种到"荣誉树"上，就能实现一个小愿望。

七色花必须要集齐7个花瓣才可以兑换，潜移默化地促使学生要关注日常行为的方方面面，帮助一年级学生迅速地了解小学生活与班级日常的规章制度，努力使自己的行为向班级常规的要求靠拢。

二、结果阶段——鼓励树

好孩子都是夸出来的，低年级的学生不仅需要物质奖励，精神上的鼓励也必不可少。一年级上半学期就在"荣誉树"的激励下过去了，孩子们带着满满的自信与成就感完成了从幼儿园到小学的过渡，等待着下半学期的到来。但受到新型冠状病毒肺炎疫情的影响，孩子们迎来了居家学习这种新的学习方式。网络学习对于高年级的学生来说都是不小的挑战，更何况是刚入学半年的小朋友，在缺少面对面直接互动的学习环境下，很多孩子的学习兴趣直线下降，我又开启了"云种树"模式，将班级的成长树搬到了网络平台上，"荣誉树"升级为"鼓励树"。每天安排1名同学在班级群内发一些正能量的句子、学习视频或学习经验的分享，激励其他学生共同学习。此外，我还在班级群里创建了"表白墙"充当虚拟"鼓励树"，鼓励同学们每天积极在群内分享自己学习的视频，看到视频后，老师、学生、家长都可以在"鼓励树"上发表对某位同学的赞赏或鼓励，孩子们渐渐学会了欣赏他人，并且主动学习他人的优点。

一名书写工整的同学在发布了自己的书写作业后受到了家长、学生的一致好评，看到"鼓励树"上大家对自己的表扬，这名同学主动分享了自己书写的经验，当起了小培训师，教授其他同学观察汉字结构的小妙招，第二天我发现班内的书写作业都工整了许多！"鼓励树"上更多的同学都受到了表扬与好评。

他山之石，可以攻玉。在居家学习期间，孩子们在"鼓励树"的鼓励下，学到了不少好的学习方法。每周我都会在"鼓励树"上为每位学生摘录几句他这一周收到的鼓励，制作成各种水果的形状发送给家长，再由家长打印出来送给孩子，收到自己"种"出来的"果实"，孩子们都兴奋不已，居家学习的热情也日益高涨，既提高了学习效率，也有效地缓解了家长的焦虑情绪。

三、发展阶段——交流树

在孩子们升入二年级后，表达欲望与能力与一年级时相比有了显著的提升，为了给学生提供更自由的交流平台，成长树再次升级，由"鼓励树"化身为"交流树"。

二年级开学后，我按照学号的顺序每天安排1名同学写"班级日记"，将班级内每天发生的故事记录下来，留下属于班级内独有的共同记忆，再将每名同学的日志展示在"交流树"上，便于每位同学阅读、分享、交流想法。在孩子们的记录中，不仅可以从孩子的角度看到他们眼中的班级是什么样子的，还可以从中发现自己在班级管理或日常教学中的不足。可以说，"交流树"给我在班级管理中帮了大忙呢！

1. 解决同学矛盾

有同学在日志内写到与好朋友发生的不愉快，因为好面子而不好意思当面道歉，但内心倍受煎熬，希望能得到朋友的谅解。在"交流树"上看到这篇日志的当事人在下面进行了回复，课下二人又和好如初。学生之间出现的矛盾最好让学生自己解决，给学生自己成长的空间。

2. 解决班级问题

有同学在日志内写到即将召开的运动会，孩子们展开了热烈的讨论，自主推选出了啦啦队队长和班级口号，对于孩子们的突然"成熟"让我又惊又喜。二年级的学生年纪虽然小，但他们对一些事情也已经初步形成了自己的观点和看法。教师放手让学生去参与班级事务的管理也十分有利于培养学生的主人翁意识。

3. 了解学生的内心世界

看到学生的日志内容，都可以帮助我更加了解每位孩子的内心世界。班内有位沉默寡言的女生，平时很少主动与我交流，我对这个女生的了解大多数来自家长。轮到这个女生写日志时，正好赶上学校组织朗诵比赛，我要在班级内选几名领诵的同学，这个女生因为声音小，不敢大胆地表现自我而没有入选，当晚她在日志中表达了自己很想成为领诵员的想法，还提到了自己回家付出的努力与妈妈对她的鼓励，十分想获得老师及同学的肯定。看完日志后我又找到她，在征求全班同学意见后给了她一次重新尝试的机会，这次她勇敢地突破了自己，声音洪亮，情感表达到位，终于争取到了领诵的资格。此后这个女生开朗、自信了许多，我对她的了解也加深了许多，更便于我进行有针对性的因材施教。

四、结论

有了"交流树"，师生、生生之间的交流效率与质量都有了显著的提升。不仅交流的时间更加自由，可以随时在"交流树"下进行留言，交流的内容也不仅仅局限于学习方面的问题，还包括班级生活的方方面面，使学生能够更加畅所欲言，在班级内生活得更加舒适自由，更有"家"的感觉。

这一年多的时间里，班级里的成长树与孩子们共同成长："荣誉树"教会孩子努力与自信；"鼓励树"教会孩子欣赏与赞扬；"交流树"教会孩子思考与表达。相信未来成长树还会不断地长大长高，随着孩子们不同成长阶段的需要，蜕变成一棵适合孩子发展的"万能树"！

超级英雄！我们来啦！

赵 菲

【班会题目】超级英雄！我们来啦！

【班会主题】我和我的祖国

【授课对象】初一年级（3）班

【课时】1课时

【背景分析】

主题解析：

《新时代爱国主义教育实施纲要》指明以爱国主义为核心的民族精神和时代精神是凝心聚力的兴国之魂。要把青少年作为爱国主义教育的重中之重。在短暂的复课后，6月11日突发的新发地疫情，让首都北京再次回到全民抗疫的局势之下。大兴区紧邻新发地市场，身边出现确诊病例、一夜之间重回居家学习的现实，使学生、家长再次陷入忧虑之中。值此危急之时，在党和国家的正确领导下，社会各界涌现出无数的平民英雄，凭坚守担当、团结一致迅速抑制了疫情的发展。北京新发地抗疫是中华儿女们爱国主义行动的缩影，是一份绝佳的爱国主义教育材料。

学情分析：

初一新生亲身经历了从出现病例到病例迅速清零的抗疫全过程，了解抗疫的胜利来之不易。可借此契机，引导学生深入体会并学习坚守、担当、万众一心的中国力量。因此，我设计召开此次主题班会，和学生重温全民抗击新发地疫情的过程，分享平凡人物身上的坚守事迹，学习中华儿女凝心聚力的爱国心，以此弘扬爱国主义精神，引导青少年在生活中践行爱国主义精神。

【班会目标】

1. 通过视频资料和采访分享，学生了解北京抗疫中的平民"超级英雄"事迹，激发学生对抗疫英雄的敬爱之情。

2. 通过分析讨论超级英雄的"超能力"，即意志品格，使学生认识到：在党和国家的领导下，全民的战斗力、担当力、凝聚力汇成了中国力量，造就了抗疫成功。

3. 通过"礼赞超级英雄"，表达对英雄的高度赞扬，明确作为青少年，要学习和践行抗疫精神、爱国精神。

【前期准备】

1. 教师制作调查问卷，调研学生家长职业和参与抗疫的情况，以安排学生对相关家长进行采访。

2. 将全班同学分成 4 个小组，采访身边不同职业的相关人物在抗疫期间的工作和贡献，并派代表进行汇报展示。

小组 1：医护人员。

小组 2：社区、基层工作人员。

小组 3：服务类人员（运输、快递等）。

小组 4：采访老师。

如选择采访，提纲如下：（规范内容框架，为讨论分析环节做铺垫）

▶请您先和镜头前的同学们打声招呼，做一下自我介绍。（包含您的职业）

▶在北京新发地疫情暴发期间，您的工作内容是什么？

▶您为什么这样做？抗疫过程中有什么感受想和大家分享？

▶小组汇报时，需要在最后增加本组成员的感受或评价。

3. 制作 PPT

【实施流程示意图（如图 2-1 所示）】

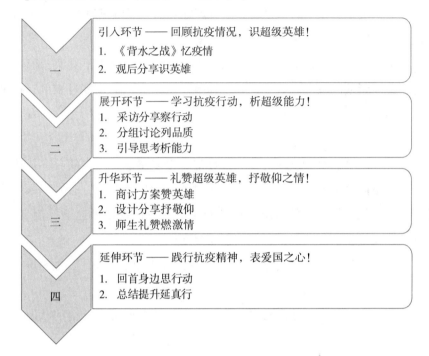

一
引入环节 —— 回顾抗疫情况，识超级英雄！
1. 《背水之战》忆疫情
2. 观后分享识英雄

二
展开环节 —— 学习抗疫行动，析超级能力！
1. 采访分享察行动
2. 分组讨论列品质
3. 引导思考析能力

三
升华环节 —— 礼赞超级英雄，抒敬仰之情！
1. 商讨方案赞英雄
2. 设计分享抒敬仰
3. 师生礼赞燃激情

四
延伸环节 —— 践行抗疫精神，表爱国之心！
1. 回首身边思行动
2. 总结提升延真行

图 2-1　实施流程示意图

【实施过程】

一、引入环节——回顾抗疫情况，识超级英雄！

（一）《背水之战》忆疫情

观看"新发地"抗疫纪录片《背水之战》片段，回顾新发地抗疫概况。

（二）观后分享识英雄

1. 请学生分享自己的视角和感受：记住了视频中的哪些人？哪些时间？哪些事情？

生 1：流调人员像侦探，从行动轨迹确定暴发点。很迅速，不到 16 小时确认了新发地。

生 2：妈妈刚好也是一名医生，无法回家或半夜才回家，休息时间极短，特别敬佩她的坚持。

生3：我对社区工作者印象最深。因去过新发地，我们需要居家隔离。社区工作人员帮送东西、拿垃圾，直到解除隔离。视频里说有10多万人居家隔离，社区工作者很辛苦。

生4：快递和运输人员。新发地一关闭，家人担心买不到菜，但并没有遇到蔬菜紧缺的情况。看了视频，知道是从周边运输调度过来的，援助及时且给力。

2. 教师衔接

老师：同学们对新发地抗疫的过程都有很多感触，大家的分享描述中都带着对不同角色的敬意。确实，在面对疫情的危急时刻，有人不顾危险地站出来，他们是我们的英雄！他们的付出让我们得以迅速地控制疫情，重新回归正常生活，他们是我们的超级英雄！

今天，就让我们一起走近他们。《超级英雄！我们来啦！》主题班会现在开始。

【设计意图】通过观看视频，带学生回顾新发地抗击疫情的状况，直观了解社会各界人士为抗疫做出的贡献。再通过观后分享，从"人、时、事"3个角度引发学生的思考，使学生在分享中初步体会到"超级英雄"的应对迅速、勇于担当和恪尽职守，从而自然地引出主题，同时为后续的思考和讨论做好铺垫。

二、展开环节——学习抗疫行动，析超级能力！

（一）采访分享察行动

请各小组上台分享课前采访视频，展示身边不同岗位的超级英雄的具体作为。

小组1：医护人员——是该冲锋陷阵上战场的时刻，没有什么克服不了的！

分享主要内容：小洋妈妈是大兴区的一名医护人员，新发地疫情一暴发，她立刻和同事一起负责疫情处置、密接管理、核酸采样等工作。她直言，开始心里是害怕的。但就是该冲锋陷阵上战场的时刻，没有什么克服不了的。她每天需要工作20小时左右，无法归家。随时保持待命的状态，完全无暇顾及家人。穿着防护服，每天出汗量极大，为了节省时间和医用资源，甚至需要穿成人纸尿裤。虽然辛苦，但是危急时刻，舍小家为大家，是最正确、最坚定的选择。

小组2：基层工作人员——能够成为各部门的连接者和各项工作的润滑剂，是非常有存在感和成就感的。

采访主要内容：小睿和小悦的妈妈分别是街道工作人员和社工。确定新发地为疫情暴发点后，他们连夜协助进行信息统计、上门查访、帮助居家隔离住户等。疫情暴发初期，信息统计和排查工作重要且紧急，从早到晚，走到双腿浮肿。后来进行全民核酸检测，他们协助核酸检测，在烈日下一站就是一天。她们说："面对突发的紧急疫情情况，能够成为各部门的连接者和各项工作的润滑剂是非常有存在感和成就感的。为抗疫、为保护大家付出的一切都值得。"

小组3：服务人员——哪怕只是起到了一点儿作用，也是特别有意义的一件事情。

采访主要内容：小傲的叔叔是货车司机。新发地关闭后，北京的蔬菜供应出现缺口，需要从周边地区进行调度运输。有人联系小傲叔叔参与运输，他驾车至河北地区，来回车程3~4个小时，将周边的蔬菜运到北京。小傲叔叔以往拉货都要比对价钱和工时，这回只收了油费却是最开心的一次。哪怕只是起到了一点儿作用，也是特别有意义的一件事情。

小组4：老师——能全力陪护毕业生一起渡过难关，熬再多夜也值得！

采访主要内容：吴老师是刚刚送走20届毕业生的老师。疫情突发，6月17日学生们骤然恢复居家学习状态，很多学习用品和中考复习资料还留在学校。吴老师和班主任一起将孩子们的物品消毒、整理、分装，安排学生分流在校门口零接触领取材料。恢复线上教学后，老师们采取分小组个性化辅导的方式。流水的小组，铁打的老师，工作时间延长到近20小时，一直处于学生有问题随时回答的状态。可以说2020年是有很大挑战的一年，但是能全力陪护毕业生一起渡过难关，熬再多的夜也值得！

（二）分组讨论列品质

请各小组讨论所采访的那类"超级英雄"，他们什么时间做了什么事情？有哪些令你敬佩的细节？展现了什么样的精神品质呢？

将讨论结果关键词写到海报纸上，讨论后选派 1 名代表进行发言交流（如图 2-2 所示）。

图 2-2　学生制作海报及制作成品

学生讨论后分享结果汇总如下（见表 2-2）：

表 2-2　学生分享结果汇总

人物类别	具体行动	精神品质
医护类人员（包括流调、消杀人员等）	1. 16 小时完成流调，迅速回医院工作 2. 不怕病毒的危险，勇敢地冲在前面 3. 超长时间的工作，一直坚守在一线岗位上 4. 每天穿防护服，工作条件等非常辛苦 5. 无暇照顾家人等	1. 反应迅速 2. 舍身为国 3. 恪尽职守 4. 吃苦耐劳 5. 舍小家为大家
社区基层工作人员	1. 承担了很多额外、琐碎的工作 2. 有很多志愿者无偿加入基层队伍中 3. 挨家挨户做普查、爬楼等	1. 勇于承担 2. 无私奉献 3. 坚持不懈
服务类人员（运输、快递等）	1. 坚持送外卖、快递等 2. 出现蔬菜紧缺的问题，能够参与到运输工作中 3. 周边地区能向北京调度、输送蔬菜	1. 坚守岗位 2. 默默奉献 3. 团结一心
老师	1. 消毒、分装学习材料，发给学生 2. 为了学生熬夜工作、答疑等 3. 改变线上的教学方法等	1. 富有爱心 2. 敬业奉献 3. 随机应变

（三）引导思考析能力

老师：同学们都说得非常好，观察和总结得也非常生动、到位。我们细细地看一下大家分享内容呈现的精神品质，会发现我们这些"超级英雄"其实有很多的共同特征：

（1）各行各业迅速地响应要求和号召，展现出应对及时、反应迅速的**战斗力**。他们坚守在岗位上，承担抗疫中增加的工作，发挥出**恪尽职守、敢于担当的担当力**。

（2）各行各业以各种方式为疫情防控操心出力，彰显了**万众一心、同舟共济的凝聚力**。战斗力、担当力、凝聚力就是这些超级英雄的"超能力"！而这背后，正是因为浓浓爱国心！是中华民族的"**中国力**"，是兴国、强国之魂（如图2-3所示）！

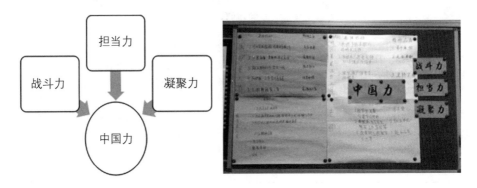

图2-3 学生作品

【设计意图】深化上一环节，结合视频与采访材料讨论，引导学生从"人、事、质"3个方面思考，加深学习和感悟，总结出抗疫过程中身边平凡人物展现出的顽强意志和精神品格就是他们的"超能力"。通过教师的点拨，明确抗疫精神的内核是战斗力、担当力和凝聚力，是爱国主义精神驱使下的中国力量，以此激发出学生的爱国主义情怀。

三、升华环节——礼赞超级英雄，抒敬仰之情！

（一）商讨方案赞英雄

主持人：举国上下的"超级英雄"是我们最美的守护者，也是我们的最佳学习榜样。接下来，就让我们向着这些超级英雄靠拢进发吧！以小组为单位，按照讨论部分所抽取到的"超级英雄"作为对象，设计礼赞超级英雄的方案，并说明设计理念和原因。

（二）设计分享抒敬仰

学生礼赞方案分享汇总如下（见表2-3）：

表2-3　学生礼赞方案汇总

人物类别	礼赞形式	具体方案及设计理念
医护类人员（包括流调、消杀人员等）	为英雄作画	为他们创作不同场景的彩绘画，分为医护篇、流调篇、检测篇、消杀篇，通过画作表达对他们的感激之情，能在日常工作中给他们一些支持和力量
社区基层工作人员	见字如晤	给帮助过自己的社区、基层工作者写诚挚的感谢信。我们组刚好有两位会写书法的同学，我们还准备写下"超级英雄"的字，装裱后送给他们，给叔叔阿姨们繁忙的工作生活带来温暖和力量
服务类人员（运输、快递等）	为英雄歌唱	这一类的"超级英雄"可能总是需要在交通工具上工作的，所以我们决定录制一首歌给他们，这样在外辛苦工作、开车的时候也可以听到我们的声音
老师	让英雄暖心	老师们最惦念的就是学生的成长，我们组决定先邀请刚毕业的学姐学长们给老师们录制短视频，之后加上我们新学生们的宣誓视频，立誓奋发向上，向超级英雄靠拢。给老师们暖心，让老师安心

学生最后提议：把4个系列的礼赞一起记录下来，制成一部大的礼赞作品，以此向所有在抗击新发地疫情中奉献自我的"超级英雄"致敬！

【设计意图】用设计礼赞方案、分享设计理念的活动方式，深化学生对抗疫精神的认识，对平民英雄们的敬爱。以情促行，引导学生用实际行动表达敬意。

（三）师生礼赞燃激情

老师：作为中华儿女中的一员，老师也有一份敬仰，想要献给每一个平凡岗位上的超级英雄，我邀请了几位同学和我一起行动，请大家欣赏我们的礼赞《中国力量》！

朗诵文稿前文略，尾段：

生1：我多想有一双隐形的翅膀，用音符为你疗伤！

生2：我多想让嫩芽快点生长，让花香飘近你的病床！

生3：多想，多想，多想，多想……

生（合）：哦！今天我懂了！

师生（合）：每个人的脊梁就是民族脊梁！

我们的力量，就是中国力量！

【设计意图】以师生共诵《中国力量》的方式燃情，激起学生的民族自豪感、责任感和使命感，进一步扩大礼赞情绪。同时，强化每个人的力量就是中国力量。为下一步践行抗疫精神做好铺垫（如图2-4所示）。

图2-4 师生共诵《中国力量》

四、延伸环节——践行抗疫精神，表爱国之心！

（一）回首身边思行动

1. 提问思考

主持人：每个人的脊梁就是民族脊梁！每个人的力量就是中国力量！我们是祖国的未来，是未来最强有力的建设者。这次疫情期间，我们是被保护的群体，但未来，需要用我们的力量去保护他人。如何才能发挥我们的力量，成为"超级英雄"中的一员呢？

学生观点总结：学习"超级英雄"的品质，从现在开始磨炼自己，在学习生活中锻炼、收获这样的"超能力"，即"战斗力""担当力""凝聚力"。

2. 超级能力养成计划

确定自己想要收获的"超能力"，并想想要如何在日常生活中提醒自己养成这样的超能力。写到自己的超能力养成计划表上，并在班上分享。

学生分享汇总大致如下（见表2-4）：

表2-4　收获"超能力"学生分享汇总

我的目标超能力	我的具体做法是
战斗力	能迅速、果断、积极地完成个人或班级的事情和任务，不拖沓
担当力	1. 坚守岗位，认真负责地完成值日，还有我的课代表工作 2. 我要好好学习，承担好自己现在作为一名学生的责任，以便未来承担更多地建设祖国的责任
凝聚力	在集体的事情面前，我要收起自己的任性和私心，以集体目标为最高目标，以集体利益为最高利益。作为班长，号召、团结好班级同学

3. 超级能力共养成

请学生公开承诺践行自己的计划，并将养成计划表贴到班级文化墙上，互相监督。

【设计意图】强化每个人的力量汇聚成中国力量的民族精神实质，引导学生在学习生活中践行抗疫精神，为自己设定成长方向和目标。

（二）总结提升延真行

老师：同学们的表态都非常好，展现出了浓浓的斗志！兢兢业业做好你们说的小事情，其实就是在践行抗疫精神、延续中国力量！人无精神则不立，国无精神则不强。国家精神由每个人的精神汇聚而成。抗疫精神也是这样的一种精神：

是全民应对及时、反应迅速的英勇战斗精神；是万众一心、同舟共济的守望相助精神；是恪尽职守、敢于担当的英雄主义精神！

作为祖国未来的开拓者和建设者，你们是中华民族未来的中流砥柱。请你们做一名"超级英雄"，闻令而动，反应迅速，用你们的战斗力壮大中国力量！做一名"超级英雄"，恪尽职守，勇于担当，用担当自己的那份责任来壮大中国力量！做一名"超级英雄"，团结一致，上下同心，用我们的凝聚力壮大中国力量！中国人民和中华民族，必将在你们的奋斗和建设之下，一路凯歌，奋勇向前！

【设计意图】通过班主任总结再次点题。明确抗疫精神的伟大内涵，强调每一个中华儿女的贡献汇聚成中国力量，代代相传的精神汇聚成民族精神。激励学生在未来生活中以爱国情怀为指引，践行并发扬民族精神！

【班会后延伸教育活动】

1. 按照礼赞方案，执行后续制作并完工。

2. 进行线上礼赞，向身边各行各业的"超级英雄"致敬。

3. 将实物版礼赞作品送给相应的"超级英雄"。

4. 持续在班级展板上展示"超能力养成计划"，并借助小组积分，鼓励落实"超能力养成计划"。

5. 由学生小组作为策划人，开展类似的系列爱国主义班会活动。继续弘扬"抗美援朝精神""女排精神"等爱国精神。

【班会反思】

本节班会从学生的身边出发，选取贴近生活的新发地疫情为载体，以学生身边的人、事儿作为学习、思考、讨论的内容，能引起学生的共鸣和共情。

班会通过视频观赏、课前采访、小组讨论分享、师生同台、自主思考分享等多种活动方式充分调动学生的积极性。

以"超级英雄"为切入点，从"回顾抗疫情况，识超级英雄！""学习抗疫行动，析超级能力！""礼赞超级英雄，抒敬仰之情！""践行抗疫精神，表爱国之心！"四大环节层层递进，帮助学生了解抗疫事迹、理解抗疫精神，再到学习发扬抗疫、爱国精神，帮助学生直观地理解爱国的具体内涵与践行途径。

针对初一学生心智还有待发展成熟的现实，班会最后立足身边，确定日常生活中的具体做法，能够更加明确地引导学生为爱国付出行动，但是还需要持续地引导和监督。

成德达才理念下的班级文化建设

张梦彤

在《正志笃行　成德达才——首都师范大学附属中学自主课程建设的创新探索》一书中，阐述了"成德达才"的本质就是将"人"的培养放在核心位置，遵循教育规律和人才成长规律，培养品德优秀、才能通达的创新人才，让每个学生都能自主发展、全面而有个性发展和可持续发展。我的六（一）班，秉承着成德达才的教育理念，沐浴在学校领导的关怀下，在年级所有任课老师的滋养下，谱写出"快乐、阳光、团结、乐学、爱意浓浓"的乐章。正能量的班风让每一个孩子的心中都充满激情，让每一个孩子都以自己生活在六（一）班为傲，并且都无比热爱自己的集体，互相鼓励、互相学习、互相温暖着，这个和谐的大家庭携手走过了6年，其间有欢笑，有感恩，更有浓浓的深情和不舍。

一、生生平等

刚上学的小朋友，每个人都有个"当官梦"。我们班级打破传统，设立了"灯官""饭官""水官""花官""扫地官""领读官"等，37个人有37个官，同时还有"服务长""帮扶长""清洁长"，但唯独没有"班长"。在我们这个集体中，人人都愿意去照顾小乌龟，每个人都想去爱护班花，同学没有做好的时候，其他人都会来帮一把，正是我们的人人平等、同心协力，6年来我们每年都被年级评为优秀班级，代表学校参加过很多的活动，取得了较好的成绩；6年来我们班级"人人都是官"，每一名同学都是平等的，班集体是民主团结的，这样的正能量让每个孩子都愿意为班级付出自己的力量。

二、奖惩有道

每一个优秀的集体都会有严格的制度来促进发展，我们是21世纪的新少年，我们是生活在新时代的现代少年，我会认真地为学生解读《小学生守则》《小学生日常行为规范》。同时，为了让我们能够理解和遵守制度，在班级开展画守则、遵守则的活动，每个人都把自己的理解做成手抄报或者连环画，在班级展示。《小学生守则》规范的内容非常广，赏罚范围也要广。课堂、作业、两操、课间等都是评比的范围，孩子们在学校就变得更加积极向上。奖惩的方式很重要，如何才能最大化地激励孩子呢？

有一天，我在微信群中发了一张照片，照片上几个孩子开心地举着手里的纸杯在庆祝，纸杯中是我为他们做的水果茶，并且写了这样一句话："今天看拼音写词语错3个字以内的孩子们正在庆祝。"后面家长们开着玩笑说："难道错3个不该被批评吗？"还有的家长说："老师，可以把庆祝范围调到6个以内吗？"我回答道："我们的果茶人人有份，哈哈哈，错三个以内的有选择口味的权利，其他人只能听由安排。"后面跟随的是家长们的大赞。这种方式，既让所有同学都能喝到我的果茶，又可以让表现好的同学感受到选择权的特别。

在大考结束后，临放假的时候，我会给孩子开庆功宴，给孩子们准备美味的食物，并且和孩子们说："大家这一个学期辛苦了，我们又一次取得了优异的成绩，请回家跟爸爸妈妈也鞠上一躬，对他们说一句'您辛苦了'！"这群天生的"小吃货"，从小小的贿赂中感受我对他们的爱，一句"辛苦了"也教育孩子们知道礼貌和尊重，这既是一种奖励，也是一份可以传导的正能量，这样的正能量影响着我们，班级的凝聚力和影响力。孩子们知道如何尊重家长，也减少了步入青春期跟家长们的冲突，将德育融入每一处细节。

三、童心教育

"哇！今天下雪了，我们不要错过，我们去打雪仗吧！"——灵活的学习生活。

"这一课是《多彩的泡泡》，明天请大家在家里制作泡泡水带到学校来。"——多元的教学方式。

"春天我们一起去看看小蝌蚪吧！"——体验能更深刻的理解。

"我和你们一起过 π 节。"——班主任这语文老师可不如你们的数学好，老师也要懂得示弱。

"拿着你们的小红花来兑换自己的礼物吧！"——老师可要大出血了。

十年树木，百年树人。教育是个大学问，能和孩子成为朋友的家长值得钦佩，能和孩子成为朋友的老师更值得尊重，老师的智慧就是引领孩子的明灯，能让孩子们对未来充满了好奇心，对自己充满了内动力，为将来的自主发展奠定基础。

四、情同一家

我们总说，一个班集体，就像一个大家庭，如果我们的家庭成员生病了，我们该怎么做呢？在四年级时，我们班的蓉蓉起了水痘，我们整个班都被隔离了起来，吃饭需要在班内吃，艺术课需要在班内上，最令孩子们惋惜的是，其他3个班的同学都外出博识，只有我们班在学校上课。而且任课老师都去带领孩子外出了，只剩下我和数学老师陪大家"留守"。

孩子们的失落我是看在眼里的，可是没有一名同学埋怨蓉蓉。那一天，我利用了一节课的时间，让同学们说说你和蓉蓉的故事，同学们纷纷表达了蓉蓉为他们提供了什么帮助，为班集体做了什么事情，我则站在班主任的角度，向同学们讲述了蓉蓉爸爸作为我们班的家委会组长，这么多年来为班级做出的贡献。同学们都十分感动，纷纷提出自己也应该为蓉蓉做些什么。于是第二节课，我们开始为蓉蓉制作贺卡。

晚上我托蓉蓉爸爸把一大袋子的贺卡带回到家，病中的蓉蓉十分意外！一边看，一边读，一边笑，一边絮叨"这是谁啊""我是鱼啊""天啊""好感动啊""我想我的同学了"……我们都是一家人，从不会忘记任何一个，我们是友爱的集体，鼓励、奖励、激励，我们人人都有责任，这是我给孩子们传递的"爱的力量"。正是这样友爱的班级，让我们班荣获"优秀志愿班级"的荣誉称号，让我们连续6年获得了"年级先进班集体"称号，正是这样的团结力量，让我们每年的运动会开幕式都是"团体第一"。正是这样的班集体，我们在每年的校艺术节都是"一个节目人人上"。哪怕我是群众演员，哪怕我是"一棵树"，哪怕我没有一句台词，但是我是班级中的一员，我就有一份力量。

五、全面发展

学生们在我的鼓励下，积极参加大兴区组织的各项活动。

二年级的时候，我们班的杨珺竹同学在大兴区5000多个孩子中脱颖而出，荣获区"十佳少年"称号，她也是荣获此奖项中年纪最小的孩子。

在学校组织红歌赛时，我们迎难而上，选择了难度高的《黄河大合唱》，我为了亲自上台指挥，练习了 1 个月的指挥手势，同学挥舞着红旗，唱出了红军气势，唱出了中国人的豪迈，赢得了我校第一名的好成绩，也受到区里领导的好评。

在京南杯比赛中，我和学生家长一起配合，共同指导，我们班的《诗韵豪情》《新版夸父逐日》节目新颖，朗诵舞蹈相结合，连续两年获得大兴区京南杯二等奖。

班中学生积极参加学校舞蹈队，参与舞蹈《水月》荣获区里一等奖，舞蹈《布谷鸟》荣获市级二等奖的好成绩，为学校争光夺彩。

我们班中有多名学生是大兴区体委注册的运动员，有的孩子担心训练过多会耽误学习，我始终支持和鼓励他们，并且利用课后和晚上给孩子补课，不让他们失去学习的动力和信心。其中，杨珺竹同学在 2018—2020 年代表学校多次参加北京市中小学生冬季运动会，并且都取得了名次，还代表大兴区获得了"体育道德风尚奖"。孩子们都在向着全面而有个性的发展方向不断努力着。

奖状荣誉，都是过去式，我希望在孩子们的心中种下的是内动力和希望，希望孩子们在未来的漫长道路上内心充满巨大的能量，无所畏惧地去追求自己的梦想。

参考文献

[1] 沈杰，李军平. 正志笃行　成德达才——首都师范大学附属中学自主课程建设的创新探索 [M]. 北京：北京师范大学出版社，2017.

城市皮肤病班会设计

王　瑜

一、选题分析

城市中，道路两侧的墙上、电线杆上，公交站牌上，以及居民楼内经常可以看到各种各样的小广告，这一现象被人们形象地称为"城市皮肤病"，严重影响了市容市貌。为了让同学们从身边小事做起，从小树立环保意识、参与意识、主人翁意识，我特设计了本次以"城市皮肤病"为主题的综合实践活动。在活动中，同学们通过小组内制定活动方案—调查了解情况—走访收集意见—收集相关资料等步骤，不仅可以切实参与到保护环境、热心公益的实践活动中，为环保出力，同时也提高了团结协作能力、口语交际能力、收集和整理资料等能力，一举多得，大有裨益。

二、教育目标

1. 通过主题班会，让同学们关注小广告、关注周边环境，增强环保意识、主人翁意识，培养爱家、爱社区的思想感情。

2. 通过调查走访，使同学们认识到小广告的危害，从中培养合作意识，锻炼口语交际能力。

3. 通过收集、整理资料，集体交流讨论，参与治理小广告，使同学们热心公益，勇于实践。

三、主题班会准备

1. 明确活动主题。

2. 以居住小区为划分标准结成小组，制订活动计划。

3. 在小区中或小区周边调查小广告的粘贴情况。走访社区居民，了解民意，收集意见或建议。

4. 收集治理小广告的对策，如有条件可以尝试清理。

四、主题班会过程

（一）认识"城市皮肤病"

1. 视频导入，激发兴趣

播放 2013 年春晚小品《大城小事》片段，关注小品中的重要道具——小广告。

师：现实生活中小广告随处可见，被称为城市皮肤病。请同学来介绍一下。

【设计意图】以学生看过的小品导入激趣，引发思考，感受生活中的现状。

2. 介绍"城市皮肤病"

生：城市皮肤病又称城市牛皮癣，是人们形容在城市里的车站、街道、厕所、小区等公共场合非法张贴或者涂写小广告的现象。多数情况下，这些广告是不合法的，涉及办假证、非法行医等违法经营行为，而且数量大、清除困难，对城市的市容市貌、环境卫生有很大的负面影响，严重影响城市的精神文明建设。

【设计意图】帮助学生对"小广告"有理性的认识。

师：今天，我们就将以"城市皮肤病"为主题召开班会，我宣布：四三班"城市皮肤病"主题班会现在开始！

（二）展示调查走访结果

1. 展示学生调查小广告类别结果

师：小品中乱贴小广告的现象如此猖狂，现实中也是这样吗？让我们一起来看看同学们的调查走访结果。（记录、图片、表格形式）

生：我们小组对小区居民进行了走访，了解到人们都认为小广告影响城市美观、传播虚假消息、背后隐藏灰色产业链，需要加大治理力度。

生：我们调查发现，小广告可分为两类：一类是有用小广告，如寻狗启事、房屋租赁、出售等；另一类是最常见的违法骗人的小广告，如办证、治病等。小广告的张贴方式也不尽相同，最难清理的不干胶小广告、夹在车门上的小广告、浪费纸张的传单、防不胜防的喷笔小广告……花样繁多，层出不穷！

2. 展示学生调查小广告数量结果

生：我们制作了《××小区小广告统计表》，通过记录我们得知仅 7 号楼 18 层居民楼内就有小广告 5142 张，其中最多的一层竟然有 614 张小广告，数目令人触目惊心！小广告严重破坏了小区居民的居住环境。

师：同学们的调查走访结果着实令人震惊，原来我们的身边竟然充斥着这么多小广告，数量之大、种类之多，超乎我们的想象。

【设计意图】鼓励学生走进社区，感受现状，真正触动心灵，激发起保护身边环境的意识。

(三) 小广告的危害

1. 议论纷纷说危害

师：小广告有什么危害呢？

生1：影响城市的美观，破坏居住环境。

生2：难以清理。

生3：浪费资源。

生4：虚假信息容易使未成年人上当受骗。

师：同学们说的都有道理，我们来听听黄××、荣××两个小组同学的意见。

生1：

(1) 破坏环境，严重影响市容市貌。

(2) 资源浪费。这么多的纸张浪费，要毁掉多少树木！真有宣传的效果吗？

(3) 扰乱交通。有很多未成年的孩子在马路上，甚至高速路上散发小广告，酿成悲剧！

(4) 虚假广告危害群众！

(5) 骚扰群众的生活！

生2：

(1) 影响城市形象，乱涂乱贴的小广告对市容市貌造成了不良影响。

(2) 浪费纸张，一般贴上的小广告，根本难以撕下，导致无法回收，造成浪费。

(3) 有些小广告散布虚假信息，会使没有辨别能力的未成年人受到伤害。

(4) 清除小广告浪费人力和物力。

2. 归纳总结明危害

师：将同学们的看法总结如下。

（1）影响市容。

（2）难以清除，耗费人力、物力。

（3）浪费资源。

（4）虚假广告使人上当受骗。

【设计意图】进一步帮助学生感受小广告给人们生活造成的不良影响，感受其危害。

（四）治理小广告，治疗"城市皮肤病"

师：那么如何治理小广告，治疗"城市皮肤病"呢？

1. 献计献策话治理

生 1：

（1）设置公告栏。

（2）大家一起勤打扫。

（3）帮助警察抓住贴小广告的人。

（4）多用防粘油漆。

生 2：

（1）各大媒体广泛宣传，提高人们对小广告危害的认识。

（2）城市管理有关部门加大治理力度，专人负责某个区域。

（3）对于小广告中做广告的单位和个人，进行"一刀切"的取缔，以及清理小广告卫生罚款。

（4）对于张贴小广告的人，进行限定时间、地段的清理小广告作为处罚（如某小区的广告清理）或从严从重处罚。

（5）针对印制小广告的印刷厂、广告公司进行罚款。

（6）开设有奖举报部门，重奖举报者。

（7）所有罚款应用于清理小广告。

生 3：建议市政府责成市政、市管委管等相关部门，尽快做出规定，要求各街道办事处、社区限期清除住宅楼小广告，加大监管力度。（略）

师：大家的治理措施可真多，都十分可行，我们班有一个小组不仅搜集了资料、想对策，还付诸了实践，我们一起来看看。

【设计意图】引发学生深入思考如何应对"城市皮肤病"。

2. 小品展示《清除小广告》（略）

师：大家不要以为这只是夸张的表演，这组同学确实将环保落实于行动了，有图为证，我们一起来看看。

生：（展示清理小广告图片）经过一下午的分工合作，我们共清理小广告542张，特别有成就感，通过我们的行动证明了只要我们愿意行动，就能为环保做出自己的贡献。

师：是呀，我们虽然力量微薄，但积少成多、人多力量大，只要我们人人都行动起来，我们的环境一定能更美好。下面我们看看前不久北京地铁中的一幕。

3. 新闻故事——《北京地铁一男童主动捡拾小广告，众乘客为其点赞》

师：看了这则新闻同学们有什么感想？

生1：这么小的孩子都能为环保出力，我自叹不如，我也要向他学习。

生2：虽然小广告被人踩脏了，但小弟弟仍然捡起来，牺牲自己却为大家带来了整洁的环境，我也要为他点赞。

……

【设计意图】通过真人真事，让学生亲身感受清除小广告的不易，感悟践行环保的快乐与成就感。

（五）总结

1. 师：通过这次活动，相信大家都深受触动，大家有感而发地写出了相关文章。接下来，我们请两位同学读一读他们的作文。

2. 生读作文。

3. 继续看完《大城小事》的小品。

【设计意图】以小品开始又以小品的结尾当作本次课的尾声，与入课相呼应的同时，也让学生感受到生活中不少人是正义的存在，在共同保护着家园，由此对生活充满希望。

4. 班主任总结：正如小品中所说，北京就是我们的家，不管是哪里人，我们生活在北京，这里就是我们共同的家。我们每个人都应该行动起来爱护家园，保护我们的生活环境。小广告只是众多环境问题中的一个，开完本次班会课，希望同学们能够关注环保、践行环保，使我们的家园更美好！

师：感谢王老师的发言！我宣布：四三班"城市皮肤病"主题班会到此结束，谢谢大家！

五、活动效果

本次班会课是四年级语文综合实践活动的一部分，同学们经历了小组内制定活动方案—调查了解情况—走访收集意见—收集相关资料—整理资料—班会汇报—习作练笔等完整的过程，增强了有目的、有计划地安排活动的意识，分工合作中交流、探讨、协商的能力有所提高，学生的思维水平、交际能力也得到了不同程度的提高。更重要的是通过本次活动，同学们的环保意识和主人翁意识增强，敢于付诸行动去抵制那些破坏环境的行为，这是难能可贵的。在学生的调查走访中，必然有家长的陪同，有社区群众的参与，无形中也带动了孩子们身边的人关注环保，孩子们实际上也成了"小小环保宣传员"，而这种宣传的效果是立竿见影的。提高我们整个社会的环保意识，应从娃娃抓起，孩子的力量虽小却能影响一个家庭，一个个家庭就是构成我们整个社会的主体。小手牵大手，践行环保，相信我们的环境必将得到改善，我们的家园会更加美好！

六、反思

（一）贴近生活，注重实践

本次班会以同学们身边的环境问题入手，同学们对小广告并不陌生，易于调查，乐于实践。引入了《北京地铁一男童主动捡拾小广告，众乘客为其点赞》这样一则最近发生的新闻，时效性强，可信度高，贴近生活。在班会上同学们说现象、献计献策时，内容真实，言之有物，方法可行，源于实践。有小组对单元小广告进行了详细统计，数据确切，如"仅7号楼18层居民楼内就有小广告5142张，其中最多的一层竟然有614张小广告"，并有统计表、照片为证，说服力强。所谓"有证据才有发言权"，同学们经过收集一手资料，突出小广告危害环境的严重性，使所有同学震惊的同时也提高了同学们对小广告的关注度。"纸上得来终觉浅，绝知此事要躬行"，通过亲身经历，使同学们明白了实践的重要性。

（二）形式多样，趣味性强

班会以春晚小品《大城小事》引入，又以小品结尾，首尾呼应，具有完整性。小品具有幽默和讽刺的特点，为主题服务的同时提高了班会的趣味性，学生喜闻乐见。一组同学也将自己清理小广告的过程编成了小品，虽然比较简单稚嫩，但把当时的情景再现，同学们看得津津有味，感同身受。

（三）分工合作，提高团队协作能力

班会的准备阶段十分重要，同学们在分工合作过程中也有过迷茫、分歧，但经过协商，每个小组的同学最终都能达成共识，没有同学避重就轻，都能勇于承担任务，团队协作意识有所提高，小区同学间的凝聚力也增强了。但由于有的小区同学较少，致使结组困难，调查、汇报任务较重。在以后的实践活动中教师可以统筹安排，给结组困难的同学单独分配工作，使任务更有针对性，更加适合学生。

成德达才理念下的习惯养成教育
——培养好习惯是一切成功的基石
杨 洋

我们首师大附中一直紧跟国家有关的教育指导纲要，对学生的理想、心理、学业、生涯等方面进行指导。在"成德达才"的教育理念之下，进一步营造良好的学习氛围，促进学生健康成长、全面成才。学生在首师大附中接受的是九年一贯制教育，小学与初中秉承的也是一贯制的理念，对学生的培养从小开始进行渗透，小学阶段更多的正是对学生进行习惯养成教育。

巴金曾说："孩子成功教育从好习惯培养开始。"习惯养成教育不仅是对学生的学习进步有所助益，更是他们未来成功的基石。而小学班主任，与学生朝夕相处，通过日常的观察与了解，自然能够发现学生在习惯方面的不足，所以班主任在习惯养成方面的影响是巨大的。所以作为一名年轻班主任，我就不断致力于班级习惯养成，尝试多种方法，从细节出发，培养学生习惯。总结下来，我对班级的定位就是"安静有序，活力四射"，从学生到家长，逐步进行渗透。

一、要求具体，便于执行

带班初期，我对学生的要求就是安静、不折腾，因为只有把心静下来，才能更踏实的学习。但是仅仅靠规矩来约束是不够的，所以我将所有的要求具体化、细节化，把要求与标准一条条列出来，形成一套完整的流程，学生在这些具体的要求中形成习惯，班级也就能安静下来，变得有序。例如，开学初期，我发现早自习和午饭时间是一天最容易混乱的时间，也是班主任们最手忙脚乱的时段。所以列出了以下要求：

（一）早自习要求

1. 进班交作业，将作业打开放在组长桌子上。

2. 把书包里所有有关学习的书本都放在桌洞里，书包放在小柜里。

3. 接水和上厕所。

4. 完成黑板上早自习的任务。

5. 交饭费，把写着名字的那一面朝上，并且把钱展开，双手递给老师。

6. 回执或者其他需要上交的东西单独交在讲桌固定的位置。

（二）午饭时间要求

1. 食不言，寝不语。

2. 右手拿勺，左手扶着盘子。

3. 饭粒不能掉在桌子或者地上。

4. 可以少吃，不许挑食，不能浪费，吃多少、拿多少。

5. 两只手端盘子和汤碗。

6. 吃完饭把桌垫和桌面擦干净，在午自习开始前及时上厕所。

（三）物品摆放

1. 书包、跳绳、舞蹈鞋、彩笔、学具放在小柜里。

2. 外套放在小柜或者挂在椅背上。

3. 桌洞里书本按大小整理好，水杯放在桌洞里。

4. 出门前必须把桌面收拾整齐，椅子推进课桌下。

通过这些具体的细节化的要求，孩子们能够明确地知道自己应该怎么做，而且有一定的流程，就不会混乱，即使老师不在的情况下，学生也能习惯性地完成。

二、分工明确，责任到人

不仅把要求具体化，要做到有序，还需要把班级内的事务责任到人，每个人分工明确，各司其职。总结一句话就是：人人有事做，事事有回应。譬如班级内的整理打扫工作，分配给班里的每个学生，一周 5 天固定轮值，值日生需要对当天的卫生评分负责。除了擦黑板、擦窗台小柜、倒垃圾这些打扫工作，班级内还有很多小事儿需要专人负责，推饭车、搬酸奶分酸奶、午饭后检查地面、调整桌椅摆放、专门监督厨余垃圾桶等，任何一件小事都可以责任到人。

比如，我们班一个小女孩于艺术一途是我们班的翘楚，喜欢唱歌跳舞、走台。邱老师很喜欢她，所以就安排她在搬琴的同学回来之前，把讲桌收拾干净，方便邱老师上课。一周两节音乐课，干活儿的频率比"灯官"还低，但是就是这样的小事儿也需要有人做，也能重点调动个别孩子的积极性。

每个学生都在为班级建设贡献自己的一份力量，一方面锻炼了学生的动手能力，另一方面能够把每一个学生都团结起来。每个学生各司其职，班级自然能够安静有序，同时需要观察谁能够在完成自己任务的基础上，关注与帮助他人，谁具有一定的管理与领导能力，选出管理者，让学生自己管理班级。

例如，在作业方面，每个组分别设有语、数、英 3 个小组长，组员把作业打开放在组长的桌子上，组长需要检查作业是否完成并了解作业未交的原因，作业收齐后或在固定时间，组上长交作业并报告作业情况，各科作业也有固定的桌子进行摆放。在学生稍大一些，就由课代表记录。各组作业收齐后，课代表就能把作业与作业完成情况在早自习时上报给各科老师。从所有学生到组长到课代表，一层一层，每个人都有自己的责任，早自习的时间就能够高效利用。在使班级有序的同时，也培养了学生的管理能力，自己管理自己的班级，自然也能动力十足。

三、身先士卒，细致指导

前面说的都是我向学生提要求、立规矩、做分工，但更重要的一环是细致的指导和具体的示范。否则学生无从下手，也不知道应该达到怎样的标准。比如，一块抹布需要清洗干净，再叠成方块，按照上下或者左右的顺序擦黑板、窗台和小柜。用完的抹布需要洗干净、叠好了再放在窗台固定的位置上。学生有了细致的指导，就能在短时间内掌握方法，高效地完成任务。

对每天的盛饭小助手，最初也是一步步指导，一边盛一边告诉小助手盛饭的要求。比如盛饭，一份就是一饭铲；肉菜必须保证里面有两大块肉；素菜是用夹子盛的，一份就是一夹子。每个小助手能在两三周内完全掌握整个流程，以及记住个别学生的吃饭特点。定量的饭菜，固定的安排，使午餐时间也能是安静有序的，同时也避免浪费粮食。

通过初期细致的指导与详细的说明，学生才能知道自己具体应该怎样做，这也在潜意识中告诉学生，无论做什么事都应该先去思考步骤，思考具体怎样做，才会避免手忙脚乱的情况。

四、细节沟通，家长助力

在班集体建设中，家长的力量是工作顺利进行的重要助力，所以在沟通中同样需要把要求细化，家长就能够充分理解我的要求与标准，也能体会到我对学生真诚的关爱。每周日下午或者有特殊天气情况，我都会发一则温馨提示，把我的要求和感受坦诚地说出来。

各位家长下午好!

温馨提示：

1. 明天周一，有升旗仪式，请大家提醒孩子们穿好校服。另外，明天可能下雨降温，请大家帮孩子们准备好厚外套，大家自己也要注意保暖。

2. 明早如果下雨，请大家注意出行安全，提早出门，避免堵车。

3. 上个月定了校服的家长朋友们别着急，已经问过厂家了，厂家说这两天就会发出来了。

4. 体育老师姜老师托我提醒一下，每天都让孩子带着跳绳。我也觉得没带跳绳，上课少了很多乐趣，缺少参与感。

5. 秋天到了，天气越来越干燥，大家记得多喝热水多吃蔬菜，谨防上火。

在这样一则则温暖的提醒中，家长慢慢也感受到了我对孩子、对班级真切的关心，所以家长们都能对温馨提示有积极的响应，家长们对温馨提示的认真对待，自然就使班级变得更加有序。每周的温馨提示也成了班级群的一种习惯，偶尔我忘发或者发晚了，家长们还会私信问我这周学校有没有需要提醒的事情，没有我的提示感觉少了点什么。

五、巧用游戏，注入活力

就像开头说的，我不仅仅想打造一个安静有序的班集体，还希望学生能够迸发出应有的活力，而不是只会循规蹈矩的"乖宝宝"。以前体育老师提醒过，我们班的孩子协调能力较差，所以我在网上收集了一些小游戏，在课间的时候，带着他们一起做节拍舞或者小游戏，既减少了课间的打闹，也能锻炼他们的协调性，调节学习压力。尤其是齐舞，需要所有人全神贯注，统一节奏，统一动作，这也是对班级凝聚力的培养。

去年11月，连着好几天阴天，下过一场雨才晴。做完操后，我就带着孩子们在操场上捡落叶、观察落叶，当时的情形正好应了上个学期学的课文《铺满金色巴掌的水泥道》。后来吃完饭我们又去观察落叶，每个孩子都能说出不同落叶的特点，这样一次室外活动，极大地锻炼了孩子们的观察能力，感受了天气的变化，激发了活力，这也印证了劳逸结合后才能事半功倍的说法。

这样长期从细节对学生进行习惯培养，我的班级也逐渐显现出自己的班级特色——"安静有序，活力四射"。学生们行动上能够快、静、齐，学习上能够稳重、踏实，遇事不慌不乱，培养的班干部也能以身作则管理好班级。但安静有序中也能随时迸发出活力，参与各项学校活动，每个学生都能团结有力，贡献自己的力量，为班级赢得荣誉。

牢记革命史　重走长征路

田　贞

一、理论依据

"成德达才"的本质就是将"人"的培养放在核心的位置，遵循教育规律和人才成长规律，培养品德优秀、才能通达的创新人才，让每个学生都能自主发展、全面而有个性的发展和可持续发展。学校在传承的基础上创新出符合时代特征的和利于人才培养的发展思路。

二、设计背景

纪念红军长征胜利 82 周年，传承和弘扬红军精神，落实学校把德育放在首位这一方针，激发少先队员们的爱党、爱国热情，传承和发扬革命先辈的伟大精神，锻炼少先队员的意志。

三、教育目标

传承和弘扬红军精神，激发少先队员们的爱党、爱国热情。

在活动中重温中国共产党艰苦卓绝的长征历史。

传承和发扬革命先辈的伟大精神，锻炼少先队员的意志。

四、活动准备

爱画社团手绘绘本《牢记革命史　重走长征路》。

二~七年级部分中队穿戴红军服装。

七年级准备央视纪录片《长征》。

九年级准备"非牛顿流体"。

活动奖励：每位队员完成活动获得一支钢笔。

五、活动项目

红军集结、穿越草地、四渡赤水、匍匐前进、运送伤员、飞夺泸定桥和爬越雪山。

六、活动特色

通过丰富多彩的体验式教育，搭建"红色游戏"场地，给学生们上一堂生动的爱国主义教育课。体验活动现场，设置的模拟场地类似智勇闯关游戏，融入了长征知识，被打造成了寓教于乐的长征之路的红色游戏。

七、活动过程

（一）手绘长征路 学习长征史

学校爱画社团把中国红军当年在长征途中不畏艰险四渡赤水、强渡大渡河、跨越雪山草地等伟大战役描绘了出来，并结集成册，由王金校长赠送给各班进行学习传阅。启动仪式上爱画社团的学生代表分享了他们绘制绘本的深切感受。通过画绘本他们知道了红军不怕苦、不怕累，坚持不懈地前行，一直向前挺进了25000里。红军不怕困难、勇往直前的精神鼓舞着孩子们，红军经历的磨难鞭策着队员们，他们为中华人民共和国的成立做出了伟大贡献，让少先队员们铭记于心。

（二）重走长征路 体验长征难

时值秋日，午后的阳光依旧有些炽热，但是同学们参与活动的热情不减。小小少先队员们身穿橄榄色的红军服，积极参与每一组闯关赛，比赛场面激烈，参与热情高涨，充分展现了红军长征的热血与勇猛！

此次活动由学校少先大队组织策划，体育组牵头讲解活动规则及动作要领，2~7年级组长进行布置、传达，各中队辅导员老师组织本班学生全员参加，并负责活动安全、活动流程和注意事项等的教育和指导。活动中，根据学生不同的年龄特点制定合理的活动项目，全年级学生统一部署，通过个人竞技、智勇结合、团队协作等方法完成体验。二（5）中队的张语桐同学顺利通过全部关卡后表示："真实的长征路比这些关卡要困难得多，姥姥经常看抗战片，红军战士特别英勇，我们应该学习他们艰苦奋斗的精神，像他们一样爱国!"七年级学生在参加活动前观看纪录片《长征》，以此来加深少先队员们对长征历史的了解。活动中，特别创设了"穿越草地"环节，用"非牛顿流体"模拟泥泞的沼泽地。同学们在《开学第一课》中看到过相关实验，而这一实验是中学部李忠艳老师带领九年级的学生完成的。此项体验活动，既增强了孩子们对"非牛顿流体"的探索欲，又有效地完成了学科间的知识融合。经过1周的实践活动，队员们收获满满，学校将此次活动及时进行了总结暨颁奖活动。总结会上两名同学向全校师生分享他们的收获。体会到了红军长征之路的艰辛，也立志学习长征精神，在自己的学习和生活中奋发努力，将来也报效国家。对积极创新、甘愿奉献的个人和团体进行了表彰和奖励。九年级的孩子们分享他们的实验过程及心得体会，向全校师生揭开"非牛顿流体"的神秘面纱。王金校长、许向辉校长为他们颁发"爱科学奖学金"，并勉励同学们热爱科学、崇尚科学。科学就在我们的身边，只要我们留心去观察，都有可能成为未来的"爱因斯坦"。

少年儿童是祖国的未来，是民族的希望，是社会主义建设"新长征"路上的主人。他们通过实践活动的形式知党史、感党恩，在长征精神的引领和沐浴下，继续前行在"新长征"路上。

（三）回忆长征路 感受长征情

通过长征项目的体验，各位少先队员以作文的形式书写对长征的感受。并将优秀的作品以小广播的形式在校园内播出。活动精彩瞬间、手抄报、绘画作品则在校内文化长廊进行了静态成果展示。此次活动不仅让师生了解了红军长征的艰辛，感受到了革命先辈坚韧不拔的长征精神，也切实推进了学校少先队员的育人作用，磨炼了学生的意志，使伟大的红军精神得以传承。在今后的学习和生活中，队员们将发扬这种精神，长大成为祖国的栋梁、民族的骄傲。最后，王金校长勉励同学们珍惜眼前这来之不易的一切，好好学习，天天向上，用行动来缅怀先烈、报效祖国，为实现中国梦而努力奋斗！

本次活动既是一堂意义深远的红色教育课，又是一堂的充满挑战的拓展实践课，也是一堂妙趣横生的科学实验课。通过"重走长征路"，同学们重温了红军长征的历史，对不畏艰险、百折不挠、自强不息的长征精神理解得更加透彻，相信在日后的学习和生活中，同学们定能继承和发扬长征精神，不怕困难，勇攀高峰。

小小酸奶盒　大大环保梦

张　薇

自 2020 年 5 月 1 日起,《北京市生活垃圾管理条例》正式实施。国家这一举措,切实对民众提出了重视垃圾分类、重视环境保护的要求。近几个月来,已有一部分人能够自觉进行垃圾分类,但是大多数人仍无动于衷,垃圾分类的现状并不尽如人意,要想提高全民环保意识,必须普及环保教育。孩子是国家的未来,环保教育要从小抓起。为此,我在开展新学期的班级管理和学生教育工作时,着力思考如何调动一切积极因素,加强每一名学生的环保意识和对生存环境的责任心。

然而,环保不是一句口号,培养学生也不能只靠说教。在班级管理中,我注重观察学生日常,借小事儿讲道理。学生每天的营养餐中,有一杯酸奶,酸奶给孩子们带来了身体和心理上的快乐,但是酸奶喝完之后,丢掉的酸奶杯、拆下的酸奶包装纸,却成了班级卫生值日的一大难题。每天 30 多个酸奶杯的垃圾产量,给班级卫生的维护增添了很多负担。所以,我想到了利用现有资源(酸奶包装纸和杯子),向学生进行资源再利用的教育。既减少班级垃圾,又能提高学生珍惜资源、保护环境的意识,可谓一举多得。

"成德达才"理念清楚地表达了"德"与"才"的关系,即"德"在"才"先,有"才"无"德"于国家无用,学校要培养有社会责任感的青年。人才培养的核心是价值观的培养,作为育人场所的学校,作为育人工作者的教师,我们承担着相应的义务。

一、认识酸奶盒,激发环保意识

四年级的学生理论知识和接受能力还非常有限,所以要进行环保教育,绝不可局限在课堂以内。因此,我借助班会、小调查、宣讲等活动,鼓励学生多方面深入调研一些生活消耗品的"前世今生",加强对可回收垃圾的认识。

短短1周的时间，学生在家长的帮助下，经过网络收集资料和同学相互交流，进一步认识了塑料。原来，塑料来自地球上不可再生的石油资源，回收废塑料就是节约石油。所有的废塑料、废餐盒、包装盒等，都可以回炼为燃油；许多废塑料还可以还原为再生塑料，循环再生的次数达10次。3只废餐盒就可以做一把学生用的尺子，20个废餐盒可以造出一个漂亮的文具笔筒。看到这样的资料，孩子们不约而同地感慨，每天随手扔掉的酸奶盒（如图2-5所示），竟然可以变成学习用具。而在收集资料的过程中，孩子们也了解到，曾经简易填埋的处理垃圾方式，导致大量的可回收资源浪费，上万亩土地被占用，并且虫蝇乱飞，污水四溢，严重污染环境。进行垃圾分类收集不仅可以使资源得到充分利用，还可以减少土地资源的消耗，具有社会、经济、生态3个方面的效益。

图 2-5 学生收集的酸奶杯

我告知学生，由于垃圾不妥当处理，带来了资源过度消耗，保护环境、节约资源，就从身边小事做起。垃圾桶里，随手乱丢的酸奶盒少了；教室里，数学作业纸叠成的飞机少了；厕所里，开着水龙头边洗手边打闹的同学少了……看着孩子们一点一点地改变，我趁热打铁，利用班会，再次向同学们提出疑问，我们如何有效地利用这些酸奶盒与包装纸？能不能用我们的一双双小手变废为宝呢？经过思考和讨论，我们定下了收集酸奶包装纸与酸奶杯，换个方式对待"垃圾"的约定，为后续变废为宝做准备。

运用一些灵活巧妙地教育手段，让孩子们在轻松愉快的气氛中，提高环保意识，小到教室卫生，大到垃圾分类，孩子们都能有意识地去践行和维护。

二、巧用酸奶盒，践行环保理念

在班级内提出保护环境、善待垃圾的倡议后，学生每天都把酸奶包装纸小心地揭开和保存，短短1个月的时间，就收集了厚厚一摞包装纸（如

图 2-6　学生收集的酸奶包装纸

图 2-6 所示）。学生每天喝完奶剩下的酸奶盒，也不再随意丢弃，而是洗刷干净统一存放。很快，酸奶盒堆满储物柜，孩子们也在摩拳擦掌，计划着如何"消化"掉这些"宝贝"。

（一）班级引领，包装纸二次利用

据调查，回收利用 1 吨废纸可再造出 800 千克好纸，可以挽救 17 棵大树，节约造纸能源消耗 40%~50%，而每张纸至少可以回收两次。我国目前的废纸回收率仅为 20%~30%，每年流失废纸 600 万吨，相当于浪费森林资源 100 万亩（在北方）到 300 万亩（在南方）。

看到这些触目惊心的数字，我和孩子们一起陷入了思考，酸奶包装纸一面印有彩图和标志，另一面是完完整整的干净纸面，非常适合涂涂画画，并且酸奶包装纸硬度较好，可以很好地进行手工制作。所以在进行了一定的考量后，孩子们提出了很多有意义的想法：如利用包装纸的内页制作明信片、贺卡、倡议书等。为了让学生的作品更加精美、实用，我邀请美术老师利用美术课的时间，为学生讲授立体贺卡的制作方法；邀请语文老师为学生讲授倡议书的书写方法与格式；班会上，我和学生共同讨论制作自己的个性明信片。不仅如此，就在今年的校运会上，学生还提出在酸奶包装纸的内页进行绘制，代替布质横幅和 A4 卡纸，做出了运动会的标语牌（如图 2-7 所示）。

图 2-7　学生用酸奶杯和包装纸制作的环保作品

虽然酸奶包装纸的二次利用不能带来很大的经济价值，但是活动过程中在学生心中种下的这颗节能环保、资源利用的种子是可以让学生、家庭、社区受益终身的。

（二）家长助力，包装纸创意小制作

家庭教育是对孩子健康成长不可缺少的一种教育，有学校教育、社会教育不可代替的作用，孩子成长过程中的大部分时间其实是在家庭中度过的，孩子的全部生活始终与家庭小集体有密切的联系。所以，除去在校的教育措施外，我还邀请到了家长的参与，在家庭内开展包装纸回收的行动，平时快递的纸箱、外卖的包装盒，以家庭为单位进行收集、整理、记录，并由学生和家长一起放到可回收垃圾桶，有部分家长还带着孩子参与到了垃圾桶岗前值守的志愿活动中，让孩子切实从教室走进了生活。在家长的帮助下，孩子们奇思妙想，利用班级里回收到的酸奶包装纸完成了很多创意作品，制作了很多让人意想不到的作品。例如，记事本、望远镜、飞机、纸巾盒、房子、存钱罐、笔筒……（如图2-8所示）

图2-8 酸奶包装纸创意作品

（三）动手实践，播种希望的种子

伴着学生制作酸奶包装纸的热潮，我继续鼓励学生进行酸奶杯的利用。考虑到酸奶杯体积小、没有盖儿的特点，学生提议将酸奶杯改造为花盆，我为大家准备了小种子，学生备了土壤（如图2-9所示）。他们参与的积极性再一次升级，为即将到来的新任务感到激动。种子发放完之后学生动手给自己的小酸奶杯添加土料，我鼓励他们互帮互助。学生平日里亲近大自然的机会少，教室里我们的这一方绿地，为学生与自然亲近增加了机会，他们每日给自己的小绿植浇水，时时观察，别提多用心了。

图 2-9　学生利用酸奶杯种绿植

图 2-10　学生用酸奶杯种植的大蒜

经过一段时间的等待，大部分学生的"小花盆"里并没有发芽，学生心急，我看着也担心。为了不让孩子们失望，我又提议，让学生带来了一些家里吃的大蒜，我们在"小花盆"里种上了大蒜。这次，孩子们的如绿植很快长了出来，盈盈的绿色充满了他们赋予的爱心与希望（如图 2-10 所示）。

（四）同学倡议，环保使者在行动

在对学生进行环保教育的过程中，要将环保的理念渗透到平时的教学活动中，强调环境与人类生活的密切关系。通过展示日常教室环境、个人书桌等照片，我教育学生环保不光是对垃圾的二次利用，日常的环境保护也很重要。同学们意识到班级内每日值日和定期扫除的重要性，并且开展个人内务（小柜与书桌）的评比和监督。学生们努力并认真地参与，班级环境得到了很好的改善。

另外，日常生活中我引导学生将环保范围扩大化，在二次利用酸奶垃圾之余，要注重日常生活中水、电的节约。例如，去专业教室上课、教室无人时，要及时关灯，水龙头用完要及时关掉，布置节约水电的宣传报作业，鼓励他们把这些提倡带到自己的家里，和家人共同为环保事业做贡献。

三、依托酸奶盒，养成环保习惯

一学期下来，在对学生进行环保教育的过程中，依托一杯杯小小的酸奶，唤醒学生心中对美好环境的渴望，不光喝完的酸奶杯不再乱丢，教室卫生也得到明显改善。学生切切实实体会到了垃圾再利用的价值，年龄虽小，却学会了举一反三，装酸奶的袋子，学生主动提议保存下来，充当垃圾袋；回到家，他们主动建议爸爸妈妈将购物之后的袋子保存下来，以备二次利用；用完的笔不再随意丢弃，而是换个笔芯继续使用……他们用自己稚嫩的语言，切实的行动，践行着教室环境的保护，校园卫生的爱护，大自然资源的节约。因为他们逐渐明白，大中有小，小中有大，节约一张纸、少用一双一次性筷子、少扔一个塑料袋，都是在为保护环境做贡献（如图 2-11 所示）。

图 2-11　学生环保作品

环保不是一门课程，而是学生教育的重要内容，是需要长期坚持的一种习惯。

在对学生进行环保教育的道路上，我致力于把环境保护的意识深深扎根在学生心里，从小养成良好的习惯，传递和延续环保的理念。活动的结束不代表教育的结束，在日常工作中，我坚持以身作则，把活动的意义延伸下去：地上的垃圾随手捡起，窗台的灰尘每日擦净，使环保真正走进学生的生活中，使学生懂得习惯上的一个小小改变，就可能改变我们的生存环境，从而更加注意自己的行为。

在班级管理的路上，我也会继续努力，一如既往，多学习、多思考，多种方式引导和教育学生，以无痕的教育感染学生、滋润学生。

第四节 ▶▶▶▶▶▶

家校合作

家长志愿服务，家校协同育人

张艳玲

苏联教育家苏霍姆林斯基说："只有学校教育而没有家庭教育，或者只有家庭教育而无学校教育，都不能完成培养人这一极其艰巨而复杂的任务。"唯有将二者紧密有机结合，形成教育合力，才能促进孩子健康成长。习近平总书记在 2018 年 9 月 10 日全国教育大会上指出，"办好教育事业，家庭、学校、政府、社会都有责任。家庭是人生的第一所学校，家长是孩子的第一任老师，要给孩子讲好'人生第一课'，帮助扣好人生第一粒扣子。"《中共中央、国务院关于深化教育改革全面推进素质教育的决定》中指出，"学校、家庭和社会要互相沟通，积极配合，共同开创素质教育工作的新局面。"由此可见，今天的教育，家校共育的重要性日益凸显。

有效的家校合作是相向的，是家庭教育和学校教育融为一体的体现。随着家长素质的提高，许多家长逐渐明白，把孩子送到学校，不是监管责任的转移，而是找到了帮助孩子成长的合伙人。为了提高家校合作的效果，家长志愿者服务应运而生，并作为参与学校管理的有效形式逐渐受到学校的重视。他们活跃在学校的周边和各项活动中，为孩子的健康成长创造了更宽广的天地。我校家长志愿活动是家校合作的重要形式之一。志愿者服务队的成立促进了教师、学生和家长的共同成长，帮助学校提高教育质量，促进学校内涵发展。因此，学校很重视家长志愿服务队的建设，积极发动家长参与志愿服务，并制定相关的机制，精心编排志愿服务活动，促进志愿服务活动的有序实施，从而真正实现家校协同育人的作用。

一、校园安全卫士

结合校门口车辆多，学生上学、放学校门口拥堵这一现象，我校开展了"百米安心校园"志愿服务活动。根据我校以努力提高学生及家长文明交通素质为目标，围绕"落实养成教育，弘扬志愿服务"的主题，实现文明交通，践行社会主义核心价值观。其实，早在2018年5月，我校便以六年级部分学生及家长为主启动了此志愿服务项目。

学校先选定了黄思安妈妈为志愿服务的队长，并在各班家长中选了班长，这样的组织确定是为了帮助志愿服务的家长能有序地安排服务时间及调换班、记录工时等事宜。此后，学校又对参与"百米安心校园"志愿服务的家长进行了具体的工作指导，让家长进一步明确服务的意义与方法。通过1个多月的实践，参加志愿服务的家长不断总结经验，反思问题，积极在志愿群中及时交流、献计献策，大家共同总结出了新的志愿服务章程，为进一步开展服务打下坚实的基础。由此，学校在上学期末进行了表彰活动，同时，也组织六年级家长开了扩大宣传会，赢得了更多热衷于志愿服务的家长的支持与参与。

本学期初，五年级热心志愿服务的家长们也积极地加入了"百米安心校园"志愿服务队。有更多的家长与学校携手共同维护校园门口的交通安全，为学生的出入校园保驾护航。志愿者统一佩戴蓝色志愿者服务工服，手持礼让牌，热情洋溢、文明有礼地指挥着送学生的家长及行人文明出行。遇到有行人不遵守交通规则，志愿者总是面带微笑、文明劝阻、耐心解释，周边社区居民及学生家长对志愿者们无不交口称赞。在本学期，我校还有两个优秀志愿家庭在区级评选中榜上有名。这也为学校的志愿服务者们树立了优秀榜样，为全校师生树立了学习的目标。

参加"百米安心校园"志愿服务的家长不畏严寒酷暑地坚守在岗位上，他们无私奉献的精神感动着全校师生，他们的身影成了校门口亮丽的风景线，他们的笑脸成了我校最灿烂的记忆。为了在学校进一步弘扬志愿服务精神，让养成教育真正在我校落地生根，我们还利用升旗仪式对优秀志愿服务的班级进行了表彰活动。

相信我校会有更多的学生小手牵大手地行走在志愿服务的道路上！

二、午餐监督警官

"民以食为天，食以安为先"，学校食品安全关系到全校师生的身体健康，是全体家长、社会和各级党政领导部门高度关注的一件大事。为了让家长们更加放心学校的食堂管理，我们还会邀请各班的志愿者到学校参观食堂，品尝学生饭菜，把自己的真实感受反馈给班级所有家长，通过共同商讨，再跟食堂主管反映情况，以便食堂调整饭菜的口味等。在他们的监督下，食堂的饭菜质量不断提高，学生的满意度不断提高。

2019年6月12日上午，学校食堂迎来了学校家长中推选的28名志愿者。校长、主任和食堂经理针对食堂管理等情况进行了详细的介绍。通过半天的参观，家委会成员把从食堂拍到的最真实宝贵的第一手资料传达到各个班级。

早上7：30左右，志愿者们就到达了食堂，大家看见了学校食堂设有一排排整齐的桌椅板凳，地面桌面打扫得十分干净。食堂工作人员全部身着洁白的工作服，头戴厨师帽，手上戴着一次性卫生手套为同学服务。看到这一切，志愿者纷纷感叹学校食堂卫生令人安心。

8：00左右，志愿者们四人一组，穿上消毒过的工作服，跟随工作人员分批进入后厨参观。大家了解了学生用餐的原材料、调料等，参观了厨房的各种设备、各个操作间。在食堂负责人的详细介绍下，大家对学校的硬件设施、管理水平都有了全面了解。

中午用餐时间，志愿者们留在学校陪餐，品尝学校的饭菜，见证了学生美味、营养的午餐。此举再次落实了家校携手，共建安心校园的工作。

三、活动引导助手

学校的活动都丰富多彩，一系列的活动让学生们的校园生活精彩纷呈。活动中经常活跃着家长志愿者的身影。在"六一"亲子活动中，由志愿者演绎的亲子活动得到师生们的认可。每一届合唱节比赛、舞蹈节活动更是把学校活动推向高潮，志愿者参与到班级中，给学生化妆、跟台。合唱活动拉近了学生之间的距离，增强了集体的凝聚力，更拉近了家长与孩子的心灵距离，为展示我校合唱特色提供了必不可少的帮助。校运会上，志愿者还充当比赛的裁判，协助活动顺利进行。除此之外，家长还参与了学校博识课活动，给孩子们当讲解员、当向导、当保姆、当保镖……

在新年来临之际，为了让全体学生过一个"快乐祥和，有趣有味"的新年，在家长志愿者的协助下，我校组织全体同学开展了丰富多彩的活动。

活动由民俗体验、趣味运动、轻松游艺3个系列组成。这些不仅是学生喜闻乐见的活动，而且还能增进学生间的交流，增强班集体的凝聚力。活动期间，由各班班主任带队，带领学生有序地进行12个不同的体验项目。而这12个项目都是由家长在场亲自指导、指挥、协助班主任完成的。学生们都高兴的玩儿、开心的笑，在玩儿中得到了乐趣，在乐趣中也小有收获，校园里处处洋溢着师生及志愿者的欢声笑语。

有了志愿者，我们的活动开展得更加有条不紊。

四、知识拓展能手

为了开阔我校学生的视野，增长学生的见识，更好地为学生成长提供优质高效的教育资源，学校合理地利用各行各业家长的优势资源，让家长走进课堂，担任讲师。我们诚挚地邀请热心教育事业的家长志愿者走进我们的"家长大讲堂"。

志愿者可以结合自身职业特点，为学生进行相关专业知识培训；结合兴趣爱好，向学生介绍相关方面知识；结合日常生活中动手实践能力的培养，引导全体同学共同参与感知，提高动手能力……"家长大讲堂"的主题讲座可以涉及多个角度，不仅可以普及健康卫生知识、进行安全教育的内容，也可以讲述环保理念、解读城市文化等。我校曾组织不同年级学生学过乘坐地铁的安全、健康饮水、春季流行病的预防、剪纸、做元宵等讲座。

请家长志愿者给学生讲自己的专业知识，丰富学生的知识，提升学生各方面素养。我们会请家长自主报名，根据自己的专业知识报自己可以给学生们讲授哪些知识。我们还会为家长发讲课证书，进行志愿辅导员的评比。

由此，家长的资源进一步得到利用，学生的课堂更有声有色。我们相信，各行各业的家长们一定能为我校学生提供更多丰富、宝贵的教育资源。

学校开展志愿服务不仅可行，而且是势在必行。志愿者服务队的成立促进了学校、教师、学生和家长的共同成长，帮助了学校提高教育的质量，促进了学校内涵发展，让学校办学更公开透明。今后，我校的志愿服务还要进一步完善服务的体系，规范服务的方式和要求，进一步提高服务的质量；建立激励的机制，给予志愿者充分的尊重和信任，提高志愿者服务的积极性；规范培训，设置专项培训教育讲座，满足家长对自身素质提高的需求；搭建平台，建立志愿者档案，与义工平台相链接，让服务更具价值。

从家庭教育角度谈提高专注力

刘　阳

一、相关理论背景

美国著名教学心理学家加涅在《学习的条件和教学论》中，将人类学习的结果分为言语信息、智力技能、认知策略、动作技能和态度5种类型。其中，前4种结果属于能力范畴。人的能力有天生成分和后天习得的成分。后天习得的能力是由习得的言语信息、智慧技能、认知策略和动作技能构成的。由此可见，儿童的学习成功与否更大程度上取决于后天的习得。

父母是孩子的第一任教师。在影响儿童学习的外界因素中，主要包括家庭、学校、社会等。其中，最为重要的是家庭对儿童的影响。然而，我们所遇到的家庭中，更多的家长对于孩子的教育还停留在比较传统或者毫无方法的阶段。在这样的情况下，具有专业知识、接受过专门培训的教师适当给予家长一些指导就显得尤为必要了。

作为教师，我们不仅肩负教育孩子的重任，同时也承担着作为专业人员指导家长做好家庭教育这一工作。在如何从多方面根据孩子心理发展更好地引导孩子这一问题入手，给予了家长适当的、切实可行的指导和帮助。

二、小学中段专注力问题

（一）培养专注力的重要性

小学阶段所学知识难度并不算很高，所以，很多家庭在看到孩子不错的成绩之后，忽视了比成绩更重要的学习能力培养。学习能力是学生学习持久力的基础。在小学阶段培养起孩子的基本学习能力，将来孩子进入中学、大学，甚至一生都是受益匪浅的。然而，小学阶段学习能力的培养却并非易事，需要家长付出大量的心力和智慧。

中年级学生已经适应了校园生活，也拥有了一定的基本学习习惯，对新奇的知识充满好奇，同时对自我价值开始有懵懂的意识，渴望得到他人的肯定。于是，此时的他们是最容易在情绪、价值观念等方面被动摇的时期。这一时期，培养孩子坚定的意志，较为持久的专注力对于将来的学习生活都有着重要的作用。

（二）家庭教育在培养专注力中的重要作用

现今社会诱惑层出。不仅是孩子，就是成年人在面对电视、网络、手机等社交工具所带来的无孔不入的爆炸性信息时，都感到一时信息量过大，无法接纳，常常迷失了自我。不少家长自己就很难专注地投入在一件事情上。各种零零碎碎的事情切碎了我们的大块儿时间，让我们难以专注地投入做一件事情。孩子从小接触这个信息时代，在社会、家庭的耳濡目染中，在媒体的大肆宣传下，电脑、手机、平板电脑中的各种动漫、游戏带给他们巨大的冲击和诱惑，这些林林总总都在分散着孩子本就难以集中的注意力。

在校园里，孩子们的学习生活环境相对单纯，外界的吸引力较少，所以能比较容易地将注意力投入学习。除去在学校的时间，与家长的相处是孩子另一大部分生活重心所在。而在失去了学校环境的"围墙"过滤之后，家长该如何在孩子的家庭生活中培养孩子的专注力，并帮助孩子在独立面对各种选择时，坚定专注地完成自己最重要的事，是更为重大的课题。

三、如何在家庭教育中培养孩子的专注力

既然家庭教育在提高孩子专注力方面起着至关重要的作用，那么如何做才能起到有效的作用便成了重中之重。在具体案例和可信赖的调查基础上，我会结合专业书中提供的指导方法，同时配合我教学中的一些可操作有效果的方法，介绍一些具体可操作的行为引导方式。

（一）家长以身作则

孩子是家长的一面镜子。家长如果仔细观察便能在孩子身上看到自己的影子，无论是优点还是不足。因此，在家庭教育中，家长要重视自己对孩子的影响力，要求孩子的同时，自己要尽量以身作则。实在做不到的时候也要给孩子讲明白自己不能做到的正当理由。

例：我曾经给孩子们讲过玩儿手机对眼睛的害处，其中举出了一些中学生因为经常玩儿手机导致视力急速下降的例子。这时有一个孩子说："我爸爸就总玩儿手机，还躺着玩儿！眼睛也没坏啊！"一声话音刚落，不少孩子开始发表议论："我爸爸也是！""我爸爸晚上睡了觉还玩儿呢！"……此时我不禁感到一丝无奈。随即又正了正神，说："家长是成人，眼睛已经定型，所以影响较小；而我们的视力还在发展阶段，所以不能模仿成人的做法。"接着，我又举出了几个成人因长时间在暗光下看手机而视力受到影响的例子，告诉孩子们："即使是成年人，长时间看手机，对视力也会造成严重的影响。因此，如果爸爸、妈妈有这样的习惯，请你一定提醒他们，好吗？"

这次的教育活动中，如果家长们在耳提面命孩子要注意视力的同时，自己也以身作则，不给孩子留下手机不离手、不注意视力的印象，我想，孩子是不会如此议论纷纷提出质疑的，我后面的例子和教育也是不需要过多解释的。这就是家庭教育中家长以身作则的作用。

（二）控制电子产品对孩子的影响

例：我曾发现一个孩子上课常常出神，总是一种恍恍惚惚的感觉，后来问孩子，孩子说自己每天睡觉很晚。跟家长反映之后，家长说孩子喜欢看电视，常常一回家就打开电视，一看就看到 11：00。这个孩子最喜欢看的是电视剧。我们成年人都不能摆脱电视剧的诱惑，常常想一直看下去，

更别说孩子了。

讲到电视、电脑对阅读的影响时，美国凯泽家庭基金会公布了一份调查报告：

65%的儿童生活和活动的地方都有电视机；48%的 6 岁儿童拥有自己的电脑；70%的 4~6 岁的儿童使用过电脑；在 2 岁以下的儿童中，43%的孩子每天都看电视。美国儿童每天要在电视机、电子游戏机或电脑面前度过至少 2 个小时的时间，而阅读书本的时间只有 39 分钟。

报告指出，卧室中有电视机的儿童，以及在家中长时间看电视的儿童，很少有时间阅读书本或从事室外活动，更少有时间提高自己的阅读能力和培养自己的阅读习惯，在阅读上也就会遇到更多的困难。

爱荷华州立大学心理学家的研究结果也为我们提供了依据：

爱荷华州立大学心理学家的研究结果显示，如果儿童每天对着荧光屏的时间超过专家建议的 2 个小时，那他们在学校里注意力不集中的概率就会提高 1.5~2 倍。他们对逾 1300 名 3~5 年级儿童，以及 210 名大学生进行跟踪调查，结果显示，电视和电脑游戏对儿童注意力的影响是一样的。如果儿童每天看 2 个小时电视，或玩儿 2 个小时电脑游戏，持续 1 年之后他们的注意力问题就会显现出来。研究人员称，如果青少年过度沉迷电视和电脑游戏，他们的大脑很快就会习惯于电视或电脑屏幕上急速闪动的画面。因此，他们在面对教室黑板或书本这类对视觉刺激少的对象时，注意力就会很难集中。

以上调查研究证明：长时间看电视或电脑对提高儿童阅读能力有严重影响。因此，与孩子商定使用电子产品的时长和内容，也是有效提高孩子注意力的方法。

（三）培养孩子当小老师

培养孩子当小老师也是行之有效的方法之一。孩子从学校回到家中后，家长与其问他学了哪些知识、听懂了没有，不如请孩子做自己的老师，将今天学到的内容像小老师一样讲给自己听。这样做，一方面孩子讲得是否清楚，能直接反映出孩子的学习程度；另一方面也通过再现起到了巩固复习的作用。同时，孩子为了能做好小老师，也会在学校集中注意力，认真听讲、积极参与课堂提问。

使用这一方法的关键在于态度要诚恳，并且认真地接受。从所用的语言来说，我们可以用"这个题我也学过，可是怎么不会了？你怎么做出来的？""哦，原来是这么回事！""你讲得还挺明白的，我一下就听懂了。"这一类话来表扬和鼓励孩子。当孩子讲得不好的时候，则可以鼓励他第二天找老师询问清楚，回家再做解答，这样，孩子带着问题学习，也能事半功倍。

当然，提高孩子专注力的方法还有很多，但无论哪一种，只要家长有心做、坚持做，都一定会收到成效的。

四、结语

认识孩子、指导孩子是一项学问，是需要时时学习的。行为心理学研究表明：21 天以上的重复会形成习惯；90 天的重复会形成稳定的习惯。即同一个动作，重复 21 天就会变成习惯性的动作。所以，无论使用何种方法，耐心与孩子一起坚持，才能真正帮助孩子逐步取得进步，养成良好的习惯。

家庭教育是学生成长中必不可少，甚至可以说是最重要的一个环节。作为教师，我们应该充分利用自己的专业知识，对家长就有关的内容进行培训或说明。在解开家长困惑的同时，也能让家校合作不再停留在就事论事上，从观念上保持家校教育的一致性，从而为学生的健康发展铺就更加宽阔的道路。

家校协同，共育桃李

高金侠

在"一切以学生为中心、有教无类、因材施教、人尽其才"的成达教育理念的引领下，成达人才的培养离不开家校协同的合力作用。

教育从来就不是学校单方面努力付出就能够做好的，它必须要有家庭教育的支持。家庭教育、学校教育相辅相成，所产生的"万有引力"作用到学生身上才能够产生最理想的教育效果。这一过程中，教师与家长的沟通就显得尤为重要。

下面我就说说在家校协同方面我的做法。

一、网络平台合理利用

微信群和 QQ 群是我与全体家长联系的重要方式，微信群我通常用来发通知或者分享一些优秀作业，而那些值得留存的资料我通常会放在 QQ 群相册里。比如，博识的照片和作业，学生在校的活动视频、照片，获奖照片等。

朋友圈则用来宣传学校为孩子们所做的工作。比如，及时采纳家长意见，全心全意为孩子们服务的食堂，大雪天迅速完成道路清扫，及时给孩子们铺好红地毯的保洁和保安等后勤人员。大力宣传展示的目的是让家长更多地看到学校的付出，提升家长和孩子的幸福感。

除此之外，我也会利用朋友圈展示孩子们在常规、习惯、学习等方面的进步，以及我的欣喜、担忧，让家长可以从这些细节感受到孩子的成长和老师的用心。

二、家长集会形成共识

家长会是家长与老师面对面交流、相互理解、形成合力的难得机会，在家长会上，我会分析孩子在纪律、学习等各方面的优势和不足，和家长汇报了针对班级的具体情况我都做了哪些工作，针对家长最关心的期中考试进行全面系统的分析，每一道题我都用画正字的方法统计出错题人数，分析出错题原因，并将错题所涉及的知识点进行归纳总结，让家长了解我教给孩子们的思维方法、做题妙招，这些妙招是需要在平时的练习中加以巩固应用的，而家长是最有力的帮手。

另外，一张小小试卷也折射出学生学习习惯上的差异，比如中午发的试卷，下午就找不到了，这样的孩子我们要更多关注和培养他收拾整理自己物品的习惯。比如，全班丢题共计 27 道的可怕现象，折射出孩子做题马虎，初次使用答题卡的不习惯，以及没有按照老师教给的方法去做的问题。

当我将这一个详细的试卷分析做完之后，我看到不少家长频频点头，甚至伸出了大拇指。家长会让家长与老师达成了教育共识，统一了教育思想，为下一步的教育教学的开展奠定了基础。

三、家访作用高效发挥

说起家访，我曾经栽过一个大跟头。有一个孩子问题比较大，我想和他的家长做进一步的沟通，就让他跟家长商量第二天去他家家访是否方便，结果，放学的时候，就听见那个孩子的姥姥跟孩子说："你就跟老师说，咱们家明天有事儿，家里没人儿。"当时孩子姥姥虽然没看见我，但我感觉好尴尬，赶紧装作没听见走开了，结果，晚上，家长就给我发微信说，孩子发烧了，要请几天假，再后来，学期末，那个孩子转学走了。

后来我就反思了自己的做法，虽然出发点是好的，但是，也得两相情愿才能达到教育效果啊！

于是，我就改变了方式，我问谁希望老师去家访，来和老师约时间，孩子们特别踊跃，甚至有的孩子怕我迷路，还画出了去她家的路线图，并千叮咛万嘱咐别走错。我发现，这样的家访不仅孩子高兴，家长也开心，沟通顺畅，效果特别好。

今年，我除了让希望我去家访的同学和我约时间之外，还给孩子们提出了更具体的要求，我要求孩子们在我家访的过程中，一要介绍家庭成员；二要介绍居住环境；三要展示自己的兴趣爱好，以及希望老师了解的内容。并请家长帮助录视频，第二天放给全班同学看。

让我没想到的是，孩子们特别兴奋，甚至提前几天就开始练习，而他们充满热情地介绍家人，详细地介绍居住环境，情绪激昂地展示自己的兴趣爱好，展示自己引以为傲的奖牌，展示自己喜爱的玩具等，这不就是一场生动的口语交际吗？就这样，每一次家访都在这样愉快的氛围中展开。有助于我和家长交流孩子在学校的表现，交流如何在孩子现有的基础上家校合作，共同助力孩子的成长。

每一次家访结束，受访的同学都催着我在班里播放他的视频，每一次播放的时候，被家访的同学都像个万众瞩目的大明星一般兴奋，而全班同学也都兴趣盎然，看得津津有味。他们兴奋地谈论：他的奖牌真多啊，他的玩具好棒啊，他的古筝弹得真好啊，他的弟弟好可爱哟，他的床好有特点啊。然后我们接着讨论：他的介绍怎么样？你最感兴趣的是什么？你还有没有建议？有没有想知道的内容？

家访让受访孩子的自信心有了巨大提升，交际能力及口语表达能力增强，家访视频在班里的播放与讨论交流也让全班同学更多地更全面地了解了受访同学，促进了相互的学习。

而在最近的家访中，我又偶然开发了一方面的资源，当我问起孩子爸爸的工作时，他说不清，我说："那你采访一下爸爸吧。"没想到的是，这个孩子拿起一支毛笔充当话筒，就那么随机地进行了即兴采访，而爸爸也认认真真地接受了孩子的采访，回答得既详尽又通俗易懂（如图 2-12 所示）。回来再放给同学们看的时候，我们全班同学又了解了一个职业，并且听了家长所说的要想做好各行各业的工作所需要具备的素质，以及应该怎么做之后，学习更有了动力。这不就是一堂生动的家长讲堂吗？

图 2-12　孩子采访爸爸

这样的家访最大化地开发和利用了家访资源，增进了老师与学生之间、学生与学生之间、老师与家长之间的相互了解，同时也更能找到教育的切入点，更好地引导孩子向我们所期望的方向发展。

我这个学期被学生们催着家访，催着放他们的视频。忙碌中也收获着快乐，收获着家长的理解与感动，收获着孩子们的成长。

四、特别学生特别关注

问题生每个班级都有，他们对班级的影响极大，通常会牵扯老师更多的精力，但往往收效甚微，甚至你费了好大劲儿，忙了半天，总感觉像在耕耘一颗煮熟了的种子。这样的孩子家校协同就更为重要。

班里有个极其显眼的孩子，姓姚，他的特殊让人过目不忘。首先是身高，三年级的孩子长得还没有一年级小孩儿个子高。其次是脾气，动不动就发怒，一旦有任何不顺心，在他的认知里，永远都是别人不对：老师没收了他上课玩儿的修改带，老师不对；与同学发生矛盾，同学不对；而他自己永远没有不对的时候。他练过跆拳道，下手重，班里没有挨过他打的同学寥寥无几。只要不顺心，就躲在厕所里或布满电源线的讲桌底下，或者你想不到的犄角旮旯儿，谁叫都无动于衷，谁拽都拽不动。

　　我作为一个女老师这学期没少跑到男厕所去和他沟通；他的种种问题，我也没少和他家长交流。我曾经想让他家长来陪读，但被家长以爷爷、奶奶年事已高，爸爸工作太忙为由拒绝了。我也曾想让家长把孩子领回家，反省后再来上课，但转念一想，对这样一个特殊孩子来讲，这个办法也未必能起到作用。

　　特殊的孩子一定有着特殊的家庭背景，这个孩子在一两岁的时候父母离异。刚开始，他开始跟着妈妈，到 2 岁时，妈妈突然不要他了，而爸爸也组建了家庭，爷爷、奶奶便担负起了抚养他的责任。据奶奶说，他曾经很长一段时间睡觉不脱衣服，极度没有安全感。爸爸大概一周甚至更长时间回来一次，而每次和爸爸反映孩子的问题后，爸爸常常会对孩子一顿暴揍。他有一次听说爸爸要来便说什么也不愿意回家，非要住在学校里。

　　我想解决这个孩子的问题，必须先关注孩子的心理建设，他之所以对周围人充满敌意，究其原因，是他的生活里缺少爱，有心结。因此，他也感知不到周围人的关爱，如果这个问题不解决，再多的教育手段都是徒劳。而这一切的关键，是需要家长意识到问题的根源及严重性，家校协作，才能够解决问题。

　　于是，我约了他的父亲。他父亲特别忙，说得 18：00 才能到学校，我说：“行，没问题，多晚我都等您。”于是，我们从 18：00 谈到了 19：00多，和他推心置腹的谈，细数从开学到现在孩子在学校所表现出来的极端暴力，所有同学、家长、老师对他的包容、帮助与关爱，我给家长分析了这种状况如果持续下去对他自己、对周围同学、对家人有可能造成的伤害甚至产生不可想象的悲剧。渐渐地，家长终于意识到问题的严重性。在家长困惑不知道该怎么办时，我提出建议：找相关专业人士给孩子进行心理疏导，几年前，我曾系统学习了心理咨询师的课程，我深深地了解心理问题所带来的危害，也通过自己的努力给一些人解决过心理困惑。但要从根本上解决问题，还需要更专业的人进行疏导。与此同时，要求家长不要再打孩子，要更多地给孩子以关心爱护与帮助，并一定要持之以恒，不能三分钟热度。家长听了我的一番话，豁然开朗，非常感激，临走时直给我鞠躬。

这次谈话之后，家长找了相关人士给孩子做了心理疏导，而他自己对待孩子的方式也发生了改变。后来，即使他也有和同学闹矛盾的时候，但能慢慢听进同学的解释，听进老师的调解，也再没有出现一次躲起来不见人的情况。这于他而言已经是极大的进步，全班同学一致认为他的进步最大，把我们全班一起培育的松柳苗奖励给了他。我也借着这次机会再次与家长沟通，肯定孩子的进步，表扬了家长的努力配合，同时了解孩子在家庭中的变化，进一步给出指导性建议。现在，爸爸经常回家来看他，并且带着继母一起来，而他也非常喜欢他的继母。期待这个孩子能慢慢化解心理的负面情绪，越来越好。

转变一个问题孩子，确实耗神费力，但往往转变孩子的同时，也会给一个家庭带来可喜的变化，给班级带来积极的影响。家庭与班级双丰收，是家长和老师的共同期望，也是家校协同的最佳效果。

一个学期下来，收获着孩子们的成长，虽然班级里还有方方面面的问题，并且随着孩子年龄的增长，还可能涌现出新的问题。但我想，只要发自内心地为孩子好，真诚地与家长沟通，共同想办法，形成教育合力，一切都会越来越好。

浅谈家长会中的家校协同育人策略

王　洁

一、充分利用家委会，了解家长实际需求

首先要明确家长会的目的，开家长会是为了让学生了解学校情况，是为了沟通学生在校的学习情况，是为解决班级出现的问题，还为了进行考试前的准备……从学校层面来讲，不同学段学校开家长会的目的不同；从家长层面来讲，不同年级的家长想了解的问题可能更细、想了解的方面更多。

为了充分发挥家长会的作用，在学校、班级构思家长会内容的基础

上，还应充分利用家委会这一桥梁，开展调查问卷，让家长提出他们迫切关心的问题，学校、老师再针对家长的问题，丰富各年级、各班级的家长会内容，这样才能解决家长的实际需求，也能在家长会中对这些问题达成共识，减轻教师平时工作答疑家长问题的负担，让家校协同育人更具体、更深刻。我校每次开家长会之前，都会进行这样一番调查，虽费些工夫儿，但为了学生的发展，为了家校协作更加顺畅，学校、家长都愿意认真对待。有时家长提出的一些问题，学校、老师确实没有预想到：关于4~6年级食堂打饭配餐的问题，关于选修社团招人的条件问题，关于延时服务的问题……

二、积极动员各科老师，与家长深度沟通

家长会上与家长沟通，不只是班主任的工作，对学生的教育，要全员、全方位参与，因此家长会上，也应积极动员各科老师，与家长进行学科方面的沟通。涉及学校层面的问题，请校长、主任来解答，涉及各学科学习方面的问题，请语文、数学、英语、美术、音乐、体育各学科老师现身说法，培养德、智、体、美、劳全面发展的学生。家长会也少不了各科老师的身影，这样让家长与学科老师更近，也让各学科老师更深入地参与到全员育人中来。

三、根据不同学段特点，家长讲堂体现针对性

不同学段学生的特点不同，凸显出的问题也不同，需要家长配合学校完成的工作或学校对家庭教育的引导方向也不同。因此，除了班级内班主任、各学科教师与家长的面对面沟通外，在学校层面，我校也会根据学段特点，邀请专家有针对性地开展家长讲堂，对不同学段的家长进行家庭教育方面的指导。

例如，低学段更注重对孩子学习兴趣和学习习惯的培养，保护孩子的好奇心，尊重、鼓励孩子建立自信，在家里创造良好的读书、学习环境，从细节着手，养成良好的生活习惯等。中学段更注重对孩子进行集体主义教育，教育孩子善交朋友，培养其与人交往的能力；教育孩子团结合作，为了同一个目标互帮互助，培养他们的责任感；教育孩子诚实守信、自立自强等做人的基本准则和能力等。高学段更注重对孩子心理方面的疏导，

五、六年级的孩子即将步入青春期，身心发展迅速且不平衡，接触社会的途径和方面增多，影响孩子心理的不稳定因素增多，有的孩子甚至出现叛逆倾向。因此，我们聘请专家对这个时期如何与孩子进行有效沟通与家长进行深入沟通。

四、他山之石，可以攻玉，善用妙用家长资源

家庭教育和学校教育的道理是相通的，尤其是在面对家庭教育的问题时，有些家长显得比我们更专业，这样的家长主要分为两类：一类是家长本身是研究儿童心理、少儿阶段家庭亲子关系的，术业有专攻，理论知识丰富；另一类是家长教育出的孩子，德智体美劳全面发展，人格健全，性格开朗，与同学和谐相处，是父母的好孩子，是老师的好帮手，这样的家长在教育子女方面肯定下了不少功夫，有着许多好方法，实战经验丰富。

无论是前者还是后者，或者合二为一的家长，在家长会上让他们现身说法，显然比老师说的更让家长感兴趣，更让家长印象深刻。例如，今年一年级家长会上，我们就邀请到了三年级学生家长，同时也是爱有方北京大兴分中心的校长、中国社会科学院心理研究所儿童早期教育指导师的王玉老师，为家长们进行了题为《培养良好习惯，适应小学生活》的讲座，整个讲座过程气氛活跃，反响热烈。

五、鼓励老师展现特色，创新家长会形式

大家印象中的家长会都是严肃的、沉闷的，开家长会的时候，学生是忐忑不安的，生怕家长会开完，少不了一顿收拾。这就把家长会妖魔化了，家长会上该表扬的表扬，该鼓励的鼓励，该提醒的提醒，家长会是为了解决问题，而不是制造问题，老师和家长是合作的关系，双方关系越融洽，对孩子的教育就越事半功倍。

因此，我们鼓励班主任在家长会上创新形式，体现班级特色和班级文化。五年级的做法就很有意思，得到了家长的热烈欢迎，也为其他年级的家长会提供了更多思路。例如，举办亲子运动会，师生共同准备精彩的节目为家长展示，班主任亲手烘焙甜点迎接家长，让学生提前精心准备送给爸爸妈妈的贺卡……用心、用情精心筹备家长会，家长必然也能感受到老师的一番良苦用心，也会更加配合学校的各项工作。

六、做好家长回访工作，巩固家长会成果

有些班主任总有些疑惑：每学期都开家长会，强调学习习惯，强调作业规范，强调大量阅读，强调预习复习……但为什么每次家长会都说，每次说完还是老样子，感觉开家长会没多大意义呢？那是因为，家长会不仅仅是一次会而已，家长会只是做到了沟通，沟通之后落实情况如何，还需要我们持续做家长回访工作，才能把理论落到实际，趁热打铁，取得最好的效果。

家长会后回访，可以从 3 个方面来进行：一是家长会当天下发调查问卷，让家长及时写下感想和建议，反馈给学校，以了解哪些地方我们还需要改进；二是家长会后针对会上提到的问题，对学生及家长进行持续跟踪，督促、帮助家长培养孩子的良好习惯，保持家校教育工作一致性，而不是在学校一套，回家就变样；三是总结这一次家长会的成功经验和需要改进的地方，为下一次家长会提供有力的素材。

家校协作育人，要在相互尊重的前提下，运用有效的策略，才能达到预期的效果。家校同心，其利断金，相信在双方的不懈努力下，一定会将家庭教育和学校教育有效结合，形成教育合力，共助学生成长！

第五节 ▶▶▶▶▶▶

学生评价 ————

借助"目标"评价，助力学生成长

张 薇

在以人为本的教育教学综合改革的前提下，我校尤为重视教育评价的导向和激励作用，注重评价的科学性、多元性和激励性。斯塔弗尔比姆强调："评价最重要的意图不是为了证明，而是为了改进。"日常教育教学评价的目的是改进学生的学习行为，调节学生的学习行为，故而我校把教育评价的价值取向定位在学生的不断完美和终身发展上，通过不断丰富评价方式，构建有针对性的评价体系，以使其评价发挥出不可替代的力量。

在马斯洛看来，人具有一种与生俱来的潜能，发挥人的潜能，超越自我是人的最基本要求。环境具有促使潜能得以实现的作用。然而，并非所有的环境条件都有助于潜能的实现，只有在一种和睦的气氛下，在一种真诚、信任和理解的关系中，潜能才能像得到了充足阳光和水分的植物一样蓬勃而出。

经过借鉴、研究、消化、吸收，我在学期初开展了《开学了，立个小目标》的主题教育，以此唤醒学生内心的需求和向往，使学生获得价值感，挖掘、激发学生的内在价值，为学生进行自我评价和督促提供依据和方向。

一、自我认知，自我督促

（一）自评标准——人各有"志"

班会上，我和学生达成一致认可，目标的设定要有一定的标准。例如，不宜过多、不宜过大，要实事求是，符合自身情况等，学生在自我认知和反思之后，将目标记录在彩纸卡上，并张贴在"励志墙"上。例如，希望自己新学期把品社学好；希望自己跑得快一点儿；希望自己改掉磨叽的习惯；希望新学期自己可以积极回答问题；希望自己新学期多参与学校活动，等等。学生们字斟句酌、认识透彻到位，目标切实可行。

（二）自评方式——化"常立志"为"立长志"

目标"扎"在墙上，往往让人遗忘。励志之初，学生心气很足，能够起到一定的督促作用，但是热情很容易退去，学生也会渐渐忽略自己要努力的方向。考虑到这一问题，我尝试从以下几点帮助学生进行有效的自我督促。

（1）在每周的班会上，带领学生诵读自己的"新学期目标"，并告诉学生不要常立志，而要立长志，引导学生不忘目标，定期进行自我反思和评价。

（2）为了将评价落实到每日的细节中，我分别制作了在家评价表《我每天都在进步》和在校评价表《日常生活记录单》，督促学生将口头的决心落实在实际行动中。

（3）利用家长会和网络途径，向家长阐述学生"新学期立志"的重要意义和应用价值，邀请家长参与监督、鼓励学生实现自我目标。

（三）自评应用——循序渐进，不断调整

借助学生的新学期励志，激发个体需求，促进学生成长，是一项长期的教育内容，学生在体会自我价值实现的过程中，增强自信心，完善自我。

期中检测之后，利用班会，对学生的新学期目标进行有针对性的反馈，对已完成的目标表示祝贺；对于尚未完成的目标，学生之间分享方法和提出建议，调整学习态度、学习计划，改变学习方法，确定学习重点，不断促使自己校正目标，向理想的目标迈进。

二、小组合作，互相激励

为了更有效地激发学生朝着自己的目标努力，我学习了"组织目标和个人目标的相互关系"，了解到组织目标与成员个人目标是否协调一致，以及一致程度直接影响着组织目标能否实现及实现目标的效率。每个组织目标的制定都要考虑个人目标的影响。组织目标有可能与个人目标不相一致。

团体动力学中提到，民主型领导是指群体的一切活动，由领袖和群体成员共同讨论后而决定，在讨论过程中，领袖以群体成员之一身份参与，鼓励大家发表意见，力求达到集思广益的目的。

我依照这一理论，积极听取学生意见，改变了以往固定分组，固定组长，或个人积分评比的模式，开展了本学期的学生评价与评比活动。

（一）第一轮小组评比实践

根据全班人数，我和学生一起商定好每组的人数范围在5~7人，学生自发组成学习小组，定目标、定口号、绘制小组积分榜。评价的内容涉及学习、纪律、文明、卫生等各个方面，由各科任课教师看日常表现给予加分或鼓励。经过两周的尝试，因学生自愿结组，难免造成实力不均，优生扎堆或学困生、纪律困难生扎堆，造成平均分差距略大。第一轮的小组评比的结果，最高达6.7分，最低为2分。因个别学生扣分严重，小组同学之间也因此产生矛盾，有的找我说不想让某某某继续在他们组，有的找我说不愿再做组长，甚至有家长联系我说不想在某某组，受某某同学影响……

我们培养学生的目标是不仅要有牢固的知识基础做保证，还要同时具备良好的思想品德。为此，我在日常的教育教学中不断深入，让学生从小受到正确的引导。第三周的班会课上，我结合这些问题和大家一起探讨，学生的集体荣誉感很强，都想为小组加分，但是如果遇到减分，组员之间的团结性就会受到震荡，为此我们共同上了"组荣我荣，组为我家"的思想教育课。

显然自发结组固然使大部分学生开心乐学，但是也会给一部分学生造成困扰。这使我联想到"宏观调控与微观自主"的市场经济理论，社会主义与资本主义的根本区别，不在于经济体制，而在于占有分配制度方面。学生结组的自主权限，看来并不能完全走"社会主义"路线。

(二) 第二轮小组评比实践

在面对第一次结组不是很成功的结果后，我又在班级内开展了第二次小组评比。为了避免一些学困生不被其他组员接纳，这一次我采用了抽签的方式，学生制作了 1~7 的数字卡片各 5 张，每人抽取的卡号决定自己所在的组。

抽签的方式可能不是最合理的，但是我认为是最公正的。在这一次的小组评比中，虽然分数还有差异，也可能分数差异会很大，但是每个组都有可能成为最优小组。学生们每一次的小组积分榜设计也越来越巧妙，让我由衷佩服。

如图 2-13 所示，有的设计成赛跑形式，有的设计成火车形式，有的设计成章鱼形式……

图 2-13 学生作品展示

(三) 小组评比的说明

小组评比的规则，每 2 周算一次小组平均分，优胜小组获得特权奖励。其他小组各推选 1 名组员为优秀组员，也可以获得特权奖励。

小组的组成，除第一次自由结组外，每个月抽签分组 1 次，组内自主推选组长，记录小组组员的日常表现。

一个学期下来，学生在每一次的小组活动或评比中，都有着自己喜爱的角色，分工明确具体，一段时间下来，组员们逐渐将个人的目标与小组的目标建立联系，小组的凝聚力逐步得到提高。在坚持形成性评价与过程性评价相结合的原则下，借助"目标"评价为我的教育教学工作明确了切实可行的指导方向，学生也在实现自我目标的过程中，体会到自我价值实现的乐趣与成就感。

三、反思体会

以培养人才综合素质和人的终身发展为第一要务，立德树人，全员育人，追求教育核心价值；学生发展放在教育教学的重要地位考虑，创造平等、自由、快乐、竞争的环境，最大限度地引导学生发现自我、自主学习，激发学生主动性、积极性和创造性，尊重学生个性发展；创造适合学生发展的教育环境。

经过一段时间的努力，我深刻地体会到借助"目标"评价来督促学生学习，可以形成一种民主参与、自我控制的良好氛围。它有效地调动了学生的主动性和积极性，也督促教师在日常管理中不断更新观念，寻求最优方法。小组评比中，学生将个人目标和小组目标紧密联系起来，产生内在动力，因而能极大地激励学生为实现目标而努力，具有很好的激励功能。

落实教师评价　促进学生成长

刘　蕊

基础教育课程改革提倡在教学中建立促进学生素质全面发展的评价体系，评价的目的不在于选拔和甄别，更在于促进学生的发展！在教学过程中对学生的评价应该是以鼓励学生参与学习为主要目的，在学校的管理层面，则要帮助广大教师转变观念，鼓励他们在教学中充分发挥评价的激励作用，促进学校教学工作的开展。因此，在学校管理中其实就是指导教师们怎样在教学中正确运用评价来促进学生的发展。

一、组织专题讲座活动，帮助教师转变观念

聘请教学经验丰富、理论扎实的教学专家到校进行专题讲座，让教师们在思想上对于教学评价的作用和学生发展的关系有深刻的认识，让教师们在教育教学理念上得到转变。让广大教师们认识到在课堂教学中，教师准确合理的评价能把学生已形成的学习上的内在需要充分调动起来，使之

始终保持一种乐观向上的积极的学习状态。这种评价首先是对学生优秀答案的鼓励，当学生的回答比较精彩或有一定的独创性的时候，教师就应该明确地表达自己的赞美之意，甚至还可以让其他学生为这位学生鼓鼓掌，表示祝贺！这位学生得到了老师和同学的肯定，思维就会更加活跃，在课堂上也会有更加突出的表现，长期努力对他语文能力的提高有巨大的帮助。

其次，对于一些成绩不是很理想的同学，教师也不能置之不理，而应该给他们以更多的关注。这些学生课堂上常处于不参与或被动参与的状态，他们大都存在着自卑和依赖心理，羞于开口，不愿动脑筋。那么，教师就要努力激发他们学习的兴趣，不仅是创设好的课堂气氛，鼓励他们多读、多说，更应该寻找他们课堂表现中的闪光点，哪怕只有一丁点儿，我们也要及时地给予肯定和认可，创造课堂参与的机会，给他们以参与的信心。美学家朱光潜曾强调："求知、想好、爱美，三者都是人类天性。""教育的目的在启发人性中固有的求知、想好、爱美的本能，使它们尽量伸展。"教师就应该通过恰当的评价，使学生把自己好的方面充分展示出来，在学生幼小的心灵中播种自信的种子。

二、关注教师的课堂，把评价落实在实际教学之中

为了让评价的功能切实地体现在教师的课堂教学之中，在学校的教学管理中就充分利用学校内部的教学研讨活动，鼓励教师在课堂中关注全体学生，运用有激励性的语言调动学生学习的积极性。并且学校在评价教师的课堂教学效果时，也把教师能不能有效运用评价机制作为一项硬性指标来考查教师的课堂教学，明确要求课堂教学要始终面向全体学生，评价一节好课的标准之一就是要看学生的参与度高不高。例如，在语文课堂上把训练学生的朗读作为一个评价标注，考查教师能不能在课上引导学生有效阅读文本，以读带讲。教师能不能在朗读的基础上对学生的表现做出有价值的评论，评价的时候语言是否简洁精练，观点是否鲜明这些方面进行评价。能不能鼓舞学生的自信心和自豪感。通过这样的方法来促进教师的教学，提高学生的阅读、听力和表达的能力。另外，在作文教学中，强调教师对作文的批改的作用，是学生习作的一个重要组成部分。鼓励教师采用多种方式评价学生的作文，既可以教师评价也可以让学生互评或自评，无论是哪种方式，充分发掘学生作文中的闪光点，引导学生自己发现问题，找准修改点，再以学生中的好作文作为"向导"，让学生自己比较、分析，从而明确自己作文中的不足。有时一篇习作往往要让学生做两遍甚至三遍，让学生在不断的修改中提高自己的作文能力。再如，在数学课上把学生思维的发展作为一个教学评价指标，关注数学课上学生对知识点的探索过程，思维的拓展和多角度多方面解决问题的能力。更关注教师在课堂上是如何一步步引领学生学习探索新知，如何评价学生在课堂上的学习行为。又如，在美术学科学校则更多地关注学生手工、书画作品的评价和展示，课上是否能给孩子更多有针对性的个别指导，发挥孩子的个性和审美。学校在各学科的教学中，都关注学生整体素质的提高，督促教师把教学评价和学生的实际学情相结合，以评价促教师的教学、学生的发展。

三、鼓励教师多元评价，促进学生的个体发展

《语文课程标准》也指出："在评价时要尊重学生的个性差异，促进每个学生的健康发展。"教师在具体教学过程中应该根据学生的个体情况多角度地进行教学评价，以此促进每一位学生都获得一定的进步。教师在教学评价中不能用整齐划一的标准来衡量每一位学生，而需要在以促进学生发展为教学理念的引导下，从不同的视角、不同的层面去看待每一个学生。这种评价不仅表现在知识上，更要关注学生在学习过程中的表现，评价学生不能仅仅依靠成绩测验，还应包括对和学生学习有关的态度、兴趣、行为等的考查。因此，我校在教学管理中鼓励教师运用多角度、多层次、多种方式的评价，更是鼓励和支持教师之间在学生评价方面的相互沟通、借鉴。例如，在学习成绩的评价方面，大到期中期末考试，小到教师对自己班级的一次小测试，都要求教师设立"优胜奖""进步奖""卷面奖"等。再如，评价不仅针对学生的成绩，更要关注学习过程，教师们为学生设立"发言小明星""作业小明星""读书小明星""思考小明星"等，关注学生在学习过程中的不同方面的表现，调动学习积极性。激励学生的形式在教师的教学中也是多种多样，老师自己制作各种精美的喜报、奖状；为学生购买学生喜爱的小奖品，组织学生"抽奖"和换大奖的机会；在语文课的识字课和古诗背诵活动中，教师给学生制定比赛规则，为学生制作"狮子大王"的王冠及等级证书，在背诵古诗过程中，设定"军衔制""状元榜"，通过各种有趣味的比赛形式，在有效评价的过程中充分调动了学生的学习积极性。设立班级展示墙，让每一个学生都有机会展示自己的学习情况，每个学生都能把自己独特的想法、优秀作品、课堂思维导图粘贴在墙上，这样的展示其实也是无声的评价，对学生是莫大的肯定与鼓舞。在这样的展示中，既能够全面地展示自我，又能及时地吸取他人的长处补充自己的不足，可谓一举两得。孩子们在教师所精心创设的评价情境中学习新知，和同伴间亲密互动，和老师进行有效沟通，他们学习着、快乐着，同时也成长着。从一定意义上来说，教学的评价应该是教学中不可或缺的环节，对教师的教和学生的学都起到一个很好的促进作用。学校在财力、物力上给予教师教学评价最大限度的支持，保证教学有效评价的顺利进行，促进学生的全面发展。

四、学校搭建展示平台，注重评价的激励作用

学校为创设良好的教育氛围，激发学生的学习兴趣，培养学生的爱好特长，促进学生综合素质的提高。我校每月定期开展学科类和艺术类相融合、静态类和动态类相补充的展示形式，丰富学生的课余文化生活，给我校学生一个展现自我的舞台，更是一种激励性和学习性的评价方式。

（一）大型演出和小型汇报相结合

我校本着充分尊重学生、信任学生的理念，将舞台还给学生，力求全员参与，节目形式多样，给每个孩子展示的机会。但是为了保证学生正常的学习任务，合理利用时间，学校和各年级开展展示活动时结合学生年龄特点遵循着大型演出和小型汇报相结合的原则。交流展示中，学生以"知识竞赛、讲故事、戏剧表演、歌舞串烧"等形式在班级中进行交流，班级推选优秀的节目参加年级的博识展示，这种从班级到年级，全员参与的形式有效地丰富了孩子的知识，开阔了孩子的视野，给每个学生提供了展示自我的机会。

（二）作品形式动与静相结合

如果说"汇报演出"是学习成果的动态展示，与动态展示相结合，我校每学期定期开展学生作业展、社团作品展、墙板上的手抄报、外出写生、手工制作、临摹等形式就是学习成果的静态展示。学校充分利用每一寸空间，记录学生成长的精彩过程，孩子的作品摆满了艺术教室的书桌，贴满了走廊的展板、挂满了走廊的高空，老师们组织学生利用课余时间参观欣赏。这既是一种展示，也是一种评价，更是一种鼓励、一种认可。学生们可以看到自己的成长历程，真是喜不自胜。

这种动态和静态的展示性评价不仅大大激发了学生学习的热情，更使全体学生陶冶了情操，增加了自信，培养了特长，提高了学生的整体素质。

苏霍姆林斯基指出："教育的技巧和艺术就在于教师要善于在每个学生面前，甚至于最平庸的，在智力发展最感困难的学生面前，都向他打开他的精神发展的领域。"这也是新课程的目标，也是我们每个教师的目标，为了每个学生的终生发展服务。对于不同层次的学生采用不同标准，各层次的学生只要达到自己所在层次的要求就是顺利地完成了学习任务，教师的作用就是根据学生能力的发展不断对学生提出更高的要求。这样学生在学习过程中不会感到有过大的压力，每个学生都能看到自己的进步，在不断进步中体验到成功的喜悦。学校在教学管理中所起的作用就是督促和鼓励教师把评价机制有效地运用到学校的活动和自己的教学之中，从而促进学校教学水平和师生双方面的发展的整体提高。

疫情背景下班主任对学生综合素质评价策略

王　洁

在新型冠状病毒肺炎疫情的冲击下，学校教育由线下转为线上，如何在新的挑战下做好对学生的综合素质评价，是摆在老师们面前的一个实际问题。互联网时代的飞速发展为学校的线上教学和学生综合素质评价工作提供了便利，"互联网+"时代让线上教育呈现出蓬勃的生命力。作为班主任，除了迎接线上教学的挑战，及时关注学生的身体和心理状况以外，还要对学生综合素质评价工作的实施进行调整和创新。

一、对学生学习生活的过程性评价

利用微信群及小程序，通过让学生上传照片、视频、音频等素材，并及时对每一条进行评论的方式，来对学生的居家学习和生活情况进行监测和评价。遇到没有及时上传的同学，及时询问是否有困难，帮助孩子们解决线上学习的困惑，不放弃任何一个孩子。

二、对学生学习成果的阶段性评价

通过微信小程序发奖状的方式，每两周对学生在学习、体育锻炼、家务劳动、阅读等方面的表现进行阶段性评价，既要对表现优秀的同学进行表彰，也要对进步明显、突破自我的学生进行表彰。比如，我们班上有个孩子平时在学校不爱说话，提问她总是不回答，有些胆怯。有一次我在作业中布置了读书和口语交际的任务，上午她传上来的语音虽然还不够流畅，但是能听出来很努力在说，我及时对她的表现给予了肯定，并委婉地提出了改进意见，告诉她我非常喜欢她的声音。结果，下午她便重新传了一遍更清晰、流畅的版本，让我深感欣慰，并鼓励她继续努力。在此后的读书和背诵任务中，她都能及时完成，虽然并不完美，但我依然给她颁发了"小小读书郎"的奖状。

三、线上班会与总结性评价

通过腾讯会议开班会，与学生进行"面对面"交流，了解学生居家学习生活的情况和感受，对他们的学习进行指导和总结性评价。在学期中和学期末都会利用一次腾讯会议开班会的机会，对学生进行集中表彰，评出"读书之星""学习标兵""进步之星""运动达人""时间小主人""音乐小百灵"等，并在班会过程中，让同学们展示他们这段时间的学习成果，交流最近的见闻和居家学习的心得。我们班有一个男孩子在学校学习时总犯懒，作业总是交得晚，或者错了不改。在居家学习阶段，他的家长非常负责，帮他制订了科学的学习计划，严格执行，每天交作业很早，批改完后改错也很及时，虽然字还不够工整，错误也还不少，但我依然发给他"时间小主人"的奖状，也让他妈妈在期中总结的班会中跟大家分享了每天是如何帮助他进行时间管理的，相信成为"时间小主人"的他以后的进步一定更大!

四、线上主题活动的开展

进行班级"居家小厨神""家务劳动我能行"等主题活动,让学生展现他们的生活能力,发掘他们的潜力,进行劳动教育,并多渠道表彰评价。在"居家小厨神"争霸赛中,孩子们的热情空前高涨,扯面、做蛋糕、煎蛋、烤蛋挞、包饺子、炒菜……这些技能让老师们刮目相看,惊叹学生的学习力和创造力。我通过发朋友圈、制作美篇小视频、发学校新闻等方式,对他们的努力进行全方位评价表彰。

疫情背景下,师生虽然不见面,但在网上却是天天见,对学生的综合素质评价实施过程中有了更多的可能性,也让班主任更全面地了解了所有学生。

依托《道德与法治》教学完善学生思想道德评价

苏 慧

初中学生综合素质评价以科学发展观为指导,通过对学生进行全员、全方位、全过程评价,促进德、智、体、美有机融合,引导干部教师以综合素质评价内容为重点,促进学生综合素质的提升。思想品德课程旨在促进初中学生道德品质、健康心理、法律意识和公民意识的进一步发展,形成乐观向上的生活态度,逐步树立正确的世界观、人生观、价值观。在评价的过程中,不仅要重视结果,更要注重发展、变化和过程,要把形成性评价与终结性评价结合起来,突出形成性评价,要注意给予学生足够的机会展示他们的学习成果。二者的有机结合将更有助于初中学生的成长。

学生良好品德的形成依托的是学生现实的实际生活,需要实际的教学过程中教师对学生公民素养、正确价值观的引导。针对这些现象和问题,我希望能够依托本学科的教学不断地促进学生思想品德评价的完善,培养学生良好的思想道德品质,提高学生的公民素养。

一、学生思想道德评价过程中出现的问题

初中学生综合素质评价通过"北京市中小学生综合素质评价平台"将

学生的点滴成长集中记录在网络上，形成一种更为直观的、立体的成长过程。在这个过程中，不仅对学生良好思想品德的形成起着促进的作用，同时也为不同的教师在不同阶段对同一个孩子进行教育的时候，提供一种更为直观的、立体的、全方位的成长资料。

但是，在这个过程中，学生在对思想道德评价进行实际的操作时，出现了很多的问题。这些问题，由于各种客观因素和主观因素的制约，不可能全部解决，在此，我就只针对一个问题表达自己的看法，同时希望自己在《道德与法治》教学的过程中能够在别的问题上继续结合自己的教学工作，不断地分析和解决面临的问题。

通过观察学生在初一年级上学期对"综合素质评价平台"内容的填写，我发现一个很重要的现实问题——填写内容不够真实，偏离学生的实际生活。在《道德与法治》教学的过程中，经过一段时间的思考和调查、分析，我将《道德与法治》教学与"综合素质评价平台"相结合，希望通过依托《道德与法治》教学完善学生思想道德评价体系的问题。

二、依托《道德与法治》教学完善学生思想道德评价的依据

（一）思想道德评价指标体系与《道德与法治》教学的结合

作为信息时代高速发展阶段的新教师，传授学生知识不再是教师教学的主体目标，更为注重的是学生在技能、情感、态度、价值观方面的引导。胡锦涛同志在十八大报告中提出，在科学发展观的指导下，扎实推进社会主义文化强国建设，最重要的一点就是要全面提高公民道德素质。因此，教师要深入贯彻国家在教育方面的改革，用恰当的方式对学生进行全方位、全过程性评价，并以此引导学生向着全面型、创新型人才发展。

思想品德课程旨在促进初中学生道德品质、健康心理、法律意识和公民意识的进一步发展，形成乐观向上的生活态度，逐步树立正确的世界观、人生观、价值观。在评价的过程中，不仅要重视结果，更要注重发展、变化和过程，要把形成性评价与终结性评价结合起来，突出形成性评价，要注意给予学生足够的机会展示他们的学习成果。

通过对二者的分析，如果能够将综合素质评价指标体系中基础目标的思想道德、合作与交流与《道德与法治》教学结合起来，那么将实现中学生综合素质评价与《道德与法治》教学的双赢，也将更有助于学生的成长。

（二）思想道德评价指标体系与《道德与法治》教学目标的联系

思想道德是初中学生综合素质评价指标体系中的基础指标之一，它包含道德品质和公民素养两个二级指标（见表2-5、表2-6）。

表2-5　思想道德评价指标

一级指标	二级指标	三级指标
思想道德	J1. 道德品质	道德意识 道德行为
	J2. 公民素养	公民意识 公民行为

表2-6　情感、态度和价值观的目标

情感、态度和价值观的目标
●感受生命的可贵，养成自尊自信、乐观向上、意志坚强的人生态度。 ●体会生态环境与人类生存的关系，爱护环境，形成勤俭节约、珍惜资源的意识。 ●养成孝敬父母、尊重他人、诚实守信、乐于助人、有责任心、追求公正的品质。 ●形成热爱劳动、注重实践、崇尚科学、自主自立、敢于竞争、善于合作、勇于创新的个性品质。 ●树立规则意识、法治观念，有公共精神，增强公民意识。 ●热爱集体、热爱祖国、热爱人民、热爱社会主义，认同中华文化，继承革命传统，弘扬民族精神，有全球意识和国际视野，热爱和平。

从表2-5、表2-6中不难看出，思想道德评价指标体系目标中对学生道德品质的要求与《道德与法治》教学中对学生情感、态度和价值观的目标是一致的。因此，在《道德与法治》教学的过程中，将德育目标与学科教学目标相结合是一条正确的道路。在实际的教学实践过程中，我把学生在"北京市中小学生综合素质评价平台"中关于学生自己在思想道德评价指标体系这一栏目中的自我评价、他人评价有机地结合在一起，使学生自身的道德素质发展以一个立体的、有形的模块展现出来。

三、依托《道德与法治》教学完善思想道德评价指标体系的实施案例及分析

思想道德评价包括自我评价、他人评价、思想道德事迹记录袋3个部分内容，这一评价的内容离不开学校教育活动、班级管理工作和学科教学（本文指《道德与法治》学科教学）。根据《北京市初中学生综合素质评价指导手册（试行）》的内容，我在《道德与法治》学科教学的过程中将学生的《道德与法治》道德评价指标体系与教学紧密结合。

（一）教学内容与思想道德评价体系相结合的具体内容实施

以《道德与法治》课程"发现自我"教学内容为例（见表2-7）。

苏联教育家苏霍姆林斯基说："人，只有当他了解自己时，才能教育自己。"在"发现自我"教学内容中，教会学生运用客观、全面、发展的分析问题的方法，正确地评价自己，逐步形成比较清晰的自我整体印象。众所周知，评价别人容易，评价自己则往往困难。在这一学习的过程中，中学生通过对现实中的自己进行评价、他人对自己的评价，以及生活中自己行为的清晰呈现，使得对自己的思想道德有更立体化的认识。

表2-7 《道德与法治》课程"发现自我"教学内容

思想道德评价内容	《道德与法治》教学内容
自我评价	喜欢自己的原因（喜欢自己吗？喜欢自己的原因是什么）、换个角度看自己（目前我的不足、我的努力方向）、发展中的我（回忆昨天的我、分析今天的我、展望明天的我）
他人评价	他人眼中的我（朋友眼中的我、同学眼中的我、老师眼中的我、父母眼中的我）
思想道德事迹记录袋	活动课——我是文明北京人

（二）《道德与法治》教学和思想道德评价体系的具体实施评价方式

在教学的过程中，我注重对学生的多元化评价方式，并发现《道德与法治》教学和思想道德评价体系的评价方式大同小异。因此，在教学的过程中，我主要遵循以下评价方式，对学生进行综合素质评价。

描述性评语：教师在与学生进行充分交流的基础上，用描述性的语言将学生在思想品德某一方面的表现，如态度、能力和行为等写成评语，并针对存在的问题提出改进建议。

项目评价：按照不同项目将学生分成若干小组，由学生自主设计活动计划，学生可以围绕真实的社会生活问题进行收集、组织、解释或表达信息，如提交调查报告或小论文等。师生可以对小组成果进行分析，将小组评价与个人评价相结合。

谈话：教师通过与学生各种形式的交流和对话，获得学生思想品德发展状况的信息，据此对学生进行评价和引导。

成长记录：教师应建立学生的成长记录袋。记录学生在《道德与法治》课程学习中的各种表现，主要是进步和成就。以学生的自我记录、自我小结为主，教师、同学、家长共同参与，学生以评价对象和评价者的双重身份参与评价过程。

（三）《道德与法治》教学和思想道德评价体系中"自我评价"的实施案例及分析

我通过《道德与法治》课程"发现自我"的实际教学，将学生在实际生活中的行为进行对比，更加觉得依托《道德与法治》教学完善学生的思想道德评价体系是极其迫切的。

以下我将对相同学生在实际生活中"自我评价""他人评价""思想道德事迹记录袋"与综合素质评价平台中的"自我评价""他人的评价""思想道德事迹记录袋"进行对比，并希望通过对案例的分析，能够不断地增强教师自身的教学专业能力和解决实际问题的能力。

1.《道德与法治》教学和思想道德评价体系中"自我评价"的实施案例

本案例以同学1、同学2在初一年级（上学期）期中阶段的"自我评价"进行对比和分析。

同学1：

《道德与法治》教学	思想道德评价
光阴似箭，日月如梭，回顾刚进入中学时的我，和现在相比进步了不少。刚开学时我的体育成绩并不好，50米用了7.87秒，可是现在我的50米已经达到了满分的水平，跑了7.47秒，别看只快了0.4秒，可这0.4秒里有深深的着奋斗的痕迹。在学习上我进步也很大，如能自己独立完成作业，上课认真听讲。我也有没做到的方面，如不团结同学等。我一定努力改正。同时，我也改掉了许多的缺点，如撒谎、上课走神。在这段时光里，我交了许多的朋友，所以我的生活既充实又快乐。	在今后的日子里，我都要认真地做好每一件事，踏实地去完成我理想中的学业。坚持不懈，为了目标前进吧！

同学2：

《道德与法治》教学	思想道德评价
小学的时候，我的意志力不够坚强，总是就几天的热乎劲儿，但是，上了中学后，语文老师给我们布置了"常规"作业，尤其是每天写一篇字帖这项作业，我慢慢开始体会到了什么是坚持。我希望我能继续坚持下去。	我认真学习，态度明确。作为一名学生，最重要的就是要把书读好。所以我上课专心听讲，课后及时完成作业并进行预习和复习。遇到问题时总是能及时向同学和老师请教，并善于总结经验，也尽自己的力去帮助别人。

　　对同学1的评价：他在实际的《道德与法治》教学课堂上写下的这段文字，让我觉得很震撼。我是一名新教师，刚刚步入工作岗位，或许因为我的见识不够多，当看到学生对自己这样的评价时，我的内心油然而生了一股感动的暖流。0.4秒，即便对于一名成人来说，都未必会当成一件大事，更别说对自己进行这种勉励了。因此，我在教学的过程中，很关注这个学生，总是会观察他回答问题、平时与同学的交往。但同时，当我在学期末给他写素质评价评语的时候，我突然看到了他给自己写的期中"自我评价"，突然感觉那么陌生，活生生的他变成了淡淡的几句话的描述，很空，很模糊。

　　对同学2的评价：从表格中，很明显地看出他在综合素质评价平台中对"自我评价"的时候，写的都是一些客套话，失去了综合素质评价平台本身的意义。

从表格中，我们不难看出，同学 1、同学 2 在《道德与法治》教学过程中，经过教师对他们的引导，能够将自己的成长从一件件具体的事情中记录下来，不管是经历的失败还是成功，都会正视自己的优势与不足。这样的结果既初步达到了这一单元《道德与法治》课标对学生能力、情感、态度和价值观的目标，也将这种客观对自己进行评价的方法很具体地呈现出来了。可是，这种良好的习惯的养成并没有真实地落入综合素质评价平台当中，而且在一定程度上学生们忽视了综合素质评价平台在他们成长过程中的重要作用。我很为他们的成长感到忧虑，尤其是作为他们的《道德与法治》教师，这种对他们的担心使我特别想为他们做一些事情。

2.《道德与法治》教学和思想道德评价体系中"他人评价"的案例

本案例以同学 A 的 3 名同学（同学 1、同学 2、同学 3）在初一年级上学期期中阶段在《道德与法治》课上与在综合素质评价平台中的"他人评价"为例，进行对比和分析。

《道德与法治》教学
同学 1：她是一个很活泼、开朗，时时刻刻都喜欢笑的女孩。虽然有些小脾气但是笑笑就会过去，喜欢和朋友在一起，很快乐、轻松。 **同学 2**：很热心帮助同学，有不懂的问题问她的时候，总是很耐心地帮我讲解。对于老师交给的任务很认真的完成，并且帮助其他班委完成任务。 **同学 3**：有时疯疯癫癫的，但该正经的时候绝对不在嬉皮笑脸，希望你可以把认真的态度带到每一堂课上。

思想道德评价
同学 1：你在思想品德方面，还是让我比较安心的，能够做到很多，比如尊老爱幼、乐于助人、团结同学、尊重师长，这些做得很好。 **同学 2**：学习不是很勤奋，有时候做事情只有三分钟热情，我相信只要解决这些问题，你就能做得更好。 **同学 3**：你机智敏捷，身上洋溢着青春的气息。成绩的提高需要平日的训练，日积月累，循序渐进。作为你的好朋友，真诚地希望你充分发挥自己的聪明才智，努力开拓学习的深度和广度。

从表格的对比中，直观地反映出 3 名同学在对同学 A 的评价过程中呈

现出不同的表达。在《道德与法治》课上的评价比较符合生活实际，但是在综合素质评价平台中的评价却略显客套，对同学 A 的评价比较委婉。不管是出于什么原因，作为教师看在眼里、急在心里。我希望能通过《道德与法治》教学，给学生正确的引导，真实地呈现自己/他人的成长历程。

3.《道德与法治》教学和思想道德评价体系中"思想道德事迹记录袋"的案例

《道德与法治》教学——我是文明北京人
同学 1：向老师问好 见到老师问"老师好"，每次老师都会微笑地点点头并回应我。进入办公室，喊声"报告"。每次走出办公室我都会关好门，并说"老师再见"。 **同学 2**：文明 上课不乱打岔，下课不打闹，不骂人，不大声说话，尊老爱幼。

"思想道德事迹记录袋"的填写
同学 1：主题：尊老爱幼 坐车的时候，我看见一个快六十岁的老人，手里还拎着东西，车上人又多。我是一个小伙子了，于是我主动把老人扶到了我的座位上。 **同学 2**：主题：成就 我有很好的人际关系，希望自己以后能更好地提升自身素质，创造自己闪耀的一片天空。

在《道德与法治》教学的过程中，我将本单元的实践课"我是文明北京人"作为一次成长记录的形式记录了下来，在这个实践活动的过程中，有的同学可以实事求是地去落实，但有些同学却没有真正的实践。然而通过对比不难看出，真正实践的同学在综合素质评价平台中"思想道德事迹记录袋"的填写就比较充实，没有那么空。那么，这就实现了《道德与法治》教学与综合素质评价平台的双赢。

通过这些案例不难看出，《道德与法治》教学的过程中每时每刻都体现着综合素质评价对学生成长的促进血液，那么作为一名道德与法治教师，就必须要注重在教学的过程中，渗透对中学生综合素质的培养。

《道德与法治》教学的过程中，还有很多内容都与综合素质评价指标体系有着相通之处，我在这里仅以此为说明，希望自己在以后的教学过程中，能够对学生的综合素质培养的内容多多了解与学习，并将其渗透在教学过程中，为培养对祖国有用的人才努力！

四、依托《道德与法治》教学完善思想道德评价体系的成效

通过两个半个学期的努力（从初一年级上学期发现问题，并通过《道德与法治》教学的引导，到初一年级下学期期中阶段，一共两个半个学期），学生们的思想道德评价体系发现了一些微小的变化。针对上述案例中的那些同学，我发现他们的思想道德评价体系中的"自我评价""他人评价""思想道德事迹记录袋"开始变得真实了。尤其是"自我评价"和"思想道德事迹记录袋"，比较符合实际生活了，能够真正地到实际生活中进行实践了，但是"他人评价"这一栏还是有些官话和套话。虽然还没有达到我预期的目标，但是至少正在发生着变化，这让我很欣慰，至少让我看到了学生们向着正确道路前进的曙光，多多少少给自己增添了继续坚持的动力。我希望自己能够在《道德与法治》教学的过程中，能够不断地坚持和完善教学技能，并将综合素质评价平台的更多内容与自己的教学结合起来，只有这样，才能更好地、更有效地促进学生综合素质的进步，以及提高自己的教学技能。

五、依托《道德与法治》教学完善思想道德评价体系的建议

在《道德与法治》教学的过程中，有着很多的相同之处，如果能把这些内容相互结合起来，对学生良好品德的培养将能达到双赢的效果。因此，在《道德与法治》教学的过程中，希望能够依托教学不断地完善思想道德评价体系。我结合自身的实践提出以下一些方法和建议，仅供读者参考。若有不妥之处，还请各位读者海涵。

1. 认真学习《道德与法治》教学学科教学课标和综合素质评价平台相关材料

我把这个建议放在第一位，是有一定的原因的。俗话说，教无定法，教学可以有不同的方式与方法，但是，万变不离其宗。不管怎么教，学科本身的宗旨与目标是第一位的。教师在进行学科渗透的时候，要对自己所教学科与想要渗透的学习内容做好充分的了解与学习工作。《道德与法治》教学的课标是教学的依据，如果在与别的内容相互融合的时候，连本身学科的教学任务都完不成，那就更别谈与别的内容（这里指综合素质评价体系中的思想道德评价体系）相融合了。反过来说，如果对综合素质评价体系中的思想道德评价体系不了解，那就更谈不上与教学相融合了。因此，只有先学习两者的最本质内容，才能结合教师自身的聪明才智，将二者很好地结合起来，共同培养学生良好的道德与法治。

2. 将《道德与法治》学科内容与思想道德评价体系相关的内容进行整合

我通过学习《道德与法治》学科教学课标和综合素质评价平台相关材料，发现了二者志同道合的内容，将其具体内容与目标列入表格内，并做出详细的对比与分析。通过分析，将两者相同的部分采取不同的措施生成课堂教学的内容。例如，文章前面呈现出的表 2-5 和表 2-6 的《道德与法治》学科课标中的目标与综合素质评价中思想道德评价体系的指标对比；以实际教学内容为例的《道德与法治》教学内容与思想道德评价体系内容之间的对比。

在整合的过程中，一定要详细地将其内容进行对比与分析，深入地思考如何将思想道德评价体系中的要求顺其自然地融入日常的教学当中。对比分析的过程越详细，就越能清楚如何针对这些要求，使其成为学生的习惯，成为学生成长过程中重要的一部分，而不是简单的说教。

3. 利用课堂教学引导学生对思想道德评价体系真实填写的重要性

综合素质评价体系的不断完善，为学生的综合素质培养铺垫了重要和良性的道路，但是由于一些现实客观因素的制约，并没有达到真正的目的与目标。我认为，作为信息时代高速发展时期的教师，应该很清楚综合素质评价体系的有益之处，这就需要广大一线的教师要正确引导学生对综合素质评价体系的态度和看法。

教师对学生进行督促填写是重要的一步，但是更为重要的是，既然督促学生填写了，那么填写的内容就要真实。初一的学生毕竟才十一二岁，教师的"身教"胜于"言教"。如果教师在对学生进行填写指导的时候就抱着应付了事的态度，那么学生就更会觉得不重视。因此，教师要注重常态化教学过程中对学生进行"诚信""坦诚"等教育，能够不断地培养学生对思想道德评价体系的正确认识，指导其真实地填写思想道德评价体系。

特殊教育 ———————

抓住男生思维的火花

赵玉霞

由于男生与女生性别的不同，决定了他们的思维方式也有着巨大的差别。我认为，在现代社会的教育观念里，有很多因素压制了男生的好奇心、质疑精神和冒险的劲头。这就要求教师要做出改变。我们要从男生的大脑结构和性格特点出发，调动男生的学习主动性，激发他们的求知欲望，唤起他们的探索精神，多给他们发挥的空间。面对有"暴力行为"的男生，我们要多给他们一些赞许和鼓励。面对"捣蛋鬼"的破坏行为，我们要多用正确的方法进行引导。总之，抓住男生创新思维的火花，他们也许就会在某些方面给你带来大大的惊喜！

众所周知，对于学生的成长来说，最为宝贵的是思维。近代哲学家笛卡尔说："否定一切是最为可贵的。"我认为这种否定的精神之中，必然闪耀着创新思维的火花，必定昭示着人类进步的曙光。

那么，我们该如何抓住男生思维的火花？让男生不再在教师的无形压抑下黯然蹉跎呢？

一、要给男生一定的成长空间

教师每天与学生在校相处的时间最长，和学生的关系最为密切，也最方便培养男生的创新精神。当我们面对一个男生的质疑、一个探索举动的时候，教师应该如何处理好对男生今后的学习行为和思维产生的重要影响呢？

面对男生的质疑和探索行为，我们教师要给予理解和鼓励，要给男生创造质疑、探索的机会，要给学生自由成长的空间。

平时语文课上，我们在学习课文时必做的一项就是纠正错误读音。同学们都已经习以为常，2/3的学生听讲效果不错，能够掌握教师所教的内容。但我发现总是有1/3的学生没有引起足够的重视，掌握不了老师所纠正的字音，检查读课文时个别学生的错误层出不穷。尤其是男生的问题尤为突出。怎么办呢？唯有引起男生的学习主动性，激发起他们的求知和探索的欲望，才能提高他们的成绩。记得在一次语文课上，我故意把"一卷干草"中的"卷"字读成第四声的错误读音，想看看有没有同学发现或是否能够引起他们的怀疑。结果同学们听到老师读出"juàn"的声音后，齐刷刷拿起笔就往书上标注音，此时只有一个微弱的声音嘟囔道："念juǎn吧？"于是我循着声音问道："刚才好像有一个声音，是不同意我的读音吗？"同学们不约而同地望向了黄某某。这时他才怯生生地站起来说："老师，我怎么感觉这个字应该读第三声呢？"此时，我马上对大家郑重地说道："这个字就是应该读第三声，没错儿。我今天是故意读错的，就是看看大家是否有所质疑。还记不记得，赵老师经常跟大家说金无足赤，人无完人。所有人都会犯错误，包括科学家。那么老师呢？当然也会。因此当我们同学发现错误时，要敢于质疑，要勇于探索。就像我们今天的黄某某，他今天有所质疑，但是胆子还不够大。如果他今天能够对赵老师的读音大胆站起来说出自己的理解，然后大家一起查字典，当场求证就更好了。"此时教室里鸦雀无声，同学们听得认真极了。"是不是这样呢？大家拿出字典……"

其实，在平时的教学和生活中，我就特别关注男生的教育和思维问题。平时我会特别去读一些关于男生教育和管理方法的书籍，如《男孩到底应该怎么管》《培养了不起男孩的100个细节》，从中了解到男生和女生大脑发育的不同、性格特点的区别、行为兴趣方面的差异等。于是，我们班的课上课下就出现了"小探索、大收获""谈谈我的发现""男生女生向前冲"等有意思的内容，而少了"抄词听词""朗读背诵"等题目。

社会是丰富多彩的。作为教师，我们必须认识到，分数并不意味着一切、中考、高考也不是孩子唯一的出路。善于思考、善于分析、敢于质疑、敢于探索是非常值得推崇的。我们要从男生的大脑结构和性格特点出发，调动男生的学习主动性，激发他们的求知欲望，唤起他们探索的精神，多给他们发挥的空间，男生也许就会带给我们更多的惊喜。

二、要善待男生的"暴力行为"

作为教师，班里如果有几个全校闻名的捣蛋鬼，你一定会觉得这是天大的坏事。而我却非常兴奋，因为这几个男生很有可能就是将来的"马云""乔布斯"。

很多男生所做的事情都被我们教师认为是不务正业、胡作非为。然而如果我们能够多给他们一些赞许和鼓励，或许，未来的成功人士就会出自我们的园圃。

记得几年前的一次语文课上，我由于懒惰，没有去查阅资料，按着以前对这个"鼎"字笔顺的记忆，带着孩子们进行了学习。第二天一上课，一个男生就当着全体同学的面，跟我说："赵老师，您昨天说的'鼎'字的笔顺不对。"他一边手指《七彩课堂》一边声音洪亮地说，"您看看。"我在同学们的注目下看去，真是我的笔顺错了。怎么办？错了就是错了，掩盖不是办法。于是我向大家承认了错误，并且表扬了那个敢于指正老师错误的同学，并向他表示感谢，还发自内心地说道："真是应了那句话'三人行，必有我师焉'。"

后来的教学里，哪个孩子发现作业判错了，就会拿着正确的证据来和我"评理"。如果哪个同学觉得自己的行为被老师同学冤枉了，就会通过写信等方法请大家一起帮助解决。慢慢地，我对于男生们敢于挑战权威的精神感到骄傲和自豪。

三、要挖掘"捣蛋鬼"的天赋

男生的"捣蛋行为"背后隐藏着很多的天赋，如思维能力、探索能力、创造能力等。因此，教师千万不要忽视男生的"捣蛋行为"，只要用正确的方法引导，他们一定会在某一方面表现出特殊的才能。

小孔是个与众不同的男生。在我没有接班之前，就早已对他有所耳闻。他的"拧劲儿"全校闻名，曾经因为某老师上公开课时没有叫他回答问题而大闹，搅得课堂一塌糊涂。其实，小孔的脑瓜儿很聪明，学习成绩方面真的不用我着急，只是课堂上写作业的速度特别慢。

有一次自习课上，大家的作文都抄写完了，只有他还不慌不忙。我走到他跟前，心里正想痛批他一顿，但又一想，痛批后会有什么结果？结果只能是他不仅讨厌写作业，还会讨厌上我这个语文老师。不成，得换个方法，对，告诉他爸爸。他最怕爸爸知道因为他表现不好来揍他。可转念一想，这样一来，今天的作业他晚上肯定能补齐，但是我岂不成了给他告状的敌人，对以后他的学习没有半点好处。怎么办？还是不能把我俩的师生关系搞僵。于是，我强忍住内心的怒火，平复了一下心情，看了看他写的字，别说，他的字写得不错呢！然后我鼓起勇气，对全体同学说："这次抄作文，大家的书写都不错，速度也很快。刚才我发现小孔没有写完，但是下课铃已经响了，他还在一笔一画地认真书写每一个字，并没有因为铃声响着急下课而把字写潦草，这是我们许多同学应该向他学习的地方。"小孔听了，脸上露出了愉快的笑容。接下来，我告诉他："即使是这样书写美观，但晚上也要把作业追上哟！"小孔欣然接受。第二天早上，小孔就主动交上了作文本。日子长了，小孔和我的关系非常融洽。

后来在我们的"读整本书"活动中，我准备做一节"神通广大的孙悟空"的公开课。在每一次我布置读书任务后，都发现他比其他同学读书的兴趣浓厚，他对每一个人物都有自己的理解。于是，我不仅选了他为读书小组长，还让他主持读书讨论。渐渐地，他受到了越来越多同学的喜欢。他写作业的速度在我的督促下也提高了很多，他的"拧劲儿"也不见了。这使我倍感欣慰。公开课的其中一个重要环节就是有 4 个小主持人的参与，我把这其中的一个名额给了他。但真正排练时，我发现他说话的语气、主持的气质等很多方面都不适合。虽然我很耐心的指导，但聪明的他已经意识到了这一点。我左右为难时，他突然提道："赵老师，咱班小鱼主持方面特别好，不如让她来试试吧？"这突如其来的话语太出乎我的意料了。我当时不知说什么好："那如果她比你强怎么办？""那就让她主持！"他坚定地说道，"为了咱班的荣誉，我可以不上的。您不用操心。"听后，我被这曾经全校闻名的"拧孩子"震撼了……

四、结论

综上所述，请教师一定不要压制了男生的好奇心、质疑精神和冒险的劲头，而要善于发现并抓住男生创新思维的火花。面对他们的质疑和探索行为，我们要给予理解和鼓励，要给男生创造质疑、探索的机会，要给学生自由成长的空间；面对男生的"暴力行为"，我们要多给他们一些赞许和支持；面对"捣蛋鬼"的破坏行为，我们要多用正确的方法进行引导。总之，抓住男生创新思维的火花，他们也许就会在某些方面给你带来大大的惊喜！

参考文献

[1] 马艳霞. 男孩到底应该怎么管 [M]. 哈尔滨：哈尔滨出版社，2011.

不容小视的同伴力量

苏雅楠

所谓的"差生"让家长和老师都头疼。老师总会想尽办法让他赶上其他同学，比如，给他补课，让他坐在前排，让他多写一些基础题等；家长也是煞费苦心，软硬兼施，但是效果往往是事倍功半。但是，如果从同伴的角度，帮他一把，跟他一起学习，效果可能会有所改善。本文就是充分发挥了同伴的力量，发挥班里学习比较好的同学的作用，陪伴"差生"学习，督促他学习，和他一起努力，慢慢地"差生"也赶上了同伴的脚步，跟上了队伍。

一、辅导对象分析

在行为方面分析：龙龙是全校出了名的淘气包，让老师和家长都很头疼。总感觉他每天都很不在状态，来到学校后，其他同学都是快速地收拾好书包，只有他，一点儿也看不出着急的样子，慢吞吞地收拾书包，不时地还会逗一下后面的同学，把别人的笔袋儿或是书弄到地上，其他同学告诉老师后，他还一副事不关己的样子。

在学习方面分析：龙龙的成绩也是差强人意，上课不能专心听讲，经常不能按时完成作业。

面对这种情况，我陷入了深深的思考。他为什么不写呢？是不会？可我已经告诉他怎样写了，还是根本不知道怎样写？我百思不得其解，与其这样自己猜测，还不如问一问他，可当时那种情况根本不允许我去问他，因为他正在气头上。我给他妈妈打了电话，问他昨天的作业为什么写成这样？他妈妈说："我说他，他不听，和我对打对骂，我也拿他没有办法。"在这种情况下，我考虑到孩子生活的背景，他爸爸在煤气站开车，长期在外面，每天早出晚归，回家时，往往孩子都睡觉了。母亲只有小学文化，在一个商场做销售。爷爷、奶奶年岁大了，不跟他们在一起住，但有时也很关心孩子的学习情况。他爸爸和他的妈妈是二婚，之前他的爸爸有过一段婚姻，他爸爸和他妈妈的年龄差了得有 20 岁。爸爸、妈妈在家里对他的教育方式，经常是拳打脚踢，棍棒相加，但也不起什么作用。因此，家长不懂得怎样教育孩子，当孩子遇到不会的问题，他母亲也帮不了他。想靠家长帮忙是不可能了。这时，我考虑到利用同伴的力量试一试，因为孩子一般都比较重视同学间的友谊。

二、过程和对策

（一）同伴伴他成长

首先，我没有急于找龙龙的好朋友，而是先默默地观察他，看看他下课总跟谁玩儿，每次大课间活动都和谁玩儿。为了发现龙龙心里的秘密，我专门开了一节作文课，题目是《我和我的好朋友们》。一上课，我就跟同学们分享我的好朋友，我跟他们说，老师有很多好朋友，当我开心时，我会和好朋友们分享。你们有好朋友吗？你和好朋友之间也会有很多故事吧，你有什么想告诉老师的，快把它写在你的作文里吧。

孩子们很快写完了，我找到龙龙的作文本，我发现他的朋友不是很多，他写了林江旭和王博禹。那就从这两个人入手吧，找他们谈谈，听听他们对龙龙的看法。同时，也可以跟他讨论讨论怎样可以帮助龙龙改变不好的习惯。

（二）同伴建立榜样

我把林江旭找来，他在同学中有比较高的威信，许多男生都听他的。最主要的是在龙龙的作文中，写了很多他和林江旭之间的事儿，以及他对林江旭的羡慕，所以，我找到他并说道："你知道咱们班谁和龙龙最好吗？"他回答："我就和他比较好，还有王博禹、朱宇腾，咱们班男生都经常在一起玩儿。""那他是你的好朋友吗？""是。"我高兴地说："那好，现在你的好朋友遇到了困难，你能去帮助他吗？你觉得他这样做，对吗？"林江旭说："老师，我觉得他这样做不好。"我说："那你和老师一起，帮助龙龙改变吧。"他欣然答应了。之后在上操的时候，我把龙龙安排在林江旭的后边，并在上操前，跟江旭说给龙龙做个榜样。到操场上的时候，我看了一眼江旭，他就明白了我的意思。看到龙龙不认真做操，我就走上去，跟龙龙说："你看看林江旭做得多认真，老师觉得，如果你也和他那样认真做操，一定会像他一样帅的。"龙龙半信半疑地看着我，我给了他一个肯定的眼神，并点了点头。他像变了个人似的，做操真的认真了很多。

（三）同伴给他力量

在接下来的几天，当我上课时，发现龙龙上课没认真听讲后，我会找到林江旭，说："你觉得刚刚龙龙上课的表现怎样？"他说："不是很好吧，因为您点了他很多次。"我顺势说："是啊，如果他每节课都这样的话，他就学不到什么知识，成绩自然就落下了。"林听后，想了想说："老师，您安排我跟他坐同桌吧，如果他上课不听讲，我就悄悄提醒他一下。"我想，既然林江旭这么愿意帮助同学，我可以试一下，我就欣然接受了他的想法。一开始，龙龙好像不大喜欢林江旭上课总提醒他，后来慢慢地我发现龙龙有变化了，上课认真听讲了，举手积极了，每次发言得到老师表扬后，嘴角上扬了。我发现这个喜人的现象后，找到林江旭，问他是怎么做到的，他说："我和他比赛，看谁举手最积极，得到老师的表扬最多。"当听到林江旭的做法后，我对他及时予以表扬。

一会儿，林江旭走到龙龙身边，趴在他耳边悄悄地说了几句话，龙龙便乖乖地回到座位做好，结果安安静静地上完了一堂课，他居然把我讲的新知识都学会了，而且课后的题也全部写对了。在放学之前，他还把所有的作业都补完了。我很奇怪，这林江旭到底跟他说了一句什么？他就能听他的。

（四）同伴促他进步

事后，我悄悄问林江旭当时跟龙龙说了什么？他告诉我："我当时就说'龙龙，如果你今天的作业不写，我就和你绝交，咱们班所有的男生都不跟你玩儿了。'"慢慢地，我发现班里出现了更多帮助龙龙的同学，当龙龙发脾气的时候，还有人提醒他。

看来对于学困生的转化，朋友之间的互相鼓励和老师的谆谆教诲一个都不能少。

三、结论

孩子生活在集体中，渴望得到同伴的友谊，最怕失去的也是同伴的友谊。所以，我们就可以利用这点教育孩子。现在的孩子大多数都是独生子女，生活在集体里，生活在同伴的友谊里，他们才能感受到这份快乐与幸福。学生的性格品质在与同伴的交往中，会表现得淋漓尽致。为了得到同伴的友谊，他会不惜牺牲自己的一切，去做一些自己并不愿意做的事。作为一名班主任老师，我们就应该有极大的耐心去对待这些特殊的孩子，充分发挥自己的聪明才智，恰当运用一些教育学心理学知识，去解决学生出现的问题。

参考文献

［1］马富成，马雪琴. 同伴互助：幼儿教师专业发展的有效途径 ［J］. 继续教育研究，2013（1）.

［2］杨颖，刘敏昆，陈娟. 同伴互助在 ICT 与课程整合中的探索研究 ［J］. 电脑知识与技术，2011（10）.

性格内向学生口语交际障碍的分析及对策研究

王云雀

一、问题的提出

（一）口语交际的重要意义

口语交际是人类最基本的语言活动，也是社会最直接的交际手段。语文课程的基本理念就是提高学生的语文素养，培养学生具有"现代公民的必备能力"，口语交际能力就是现代公民的基本能力之一。

（二）问题的发现

尽管口语交际的重要性已经得到普遍的认同和重视，但是面对教学现状，我们却不难发现，在学生群体中，有近乎35%的学生存在口语交际问题，其中尤其以性格内向学生为甚。该类学生属于个案，他们性格略显孤僻，处事拘谨，不善于交际，不愿或者是不会与他人合作交流，其性格使得他们在口语交际中表现为缺乏交际的欲望，与那些善于发现观察，乐于陈述的外向型的孩子比较，内向学生常常因为害羞，因为怕说话的畏惧心理而处于"稳重"状态。长此以往，他们的基本倾听能力日趋下降，与人交流更是存在障碍，最终形成在口语交际过程中出现语言不规范、表述不清楚等现象。

（三）研究现状综述

通过多方位的学习，发现对口语交际此类问题予以关注的案例较多，方式手法也是丰富多样的。例如，采用手法多为创设交际情境，激发兴趣、开展口语交际实践活动，强化口语训练参与、鼓励学生直接参与口语交际的活动中，采用参与—帮助—诱导等方式等发挥学生交际的主体性。这样做营造出一种平等、民主交流的气氛。另外，能及时全面地发现学生口语交际中出现的各种弊端，并立即予以提醒、点拨和纠正。以上这些观点有很多值得我们借鉴和学习，但是把性格内向学生作为研究个案进行重点实施的相对不足，而对于内向学生口语交际障碍原因的分析更是少之又少。正基于此，我结合学生群体特点及突出问题，开展了性格内向学生口语交际障碍的分析及对策的研究。

二、研究内容

（一）研究重、难点

研究重点：减小内向学生口语交际障碍，提升口语交际能力。

研究难点：结合学生性格特点及个体表现，有针对性地进行口语交际训练。

（二）研究对象与方法

研究对象：二年级 1~4 班各选取 2~5 名性格内向学生。

研究方法：调查法；访谈法；行动研究法。

（三）研究进程及研究成果

1. 准备阶段（2008 年 4 月至 2008 年 9 月）

（1）查阅有关的文献资料，撰写文献综述（2008 年 4 月至 2008 年 5 月）。查阅近 5 年中涉及小学生口语交际教育的报纸杂志和网上有关小学生学习心理的信息，阅读小学生口语交际障碍涉及性格因素的文字内容，对阐述理论和观点进行分析，研究其在本课题研究中值得借鉴和启示的作用。

（2）编制调查问卷和座谈提纲，开展性格内向学生口语交际障碍的原因分析（2008 年 6 月至 2008 年 7 月）。针对部分二年级学生群体，根据小学生年龄规律和心理发育特点，拟定与学生进行课外座谈的提纲和调查问卷。问卷主要涉及交际的愿景、口语交际的困难、自信心等因素对口语交际障碍的影响。

（3）设计《性格内向学生口语交际障碍的原因分析及对策研究方案》（2008 年 8 月至 2008 年 9 月）。学习口语交际教学策略有关知识，包括小学教育学心理学等基本常识。进一步学习语文课程标准，研读语文教材，挖掘语文教材中蕴含的口语交际因素，结合学生实际情况，与校外资源相整合，做出具有可操作性的研究方案。

2. 课题研究过程（2008 年 9 月至 2009 年 6 月）

在前期调查的基础上，选取特征明显的问题个体（平均每个实验班 2~5 人）进行个案研究，具体措施如下：

（1）分析内向学生形成口语交际障碍的因素。采用问卷调查法和访谈的形式，从学生自身性格、生活环境、条件、教师观念等多方面进行调查，并且及时做出全面性与具体性的分析。开学 1 周后，我组织了一次实验前测，对选取的性格内向学生和外向学生进行了口头表达能力的测试。以《我们的校园》为题，即兴发言，按照"语句通顺、用词正确、内容具体、富有想象" 4 项标准进行评分，我发现二者之间的差异很大。通过实验前测，我对学生的全面了解有了一个量化的概念，对学生的共性及差异性有了较为准确的把握。

（2）内向学生心理素质的培养。收集能够使学生认识到口语交际重要性的故事、名人名言、人物资料等材料，引导学生认识提高口语能力的重要性和迫切性。教给学生排除心理障碍的训练方法，排除思想和心理障碍，培养学生敢于在公众场合说话的胆量。

创设良好的语境和气氛，培养学生平时愿意主动多说话的兴趣。首先鼓励学生多说，提倡教育民主，允许学生质问、说错、修正、补充、辩解。努力创设学生感兴趣的语境，造成多说的氛围。

①采取形式。利用语文课堂召开口语交际意义的宣传活动，同时挖掘教材中的口语交际训练点，围绕本组口语交际课例进行研讨。

②研究成果。《促口语交际积极性提升材料汇编》《口语交际典型课例》。

（3）探索有利于提高性格内向学生口语交际能力的有效途径。

①调动积极因素，消除惧怕心理，激发口语交际的欲望与动机主要体现在3个方面：

第一，教师要针对内向学生的性格特点创设一个宽松的课堂环境，活跃课堂气氛，消除他们的胆怯心理，鼓励他们大胆说话，多给此类学生提供说话的机会。调动学生学习的主动性、积极性，接纳他们的意见，此类学生才会在无拘无束的氛围下充分展示自己的才能。

第二，培养良好的性格，也可以唤起此类学生口语交际的情感。内向型学生性格沉郁孤僻，处事拘谨，不善于交际，对人冷漠，不愿合作交流，这就阻碍了交际能力的形成。作为教师必须时刻关注了解和研究造成这种性格的原因，然后针对他们的个性，创设交际的环境和条件。例如，给他们选择感兴趣的话题，让他们挑选自己喜欢的同学一起玩，选择自己喜欢做的事情和同学一起做，在无拘无束的活动中产生交流的愿望，使每位学生逐渐养成想说、敢说、爱说的习惯。

第三，树立信念，可以增强口语交际的自信心。自信是人的意志和力量的体现，是交际能力最重要的素质之一。而性格内向学生恰恰是缺乏自信心，缺少最重要的心理支柱，没有说话的勇气。说话时心理负担很重，内部语言不能很好地转化为外部语言。因此，教师要根据学生实际能力，分层次、分阶段地创设一些活动，利用跳起来摘苹果的效应，使每位同学都有所发展。最终促使内向学生能够树立起口语交际的信心，使他们说话言语顺畅、清晰、生动而有条理。

②丰富内向学生的语文生活，创设口语交际的情境。在教学中，要联系生活，尽量模拟生活中的交际情境，选取一些内向学生感兴趣的话题，让他们在这种情境中产生交流的欲望，最终能够积极参与活动，只有这样，此类学生的个性与创造思维能力才能得到充分的发展。主要体现在两个方面：

第一，分享。分享是培养学生表达自己情感和倾听的技能与学会交往的能力。美国心理学博士托学斯·哈奇认为，分享他人情感，是个人和他人和谐交往的基础。每天早上我都让参与实验的2~3个同学与全班同学一起分享一些有趣的故事。内容是同学们对日常生活的切身体验。例如，"我昨天挨妈妈批评了"，"不小心打破了爸爸心爱的摆设品"，"我的小狗昨天生病了，我想它快点儿好起来"。然后全班同学做出反应，通过积极的方式表达他们的想法、感情和评论，并可以提出他们感兴趣的问题。分享别人的快乐、幸福、痛苦、烦恼，有利于培养孩子的同情心，学会如何关爱他们和帮助他人。

第二，游戏、表演。学生喜欢游戏和表演是天然的本能。生动活泼的游戏和表演，其趣味性、探索性同样会使内向学生较易产生积极的情绪体验，这种体验有利于儿童思维的发展，激发儿童情感，促进他们的认知发展。例如，"看病"游戏，使内向学生参与进来，对"医生""护士""病人"等社会角色的不同理解，充分发挥自己的想象力扮演。"角色扮演"有助于提高学生社会认知水平，具备正确理解其周围社会情景的能力，也使学生在游戏中、表演中得到了口语交际训练。

③对性格内向学生开展口语交际训练要贯穿在整个教学活动中。口语交际训练不是独立的，不能只在口语交际课上训练，而应贯穿在整个教学活动中，它与各科教学应是粘连在一起的。就语文教学来说，在重视阅读教学的同时，还要注重捕捉听说点，把口语互动和阅读理解结合起来，给

性格内向学生创设更多的交际情境。常见的形式如看图激趣促说、CAI 课件创设情境诱说、动手实践激说等。

④增强导练力度。主要体现在 3 个方面：

第一，教导。当此类学生在与人交流中遇到困难，沟通难以顺利进行时，教师直截了当地教给学生解决的办法。

第二，诱导。口语交际训练要逐步体现学生学习的自主性，当此类学生遇到一些问题，不包办代替，而是通过语言暗示、问题探究等手段，启发学生自我解决。

第三，辅导。每次口语交际训练，此类学生无法与他人交流与互动，不能完全达到训练目标。所以，需要加强个别辅导。以学习者的身份与后进生结成学习伙伴，为其提供一些必要的语言、内容上的支援，对其听说习惯、交际方式、态度、情感、礼仪等进行指点或示范，通过手把手的教，使之受到有效的训练。同时，还以"长"带"短"，即让那些思维敏捷、善于表达的学生发挥他们的积极影响作用，通过同学间的互动、交流及示范，去影响、带动部分此类性格内向学生。学生之间的交流没有隔阂，容易沟通，因而更有利于学生的模仿和吸纳，效果也往往更好。

三、阶段成果

在开展本课题的研究中，被选取参加实验的 18 名学生交际意识、交际兴趣增强，交往能力明显提高。

从实验的前测与后测数据（见表 2-8）中看出，学生听力增强，自觉主动性提高，一听就懂的学生越来越多，这为口语交际打好了基础。

表 2-8　听力分析（%）

项目 类别	听的意识			听的能力		
	主动	被动	一般	强	一般	弱
前测	41.14	49.99	8.87	50.25	24.74	25.01
后测	66.7	30.96	2.43	71.45	20.28	8.27

良好的听说态度也是口语交际的重要方面，由表 2-9 看出，本课题实践前，有不少学生一说话就结结巴巴、面红耳赤、手足无措。通过实践，

学生在交际时自信心增强了，态度也自然大方，说话时有礼貌，语句通顺连贯的现象越来越明显。特别是主动参与口语交际的人越来越多，这使学生的交往能力、语言思维能力、社会适应能力都得到训练，加强了语文教学的实践性、社会性。

表2-9 口语表达能力（％）

类别	主动参与	流畅连贯	有自信心	有礼貌	态度自然大方
前测	10.24	58.32	32.47	67.7	20.67
后测	86.78	79.9	78.45	98.39	82.74

由表2-10看出，学生实验前交往意识淡薄，不主动与人交往，有的甚至还拒绝交往，交往的能力也很弱，通过训练，交往意识和交往能力都有所提高。

表2-10 交往能力分析（％）

项目 类别	交往意识			交往能力		
	自觉	被动	不愿	强	一般	弱
前测	17.24	74.14	8.62	32.73	54.37	12.9
后测	48.6	55.34	0.06	48.77	45.75	4.48

除此以外，我还对家长与任课教师进行了调查，可以看到对被选取学生的口语交际能力的培养产生了有效的作用：

（1）掌握了口语交际的一些基本技能。

（2）比以前更喜欢参与各种活动。

（3）克服了怕生、害羞的心理。

（4）在口头语言的表达上更具有条理性了。

四、发现问题

（1）培养性格内向学生口语交际能力的研究并不单纯是语文教学的问题，它也涉及其他学科，目前本课题的研究还仅停留在语文教学的经验操作阶段，尚不能形成完整的研究体系。

（2）在研究中有些内向学生在课堂创设的交际情境中能主动去交际，

但是在现实生活中却胆小拘谨，不能勇敢表达自己的意见。可见创设的情境与真实的生活还存在一定的差别。如何使学生将课堂习得的口语交际技巧与方法真正内化为一种自身素质，还有待进一步研究。

（3）一些被选取学生有想说的欲望，但由于阅读量小，语言积累不够，表达较欠缺，提高此类学生的语言积累是应该探索的。

总之，我们应牢牢地抓住性格内向学生的性格特点，结合学习和发展语言的关键期，给他们安排大量的时间，采用多种形式，以提供尽可能多的机会，提供更加优越的、能够学到更为规范的口语的环境条件，让他们在动态的口语交际中反复经历、体味，逐步形成良好的性格和交际态度。为他们学会交流、学会合作打下良好的基础。

成德达才理念下的随班就读学生培养

韩　芳

首师大附中传承百年、与时俱进的"成德达才"育人理念时至今日依然具有鲜明的时代特色，体现了与国家近年来所倡导的"立德树人"的人才培养指导思想的高度契合。"成德达才"的本质就是将"人"的培养放在核心位置，遵循教育规律和人才成长规律，培养品德优秀、才能通达的创新人才，让每个学生都能自主发展、全面而有个性发展和可持续发展。

基于我校"成德达才"的育人理念，要进行全方位的育人，当然不能忽略班级中随班就读的学生。

陶行知曾经说过："你的教鞭下有瓦特，你的冷眼里有牛顿，你的讥笑中有爱迪生。"可见，作为一名教学工作者，尤其是和学生朝夕相处的班主任，我们的一言一行、一举一动，甚至一个眼神，都会给学生带来影响。学生的差异是客观存在的，尤其是随班就读的学生。这就要求老师，特别是班主任老师应该"用心"育人。把每一个随班就读的学生看作一块璞玉，精心雕琢，他们也会放出异彩。

一、案主情况分析

我们班里的小吴同学就是这样一块儿璞玉。他几经辗转被安排在我们班里，通过他原来的老师了解到小吴不仅学习有障碍，行为习惯也不是很好，经常和同学打架，上课坐不住，总是违反课堂纪律。属于轻度智障学生。

和他见的第一面就给我来了个"下马威"。开学第一天他极不情愿地走进教室，一屁股就坐在了靠窗的第一桌，歪着头不看我。不管我和他说什么都不予理睬，明显对我有抵触情绪。

通过一段时间的观察我发现了他存在以下问题。

（一）文化知识方面

1. 基础知识掌握得都很不好，字词基本不会写，分析理解能力更是不好。

2. 学习缺乏主动性，总是走神，喜欢自己玩儿东西。

（二）行为习惯方面

1. 喜欢打架、骂人，与同学沟通存在障碍。

2. 有一些怪异行为，比如，啃咬铅笔、橡皮等物品。

3. 缺乏自信，但是又希望得到他人的关注。

对于这样一个学生，我不能放任不管，要给予他更多的关爱，让他能够与班里其他学生一起活动、相互交往，融入我们的集体之中。我设立了几个教育目标，以改变他的行为。

二、教育教学训练目标

1. 初步培养他的人际交往能力，使他能够和同学进行正常的沟通交流。

2. 进行生活能力的锻炼，使其更容易融入社会。

3. 从他力所能及的事情出发，培养他的自信心。

三、具体措施和实施过程及方法

在对小吴的教育过程中我采用了以下方法并取得了较好的效果。

（一）打破坚冰，建立信任

虽然小吴是随班就读的学生，但是他的自尊心还是很强的。在他需要帮助的时候，我适时地伸出了援手。

由于他是插到我们这个班里来的，而且比其他学生大 2 岁，个子明显比其他学生高大，其他学生们都用异样的眼光看着他。此时，我看出了他的不自在。于是，我对同学们说："同学们，小吴同学由于生病了，落下了很多功课，所以才插到我们班，和大家一起读书。希望在以后的学习生活中大家能多关心他，好吗？""好。"响亮的回应，打破了尴尬。我温和地看着小吴同学，同时给了他一个大大的微笑。从他的眼神中我看到了一丝温暖。

接下来的日子，我只要有时间就找他聊天，从他感兴趣的话题谈起，聊聊他喜欢的火车玩具、爱看的《海绵宝宝》动画片……渐渐地，我们的关系越来越融洽了。有了良好的感情基础，他也更愿意和我交流了，也能够按我的一些要求去做了。

（二）集体帮扶，加快融入

随班就读的学生只有老师的接纳是远远不够的，他要生活在集体之中，和小集体的融合对于以后能够更加顺利地融入社会是非常重要的。

可是谁会喜欢一个爱打架、骂人的孩子呢？

于是，我特意为他召开了一次主题班会，叫作《我需要你的帮助》。在班会上我向同学们发出倡议，鼓励同学们在学习上多帮助他，在生活上多关心他，同学们都表示愿意和他成为朋友。

接下来的日子里，我引导学生课间做游戏的时候邀请他参加，一起玩儿他能够参与的"扔沙包"的游戏。看到他满是汗珠的额头，看到他充满稚气的笑脸，我感到由衷的欣慰。

渐渐地，他和同学们的关系友好多了，打架的机会少了，骂人的话也很难听见了。由于课间活动得很充分，课上违反纪律的情况也大有改善了。他更加自然地融入了这个集体，也愿意和同学进行一些交流了。

（三）家校合作，共促成长

美国人泰曼·约翰逊认为，"成功的家教造就成功的孩子，失败的家教造就失败的孩子"，家庭教育对人一生影响至关重要，父母对于孩子的成长起着决定性的作用。对于随班就读的孩子更是如此，父母的关爱对他们的健康成长有很大的作用。

小吴的家庭是重组家庭，他的继母给他生了一个健康的妹妹。继母明确表示小女儿年龄小需要照顾，没有时间和精力照顾他。父亲脾气比较暴躁，对他疏于管教，不听话就打。教育形式比较单一，对他的学习不抱希望。

了解到这一情况我主动进行家访，争取他父亲的支持。向他父亲讲解了很多和儿童教育学、心理学有关的知识。让他了解孩子的智力虽然略低于常人，但是对他的教育不能放松，好的教育能使孩子今后的生活趋于正常。对于这样的孩子进行教育更不能简单粗暴，要有更多的耐心和恒心，不能急于求成，应该像春雨一样润物细无声。

在我的耐心劝导下，他的父亲终于改变了自己的态度，愿意配合学校做好小吴的教育工作。在学习上关心孩子，多陪孩子一起读书，既促进了亲子关系的发展，又能锻炼孩子的语言能力；在生活上多关心孩子，与孩子经常进行交流，对他的不良行为习惯进行引导纠正。多锻炼孩子的自理能力，培养他做一些力所能及的家务劳动。

（四）发现亮点，培养自信

马卡连柯曾说："教师的心应充满对每一个他要与之打交道的孩子的爱。"随班就读的学生需要得到更多的爱，而这种爱不是简单的嘘寒问暖。应该是发自内心的，从根本上唤起他们的自信心。

小吴因为比其他学生大，所以他显得个子高、力气大。我发现了他的这个优点，就有意地引导他用自己的优势去帮助别人。在做值日的时候别的同学拿不动沉重的大墩布，我就鼓励小吴去帮忙。当他拿起墩布，听到同学对他说谢谢的时候，我看到了他灿烂的笑脸。

虽然他拖的地并不干净，但是我还是在班里表扬了他乐于助人的好品质，大家把掌声送给了小吴，看到他扬起来的笑脸，我真为他感到高兴。

有了自信的小吴，上课都能举手发言了呢！

四、效果表现

经过了 1 年的努力，小吴有了明显的转变。他已经融入了我们班集体，能够主动地为班集体做一些事情。和同学打架的现象几乎没有了，甚至能主动和别的同学进行交流了。有了一定的自信，在学习上也有所进步，虽然他的接受能力还是比较弱，可是上课捣乱的现象没有了，有时候还能回答老师提出的简单问题，和他自己相比进步明显。

五、反思和评价

苏联教育家苏霍姆林斯基曾说："智残生不是畸形儿，他们是世界上最脆弱、最娇嫩的鲜花。"我想说，每一个孩子都可能是一块儿璞玉，虽然暂时看不出他的美好，用心雕琢顽石也能成为美器。

随班就读的学生由于他们的特殊性，往往会受到学生的冷落，受到老师的另眼看待。长此以往他们必定会形成自卑心理，对他人产生敌意。

作为老师，尤其是班主任老师更应该了解他们，守护他们自尊心，因为他们比其他学生更为敏感，更需要别人的关注和关心。使他们觉得自己也是集体中的一员，并不是一个一无是处的人。

同学们的接纳、老师的关爱使原本对集体生活毫无兴趣，喜欢打架、骂人的小吴改变了，他能和同学一起游戏，一起学习了。找到自信的他今后的生活道路一定能越走越好，成为一个对社会有益的人。

第三章

基于核心素养的"成达+"课程

2035 年，我们的国家将建成文化强国、教育强国、人才强国、健康强国。为了把我们现在的学生培养成未来社会的中坚力量，我们学校在继承本部"四修课程"的基础上，根据大兴区区情和本校学情，构建了"成达+"课程体系。我们希望通过"成达+"课程体系的构建，让孩子们有知识和技能叠加的厚度，有潜藏于灵魂深处的情感态度、意志品质涵养的高度。

"成达+"课程体系主要包括基础必修课程、贯通发展课程、能力拓展课程和自主研修 4 类课程。基础必修课程，开足开齐国家课程、地方课程；贯通发展课程，理顺学生在义务教育阶段的知识与能力培养，包含了旨在积淀学生一生素养的贯通型博识课程，以及旨在打通中小学段知识和能力衔接的贯通型直升课程；能力拓展课程，是向有个性化发展需求的学生提供丰沛的教育供给，为每一位学生提供适合其潜能充分发挥、个性全面发展的专长类课程；自主研修课程，旨在让学生在行中求知、知中践行，培养学生的责任担当意识和实践创新能力。

课程的构建与实施，促进了育人方式的转变，优化了教学管理流程，把对知识的关心变成对人全面发展的关心，为师生的教与学提供了优质的服务和支持。

课程体系概况

"成达+"课程体系

　　课程是学校教学活动的载体，课程资源也是首师大附中教育集团输出资源的重要部分。首师大附中教育集团注重以课程建设融合创新。学校在继承本部"四修课程"的基础上，根据大兴区区情和本校学情，构建了"成达+"课程体系，主要包括基础必修课程、贯通发展课程、能力拓展课程和自主研修课程。基础必修课程，开足开齐国家课程、地方课程；贯通发展课程，理顺学生在义务教育阶段的知识与能力培养，包含旨在积淀学生一生素养的贯通型博识课程，以及旨在打通中小学段知识和能力衔接的贯通型直升课程；能力拓展课程，是向有个性化发展需求的学生提供丰沛的教育供给，包含旨在培养学生科学、人文、审美等素养的素养类课程，以及可以为每一位学生提供适合其潜能充分发挥、个性全面发展的专长类课程；自主研修课程，旨在让学生在行中求知、知中践行，让学生学会学习、健康生活，培养学生的责任担当意识和实践创新能力。

　　"成达+"课程体系的构建形成了我校"一体四翼"的课程特色，即以"一体化贯通培养"为主线，以"基础必修+贯通发展+能力拓展+自主研修"的课程体系为平台，进行对学生的品格教育、生命教育、人文教育、艺体教育、创造教育，培养学生的生命力、生活力、学习力、思考力、创新力，为学生的终身成长奠基。在课程上我们已经形成了以一体化贯通博识课程、一体化贯通型直升课程、一体化贯通选修课程、一体化贯通主题作业为主要依托的一体化贯通发展路线。

我校将课程建设作为践行"成达·致远"教育的核心，站在为每一个学生更好发展的角度，以"丰富性"宽基础，以"综合性"强能力，以"系统性"优特长，以"选择性"适个性，夯实学生终身发展的核心素养基础，适应全体学生多元化发展的需求，让每个学生都能经历、体验成长的愉悦，为培育出有能力适应未来、创造未来的学生服务。

发展个性的选修课程 ——————

所学　所用　所爱
——流行乐团
张　平

一、开发背景

首师大附中大兴北校区自建校以来，秉承本部"成德达才"的育人理念，以国家课程高质量校本化实施为基础，以精品特色课程的开发为补充。[①] 我校通过专家引领，指明方向，鼓励校内艺术教师走出去，交流学习阔眼界，调研校内学生实际，最后依据各教师的专业特长，自愿申报选修课程。

二、课程性质

我作为初中部的音乐教师，有过合唱、舞蹈、曲艺等选修课的组建经历，但结合本校的学生人数和所学专业的特点，遵循创新发展的原则，最终决定开设流行乐团课程。灵感源于每个年级中都有几名乐器或声乐精而尖的孩子，但除了偶尔的校内表演机会展现外，还是少了一些自身的优势发挥。所以，本课程的设置是将那些歌唱和乐器演奏能力较强，热爱音乐创作的学生组织在一起，通过流行作品的重整改编，不断排练磨合的过

---

① 沈杰，李军华，正志笃行　成德达才——首都师范大学附属中学自主课程建设的创新探索 [M]. 北京：北京师范大学出版社，2017.

程，来感受乐队合作带来的愉悦与乐趣。

建团之初，我通过网络查询大量相关资料，向其他这方面有经验的老师请教，点点滴滴，逐渐摸索。流行乐团是流行音乐的表演单位。是在电吉他、电贝斯、电子琴、鼓（箱鼓）的配合演奏下，加以主唱的形式完成作品。乐器准备之初，充分利用校内已有的设备，并完善其他乐器，校领导都给予了大力的支持。

三、课程目标

课程确定之后，我制定了详细而具体的课程目标，首先，在不断地排练练习中，培养各成员之间合作的意识和表演能力。乐团不同于独奏，需要在一定的速度中，连贯完整地完成自己所承担的部分后，再与其他队员分清主次，学会主导和伴奏的关系。反复磨合中的合作意识与高标准的艺术追求，应该是这门课程给予孩子们最大的品质收获。其次，尽可能让各乐团成员在原有演奏演唱的基础上，加强技术技巧方面的训练，让孩子们在各自的领域里继续精进。最后，学生的成长过程先苦后甜，反复研磨后，知晓每个音符的不同表现魅力，从而获得身心愉悦，通过掌握这门技术技巧获得了优越感和自豪感，这才是他们继续深入学习的动力和源泉，使得学生有了终身学习的愿望。

四、课程实施

本着自主研修和创新发展的目的，课程实施时首先建立微信群，学生献计献策，筛选健康积极向上的曲目，确定适合歌唱的调性，分头寻找各自难度适中的乐谱，最后汇总到老师处。教师整体把握总谱，研究确定每一小节的和弦和乐器间的伴奏支体。这些前期工作后，学生各自进行练习，本着对他人、对团体负责的态度，学生需在最短的时间内完成自己所要承担的部分，教师通过视频和校内时间进行分别辅导。进行至此，乐团的磨合才刚刚开始，每段、每句，甚至每一小节都要反复排练，最后完整演奏后再宏观把控，进行个别地方推敲和完善。

五、实施效果

流行乐团现有 14 名成员，积累了《微微》《明天你好》《天空中最亮的星》《young for you》等 5 首曲目。乐团成立之初，就受到学生们的关注和好评，曾在校级直升课中为家长和学生进行表演（如图3-1所示）。在元旦联欢会中，走进各班以拜年的形式，带去我们的表演，并为当天过生日的同学，特意排练《生日歌》送去祝福，最后学年末社团还计划通过音乐会的形式进行汇报展示（如图3-2所示）。

图3-1 校级直升课中家长和学生进行表演　　图3-2 学生排练《生日歌》

首师大附中的教育走内涵发展之路，我们守正出新，春风化雨，放眼未来，为学生的终身发展奠基。我们需要不断学习，总结经验，为打造精品课程而不断努力。

一针一线助成长

——创意墩绣社团

赵婷婷

一、开发背景

首师大附中大兴北校区以"一体化贯通培养"为主线，对学生进行品格教育、生命教育、人文教育、艺体教育、劳动教育，培养学生的生命力、生活力、学习力、思考力、创新力，为学生的终身成长奠定基础。我校秉承"成德达才"的育人理念，鼓励在校开展发展个性的选修课程。就教育目的而言，"全人教育"把教育目标定位为：在健全人格的基础上，促进学生的全面发展，让个体生命的潜能得到自由、充分、全面、和谐、持续发展。简而言之，全人教育的目的就是培养学生成为有道德、有知识、有能力、和谐发展的"全人"。音体美类兴趣选修课强调创新精神与个性发展，注重教授学生走向社会的必备能力，引领学生逐步形成敏锐的观察力，培养学生高尚的审美情趣与人文素养，并于潜移默化中塑造学生的自信心，让学生养成开朗乐观的性格。

二、课程性质

《创意墩绣》课程就是在此教学背景基础上开展的以美育为出发点的选修课程之一。

墩绣，在民间又叫墩花、掇花、掇绣、戳花、戳绣、剁花，属于北方的刺绣品种。墩绣艺术作为中华民族的传统文化，历史悠久，风格独特，内涵深厚。作为想象力和创造力结合的艺术，墩绣不仅能培养学生的动手能力，还能开阔学生的思维，提升创造能力，充分发挥学生的艺术才能。

三、课程目标

墩绣课程的教学目标包括以下两点：

（1）掌握墩绣的基本理论知识，能够了解各种绣法，熟练使用绷子、绣布和戳针等工具，能够在创作中熟练交叉使用不同绣法，从而学会墩绣绣品制作的全过程。

（2）提高学生的自信心和成就感，培养学生对于民族文化的兴趣和热情，提升学生文化素养，启发创新思维。

四、课程实施

课程安排包括墩绣基本知识介绍，制作工具和材料的了解，基本绣法的掌握，构图和配色的练习，成品的展示与布置5个方面。

通过墩绣教学实践，学生完成了相关练习，掌握了基本技能，并创作出许多精美的作品。通过开展创意墩绣课程，提升了学生动手实践、勇于创新等各方面的能力。墩绣教学是素质教育的重要手段，需要不断总结、实践和沟通来达到教学目的。

在墩绣课程的教育教学中，教师应努力做到以下两点：

（1）因材施教，争取让每个学生都能发展其个性。在学习初期，让学生从临摹入手，以了解和掌握基本技法为主要目标；在学习中期，鼓励学生大胆创新，尝试多种技法相结合进行创作；在学习后期，注重引导学生自己思考和创作，并尝试多种材料相结合的创作手法，注重强调情感，以诱发、引导为主要手段，培养学生的艺术敏感性和审美情操。

（2）从主题选择到材料、配色、作品完成后的呈现方式，尽可能让学生参与完整的制作过程。自主参与制作的完整过程是激发学生兴趣的最好途径。在创作过程中，对构图的反复修改，对颜色的协调搭配，对多种绣法相结合的设计过程，是学生技术提高的最好老师。不断拆拆绣绣的艰难创作过程不仅考验了学生的耐心，也考验了学生解决问题的能力。让学生在体验中提高，只有经历过不断失败、艰难向前的学习过程，才更能体验到作品完成时带来的喜悦与欣慰（如图3-3所示）。

图3-3　教师指导学生绣墩绣

五、实施效果

《创意墩绣》课程的学生作品在北京市和大兴区的教育教学督导中代表特色选修课程进行了成果展示，也参加了我校直升课的展示，收获了学校和家长的众多好评（如图3-4所示）。虽然开展的时间不长，但是从学生作品来看，达到了本课程的教学目标。在后续发展中还需要不断地汲取经验，总结课程中出现的问题，结合当下学生情况不断完善课程体系，在传承中华传统文化的同时，结合本校特色，推陈出新，努力打造以培养学生高尚的审美情趣与人文素养，促进学生发展个性的选修课程。

图3-4　《创意墩绣》课程的学生作品

一唱一和　感心动耳
——合唱社团
康小英

一、开发背景

兴趣是学习的动力和源泉，是可以推动人们求知的一种内在力量，兴趣选修课则是迎合学生"口味喜好"的可自主选择的课程，它重在激发兴趣。我校一直秉承首都师范大学教育集团"正志笃行，成德达才"的办学理念，沿袭首师大附中本部的"四修"课程体系及我校的"一体化贯通培养"主线，在课程改革的大背景下，为进一步促进学生的全面发展，让学生的个性得到自由、充分、和谐、持续的发展，我校在艺术方面开设了兴趣选修课程——合唱，合唱作为艺术教育的主要形式，是我们学校音乐课内及课外的重要组成部分，也是素质教育中的重要手段之一。音乐合唱社团不仅可以有效丰富学校的课外生活，还可以很好地培养学生对音乐的兴趣爱好，陶冶学生的情操，提升学生的审美能力。通过四、五、六年级的学生自愿报名参加和老师的精心选拔，共同组建了我校第一个校级合唱社团，并在每周二下午课外兴趣班的时间开展教学。

二、课程性质

在音乐艺术领域内，合唱是一门古老的艺术，是一种多声部、表现力丰富的群众性的集体歌唱方式，它是指集体演唱两个声部或两个声部以上的声乐作品，有指挥，有伴奏或无伴奏。人的声音作为合唱艺术的表现工具，具有独特的优越性，它可以直接表达音乐作品中的思想情感。在排练中非常讲究合唱的音色、音量、力度、音准、节奏的和谐与统一，演唱中的气息、咬字、吐字、行腔及情感的表达也要在共性中都统一。而且，在合唱队里我们始终强调没有"我"，只有"我们"。这就使得队员们始终怀有强烈的集体荣誉感，相互配合，相互关心，相互倾听，人与人的信任感得到充分的发展，"与人共处"的意识和能力也得到了培养和锻炼。

三、课程目标

1. 掌握正确的歌唱方法。包括歌唱姿势、呼吸、发声、高位置的训练及咬字吐字的训练等。

2. 使学生做到音色音量的统一，音准节奏的准确，声部的平衡与协调，以及准确表达作品的情感。

3. 培养和发展学生对音乐的感知能力、听辨能力和鉴赏能力，最直接、最全面地体会合作精神和集体意识。

四、课程实施

歌唱本身的特点决定了合唱艺术是一个渐进性和持续性的过程，其实施需要一个稳定的、整体的系统支持。童声合唱的基础在于提高声部的齐唱能力及声部之间的平衡协调能力。因此，必须进行一些必要的集体训练，这个训练范围广，内容丰富，必须抓住重点，分期分批地突出一个中心，解决一两个问题，平时短训与集训相结合，先从呼吸训练入手，然后有声音的训练，音准节奏的训练，咬字吐字的训练，识读乐谱等方面的训练，最后是作品的排练和呈现。

科学的发声方法，能迅速提高歌唱的调控能力，取得较为理想的演唱效果。在训练中，教师首先注重培养学生的歌唱状态。以下是训练童声的一些基本的方法。

1. 姿势训练

不论是站姿坐姿，还是训练演出，都要求有坚实的脚跟，保持全身放松，略有含胸拔背之势，使发声器官保持在自然通畅的歌唱状态。

2. 呼吸训练

呼吸是发声的动力、歌唱的支柱，歌唱是靠气息冲击声带来发出声音的，没有好的气息运用就没有好的歌唱。在童声呼吸的训练中，应着重反复练习胸腹式呼吸。吸气时鼻口同时吸入，吸气的过程中笑肌软腭向上积极提起，气息吸入肺的底部，横膈膜下移，腹腰向四周扩张。呼气时还要保持吸气的状态，形成对抗，同时要控制气息流量，保持吐气均匀、流畅，歌唱呼吸运用自如后，在训练中，呼吸要与作品情绪相结合，把呼吸和气口变为歌唱情绪的需要。

3. 高位置发声训练

高位置是指声音的共鸣焦点位置高，感觉在鼻子眉心处稍有振动，人们唱歌时，各声区的高低音应上下贯通，3 个声区都要保持头腔、口腔和胸腔的共鸣活动，但有主次之分。在气息运用自如的情况下，咽喉管道打开并稳定喉结，内口腔打开，保证声音畅通无阻，根据少儿的生理特点，从头声开始训练的效果较好。为能在发声训练中迅速找到头声位置，先从童声的高音区练起，从高音向低音方向训练，先让学生以小音量轻声练习，发出的声音开始像我们常说的"假声"，但这样能使学生一下找到头声的大概感觉和声音效果。

4. 咬字吐字训练

正确的咬字、吐字与正确的发声都是表达歌曲内容的主要手段。合唱更要把它放在重要的位置，如语言唱的文字含糊不清，或有一些学生在演唱时吐字不清，对整个合唱的演出效果将有影响。正确的咬字、吐字与发声也就是通过发音部位的不同、用力点的不同、口型状态的不同，清晰准确地发出每一个音。练习时要有趣味、活泼，可把咬字、吐字与发声相结合，编成好听宜唱的练声曲。

5. 和声训练

和声的出现，使音乐变得有声有色、有立体感，作品中和声的出现，把他们带进了一个色彩斑斓的音乐世界。在和声训练的同时，应让他们多听些两声部以上的合唱曲。通过多声部和单声部歌曲反复进行比较，让他们产生立体的概念，增强和声意识。要逐渐一两个音、一两句的在发声曲中循序渐进地加进多声的训练，逐步进入和声功能连接的合唱训练。让学生在演唱自己声部的同时，锻炼聆听其他声部的能力，使自我演唱不受其他声部的干扰，潜移默化地将和声意识及和声能力渗透到孩子们的心中。

和声训练是看不见、摸不着的，要从培养学生的感受力入手，把生硬的、不易理解的理论知识变成深入浅出的口语与学生交流，选用一些他们喜欢听的、易于动情、易于接受的作品，加进适当的和声来解决声部训练的困难。

五、实施效果

通过合唱这一特殊的组织形式，打破了班级和年龄对学生参与的限制，可以使不同年龄段的学生都参与其中，加强学生之间的交流和合作，使每个学生都沉浸在歌唱最本真的状态之中，真正享受歌唱带给他们精神上的愉悦和快乐。

通过合唱教学实践，师生一起完成相关作品的排练，同时掌握基本的歌唱技巧，成功的喜悦总让他们一次次的陶醉其中，既磨炼了学生的意志力，也培养了他们的耐心和信心。学生的潜能是无限的，通过每周一课的教学可以逐渐提高他们的歌唱水准，发掘他们的歌唱潜能，全面发挥他们的能量。学校合唱社团自建立以来，在校领导的大力支持和教师团员 3 年的努力下，已初具规模，逐渐发展成一支充满朝气和活力的队伍。在市级区级教育教学督导工作和校级直升课中代表学校的特色课做了展示，合唱作品《最好的未来》在 2010 年的区级合唱比赛中获得"最佳潜力奖"（如图 3-5 所示）。

图 3-5 合唱作品《最好的未来》

托抹勾打　弦韵绕梁

——古筝社团

田　莉

一、开发背景

首师大附中大兴北校区倡导创办负责任、有内涵、有温度的"成达教育"，坚持"五育并举"，遵循教育规律和人才成长规律，培养正志笃行、成德达才的创新人才。"成达教育"追求高品位、高质量、高素质，让每个孩子实现全面而有个性的发展、自主发展和可持续发展。学校开展了具有校本化特色的校内选修课程和社团活动，引导学生积极参加各种课程活动，激发学生潜在兴趣点，提高学生获取知识的积极性、主动性。

中国民族乐器的历史悠久，古筝是我国最古老的弹拨乐器之一，至今已有2500多年的历史，它作为极具代表性的民族乐器，承载着我国源远的历史文化。中小学阶段开展古筝选修课，不仅可以提高孩子的音乐水平和审美情趣，同时也能促进中国传统文化的传承与发展。

二、课程性质

本校开展的古筝选修课主要为古筝重奏。古筝重奏是指每个声部均由一人或几人演奏的多声部器乐曲及其演奏形式。重奏相较于合奏而言演奏形式更加复杂，强调整体的均衡、匀称与统一，需要演奏者有较高程度的演奏技能，且需要学生相互配合，各声部间相互交流、融合，使乐曲的层次更加丰富，提升乐曲的音响效果。非传统的古筝重奏还可加入新的音乐元素，如打击乐、人声、西洋乐等，将乐曲的音乐形象展示得更加多样化，给听众带来焕然一新的音乐体验。

三、课程目标

对比古筝独奏作品，重奏形式从客观上减弱了作品的技巧难度，注重引导孩子们建立协调、合作的互助型演奏形式。在重奏里，不能有鲜明的"个别主义"，应该相互衬托、通力协作，从而达到整首乐曲的和谐统一。

帮助学生学会配合，包括音准的配合、节奏的配合、音色的配合、和声的配合等。除此之外，还有力度的配合与整体音乐的平衡，在音乐的处理及音乐表现力等方面都需要进行细致的雕琢。只有这样，才能把音乐表现得非常完整。

在重奏过程中，一人担任一个声部，演奏时稍有瑕疵就会对整体音乐形象产生影响，所以要求演奏人员有成熟的演奏水平，同时还要有谨慎细致的演奏态度。在注重自身演奏准确性的同时，还要兼顾与其他声部的配合。在磨炼重奏的过程中，帮助学生发现"合作"的意义，对引导学生建立包容、信任、协调等优秀品质能起到潜移默化的作用。

四、课程实施

在选曲方面，重奏入门乐曲从教师编配的脍炙人口的儿歌如《虫儿飞》《声声慢》等作品入手，激发学生练习兴趣，帮助学生尽快地找到重奏的音乐感觉。待学生初步具备一定的重奏能力后，逐步深入具有难度的经典重奏曲目，进一步磨合各声部演奏的默契程度，激发学生表现出乐曲饱满的音乐色彩。练习过程中引导学生分清主次，认识到每个声部不可或缺的独特功能，帮助学生从科学、系统的角度把握音乐的整体布局，建立演奏多声部、多织体、多色彩相结合的理念。分声部后，伴奏声部追随主奏声部的速度、节奏、气息、强弱等音乐感觉进行，感受伴奏声部与主奏声部碰撞的音乐效果，演奏过程中要提醒学生避免伴奏声部声音过虚、过强或与主奏声部错节，避免出现轻重无序、音效杂乱的演奏效果（如图3-6所示）。

图3-6 学生在练习古筝

五、实施效果

古筝社团开设至今，学生们先后参与了"建校五周年庆演""中小学直升课程展示"等多种演出活动，得到领导及师生的一致好评（如图3-7所示）。学生们在展示中，锻炼了自身的心理素质，磨炼了舞台演奏的台风与气场，收获了成就感与自信，进一步增强了学生学习乐器的积极性。相信在不久的将来，古筝社团的孩子们的专业能力会逐步精进，艺术素养稳步提升，即将走向更高、更广阔的舞台！

图3-7　古筝社团在活动中的演出

承千年风雅　立文化自信

——古风社团

王诗琳

一、课程开发背景

古风，与现代相对，表达了现代人对于古代的向往、追思与认同，古风在古代典籍中多指礼仪制度和思想内涵，而如今这一词语囊括了古代社会的多个层面，如古代服饰、古代艺术等，而这些方面又统一于对于中国文化底蕴的挖掘、继承、弘扬，体现了中国文化的源远流长与博大精深，展现出中国传统文化的独特魅力和历久弥新。

古风社团在如今"汉服华服"热，以及"尚古"浪潮中应时而设，在原有古风内涵的基础上加以变化适应，把"立德树人"融入课程活动的全过程，使其从原有的文化符号拓展为带有教育目的和意义的立体可为的学生社团组织，依托首师大附中本部成达教育理论和集团化办学的优势，学习核心素养落地方法，形成具有北校区特色的、深受同学喜爱的学生社团，在学校乃至大兴区的各项活动中展露风采。

二、课程性质

首师大附中大兴北校区北茗听笙古风社创立于 2020 年 9 月，吸收初一、初二年级学生为社员，内设指导老师 1 名，社长、副社长各 1 名。社团招收原则为喜爱并愿意了解中国传统文化的同学，社团致力于在内部形成稳定、有序列的社团定期学习与活动，在社团外部即校园内带动学生群体感受古风文化、传承优秀传统、树立文化自信，社团设立宗旨与"成达·致远"的校园文化相契合，与本部"自觉、勤奋、求实、创新"的校训和"成德达才"的教育思想相关联。

三、课程目标

1. 帮助学生领略传统文化的博大精深。

2. 引导学生树立审美意识、弘扬人文精神。

3. 在校园内构建中华民族传统文化精神家园，与校园文化相契合。

四、课程实施（见表 3-1）

表 3-1　古风社团的课程实施内容

序号	课程名称	课程内容	备注
1	学生小讲堂	学生可从古风小说、古风影视、书法书画、古风歌曲、古代美食、古代民俗、古代游戏、古代礼仪、古代神话中选题，以兴趣为导向，以分享为目的，以知识为载体，各展所长	课前 10 分钟，教室内
2	汉服专题	以中国古代服饰为切入口，以民族文化为拓展，探讨汉服的形制演变及历史缘由，体验形式可绘制、手工，也可着装、舞蹈，体验形式多样	分专题，分阶段，可室内，可室外

续表

序号	课程名称	课程内容	备注
3	发簪 DIY	以中国古代发饰为切入口，以民族文化为拓展，探讨发簪的材料样式演变及历史缘由，通过手工制作，尝试制作各式发簪	2课时，可与汉服专题穿插进行，作为后续活动的奖品或道具
4	诗词大赛联动活动	每年秋季学期诗词大赛赛程中，社团可开展相关联动活动，如诗词问答、飞花令、诗人词人串讲等，以培养学生对于诗词文化的兴趣，提升文化素养，培养家国情怀	为学校参赛提供后方蓄势和支撑
5	古代礼仪	古代礼仪的讲解可以联系古代生活方式，以古人一生为线索，串联其行为习惯、思维习惯等的养成，以熟悉了解古人价值取向，取其精华，联系现实，开展爱幼、敬老、成人、感恩等教育活动	可举办古代成人礼等活动，也可进行期末成果展演
6	古人专题	古风的内在必然有人在其中作为支撑，古代人的生平事迹不仅可以作为写作、创作、表演的素材，其有趣的灵魂、鲜明的生活、高雅的情趣也可成为影响学生价值观形成的导向	此部分可与校园文化和班级文化建设结合
7	社团展示汇报	可尝试走秀、舞蹈、舞台剧、文化讲座、作品展览等多种形式的成果汇报	
8	社团团建活动	与其他社团（如文学社）的联合活动，可以增加团队凝聚力，还可以在不同领域碰撞灵感，互相激发兴趣增长点	展示与评价
9	传统节日主题活动	利用法定节假日和传统节日等契机，传播优秀传统文化，在校园内带动学生对传统文化的了解和钻研，通过快问快答、传统竞技、传统民俗、传统音乐等形式营造氛围	

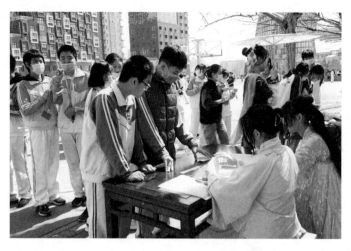

图3-8 古风社团在学校内进行宣传活动

五、实施效果

通过古风活动可以提升学生的民族认同感，也可以满足青少年对传统仪式感的需求。仪式感和优秀传统文化的渗透让校园生活更加有节奏和活力、有期待和韵味。"思想文化是一个国家、一个民族的灵魂"，中国优秀传统文化源远流长、历久弥新，弘扬优秀传统文化，通过活动带动每一个人的积极参与，依托校园文化建设，在历史文化的土壤中，找到那粒可以生根发芽的兴趣增长点，在满足学生追求审美的同时，还能激起强烈的民族文化认同感和自豪感，加强人文教育，继承发扬传统文化，推广国学，古今融汇（如图3-8~图3-12所示）。

图3-9 社团学生的部分作品展示

图 3-10　社团学生自制的发簪　　图 3-11　社团学生制作的灯笼

图 3-12　社团学生制作的心愿卡

文学润物　守望初心
——春蕊文学社
李欣然

一、课程开发背景

　　新课程改革是当前我国教育科学研究的首要关注点，学校教育作为国民教育的主阵地，迫切需要与时俱进。首师大附中大兴北校区紧跟时代步伐、结合本部积累分享的多年教育教学实践，以"正志笃行，成德达才"为追求，以"让每个孩子实现全面而有个性发展、自主发展和可持续发展"为目标，以基础通修、兴趣选修、专业精修和自主研修的"四修课程"体系为平台进行对学生的培养教育。

习近平总书记在全国教育大会上指出："培养什么人，是教育的首要问题。"我校的课程体系也在不断进取思考学生培养问题。根据学生的实际情况，我校规划通过兴趣选修课程，进一步激发学生潜能志趣。学校强调课程的选择性和差异性，学生可以自由选课，充分发挥自主权和选择权。希望这样个性化的课程体系，可以满足在校每位学生的不同成长需求，培养出各方面人才。

二、课程性质

栉风沐雨砥砺行，不忘初心青云志。我校的兴趣选修课程以"兴趣为本"，开展丰富多样的兴趣课程和社团活动，实现学科融通，让每个学生都能在课程中挖掘自己的兴趣，主动参与各种课程和活动。选修社团课由教师自主申报，学生自主选修，涵盖范围广，为学生提供了各种自我兴趣得以满足和发展的平台空间。同时，极大地提高了学生获取知识的积极性和主动性，寓教于乐，寓乐于学。

素质教育下的语文教学同样注重"人文教育"，促进学生个性发展。语文教学正在由过去单一的"工具性"，逐步与"人文性"相结合发展。校园文学，正是中学语文教学领域最纯正、最打动人、最有灵性的部分。我校春蕊文学社团作为校园文学活动阵地之一，具有强有力的感染性、启发性、创造性及熏陶共鸣作用。通过社团开展的文学创作、阅读交流、作品互酬等活动，引导学生提高文学修养，启迪智慧，培养想象力和创新精神，发挥文学艺术所具有的特殊教育功能。

三、课程目标

实施兴趣社团活动的一个重要目的就是在于通过给学生带来不同于传统课本教育的课程选择，对接既有的学科兴趣爱好，激发起潜在的兴趣点，鼓励学生的奇思妙想，迸发出思维的火花。

春蕊文学社是立足于学校素质教育，培养学生创作能力的新型文学社团。以"文为时而作，言由心而发"为口号和"我手写我心"为座右铭，把出版属于自己的电子杂志和校级其他刊物作为目标，鼓励社员了解、学习和创作诗歌、散文、小说等文学作品，从而提高自身文化素养与文学的创造性。

在人一生的成长历程中，中学阶段是兴趣探索最旺盛的时期。春蕊文学社团就以中学生兴趣爱好作为首要出发点，安排了系列深受喜爱的文学活动，如"我也有笔名""叶落书签""古诗新编"、社团美食节等。社团课程上，留给学生足够的探索发现时间与空间，不断激发学生潜能，发现自身长处。这样的活动学生喜爱，教师在授课时同样也是乐在其中（如图3-13、图3-14所示）。

图 3-13　秋季室外写实活动

图 3-14　品茶练笔活动

四、课程实施

春蕊文学社定期举行各类型的创新活动，团结社团内部。强化部门建设，把文学社强化成一个拥有完整的、明确的管理体系与工作流程的社团。社团内部制定相应的管理方法。在管理方面应本着"以人为本、与人为善"的原则，社员之前相互关心爱护，相互学习进步。社团管理教师与社长同学应该积极听取有益的意见或建议，及时调整文学社团管理机制，如由原来的教师单一管理、安排社团活动，变为由教师与学生干部联动管理的活动评价体系。根据每周社团活动内容需求，做到事前有策划、事后有总结。

社团通过每周一次的活动时间开展读书活动，交流观点，展开探讨，形成"求同存异"的风气（如图 3-15 所示）。在此基础上，教师开展系列习作指导，拓宽视野，增长见识。社员的习作尽量和平时的周记、作文结合起来，力求不给他们增加额外的负担。鼓励社员将原创进行到底，建立微信公众号"碎言小站 CR"作为社团作品展示平台，争取做到学有所获，不断增强学生写作信心、写作动力，形成良性循环。同时激励学生勇于竞争，积极参加各级各类写作比赛，并积极向校外投稿。

图 3-15　春蕊文学社开展"每周一次"读书活动

不仅在社团内部，学生还在全校范围内以文学社的名义开展写作、朗诵文学经典等活动，陶冶参与者情操，锻炼参与者能力，丰富校园文化生活。在学校开展校园读书节、科技文化艺术节、年级演讲比赛、外出博识、体育节暨田径运动会等活动的时候，引导文学社社员以小记者的身份进行采访，试着撰写新闻报道。

下面以 2020—2021 学年第一学期教学计划为参考，详细阐述社团活动的实施过程（见表 3-2）。

表 3-2　春蕊文学社 2020—2021 学年第一学期教学计划

教学计划		
时间	教学（活动内容）	教学（活动）目标
第一周	社员培训，健全组织规章制度	社员之间相互分享寒假假期读书心得，再次强调社团活动时间、地点、纪律。

续表

教学计划		
时间	教学（活动内容）	教学（活动）目标
第二周	"同读一本书"读书交流活动 由指导老师列出书单，每月投票，选出本月同读的书目，向社员宣布，开始为期一个月的阅读	共同切磋阅读书目，提高文学修养
第三周	"分享最近读书"交流活动	互相分享自己爱读的书，说明理由。锻炼提高表达能力
第四周	"佳节同贺"文学作品互酬活动 节日到了，在喜气洋洋、喜上眉梢之时，喜入笔端；作品也可以采取"鸿雁传书"的方式	互换佳作，得到社友的认可，提高同学的写作热情
第五周	"同读一本书"读书交流活动 在社员培训的时候各抒己见，并设置记录员2名，记录社员的"优秀语录"。若"情"到浓处，可以写成文章	提高文学修养，与社员互相切磋，得到共鸣
第六周	"历久弥新"诗词朗诵大赛 一个学期可以组织一场诗歌朗诵大赛，鼓励原创，但主要注重的还是学习古人经典诗作	如今的学生比较忽视诵读，我们在文学社学习写诗、吟诗，提高诗歌文化素养
第七周	"我也有笔名" 古人多有名，有字，还有号和别号，学生在学习古文、古诗的时候经常接触，会觉得好奇。现当代作家也大部分会给自己取个笔名，文学对于笔名，笔名对于文学，这两者有相当大的渊源。同时可以进行"最佳笔名"的投票评比活动	增强学生的文学信心，鼓励学生的文学创作
第八周	"文学漂流瓶"活动 以文会友，是我们的最高追求。模拟漂流瓶的方式，各班学生在文学社的牵头下，组织学生用纸片写下自己的文学学习感受或心得，打乱随机发给同学	让同学们听听同龄人的心声，文学不只是文学，还是他们的共同爱好

续表

教学计划		
时间	教学（活动内容）	教学（活动）目标
第九周	改良版"飞花令" 主持同学为每场比赛设置一个关键字，不再仅用"花"字，而增加"云""春""月""夜"等诗词中出现的高频字，其他同学完成答题后，由选手得分最高的两位，来到舞台中间，轮流背诵含有关键字的诗句，直到一方背不出，则另一方获胜，获胜者直战擂主	在小游戏中提升古诗词背诵能力
第十周	"亲近自然，寻找灵感" 让孩子亲近自然、体验自然	创作的灵感来源于自然，孩子的好奇心更甚于成年人，他们观察的时候会产生许多问题。与动物、植物的互动，也是他们成长的一种形式。让孩子亲近自然、体验自然，进而触发灵感，培养他们从小喜欢学习、创造、合作的能力，从而更好地融入社会
第十一周	文学社社员培训 可以邀请本校的语文老师和宣传办公室老师，为文学社的同学们进行创办校刊的培训讲座	发挥有文学特长的同学能力，活跃文学创作，丰富同学们的课余生活。坚定社员的文学方向，鼓励创作与分享，增进社员间的感情
第十二周	文学知识课堂	针对学生知识面狭窄，写作能力差的现状，文学社要多举办一些内容丰富的讲座，邀请学校语文老师或社会文化名人来班主讲，与学生一起谈文学、话语文、论人生
第十三周	开习作评改会 规定社员每月交 1 篇习作，学期结束时根据社员投稿数量和质量评出优秀社员。对于学生习作，辅导老师及时批改，并定期召开习作评改会，优秀的习作略加润色后，在社刊发表，并向校外报刊推荐	辅导老师与社员就社刊来稿进行双向交流，师生共同探讨，品佳作、谈体会、指缺点、教方法

教学计划		
时间	教学（活动内容）	教学（活动）目标
第十四周	趣味知识竞赛 为了引导学生广泛而合理地进行课外阅读，要求社员阅读教育部向全国中学生推荐的 30 本中外文学名著，学习做读书笔记	文学社适时地举行趣味知识竞赛，内容涉及中外名著、汉语知识、文学典故、猜谜等，激发学生的学习兴趣
第十五周	开展辩论赛	为了加强学生的语文应用能力，锻炼学生的口才，文学社长期有计划、有步骤、有层次地开展演讲、辩论竞赛活动
第十六周	排练朗诵诗歌小节目	彩排练习诗歌朗诵小节目，感受诗歌的声韵之美，增进社员间的感情
第十七周	"分享最近读书"交流活动	互相分享自己爱读的书，说明理由。锻炼提高表达能力
第十八周	学期总结活动 社员们相处了 1 学期，肯定感情深厚。提供一个平台，或是精美的本子，或是温暖的宣纸，供社员涂鸦，或展望未来，或寄语过去，几年后社员再观之，定是感慨万千	社员、指导老师大合照，留下年轻的笑脸，珍贵的回忆

五、实施效果

自加入文学社后，社员的文学素养都得到不同程度的提升，社内友爱互助的氛围更是让同学们变得自信开朗。本学年选择文学社团的同学们可以做到具有较好的文学审美情趣，思想独立不盲从。在班级公开课、班会、校级各类活动、区级比赛中都不乏春蕊文学社社员的身影。在台上，他们是从容不迫、力挫群雄的参赛者；他们是妙语连珠、才辩无双的主持人；坐在台下，他们屏息谛听，不断锐意进取。相信在不久的将来，年轻的春蕊文学社也会迎来自己的作品集、社员优秀文选，不断提高学生综合文化素养（如图 3-16 所示）。

 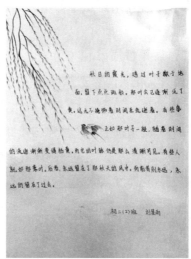

图 3-16　春蕊文学社社员优秀作品文选

贯通古今　融合东西
——《西方文化入门》选修
赵爱敏

一、课程开发背景

　　首师大附中大兴北校区以"一体化贯通培养"为主线，对学生进行品格教育、生命教育、人文教育、艺体教育、劳动教育，培养学生的生命力、生活力、学习力、思考力、创新力，为学生的终身成长奠定基础。我校秉承"成德达才"的育人理念，鼓励在校开展发展个性的选修课程。就教育目的而言，"全人教育"把教育目标定位为在健全人格的基础上，促进学生的全面发展，让个体生命的潜能得到自由、充分、全面、和谐、持续发展。简而言之，全人教育的目的就是培养学生成有道德、有知识、有能力、和谐发展的"全人"。从英语学科角度而言，英语学科核心素养包括 4 个维度，分别是语言能力、学习能力、思维品质和文化品格。其中，文化品格要求我们在英语学习中不仅要了解西方和其他国家的文化，还要具有跨文化的意识。开展《西方文化入门》选修课可以进一步促进学生的全面发展，充分挖掘学生的潜力，扩展学生的视野，落实我校"五育并举""成德达才"的育人理念。

二、课程性质

《西方文化入门》选修课是一门以西方文化为学习内容，以开发和培养中学生的思考力为主线，旨在让个体生命的潜能得到自由、充分、全面、和谐、持续发展的个性化选修课程。《西方文化入门》选修课是我校基于核心素养的"成达+"课程的重要组成部分，是实施素质教育和培养德智体美劳全面发展人才的有效途径，是我校"人文教育"的重要领域。

此外，《西方文化入门》选修课也是提高中学生英语学科核心素养的重要途径，了解西方文化可以让中学生加深对中外文化的理解，提高其跨文化交际能力。

三、课程目标

1. 带领学生从神话、历史、哲学、文学等角度初步了解西方文化。

2. 通过中西方文化的对比和分析培养学生的辩证思维能力，加强对中学生思考力的开发与培养。

3. 通过对西方文化的学习，开拓学生的视野，丰富和完善学生的知识结构，增强学生对文化的敏感性和宽容性，培养学生的跨文化交际能力，提高中学生的英语学科核心素养。

四、课程实施

希腊神话是西方文化的源头，只有了解了西方文化的源头，才能对西方文化有更好的了解。所以，我校设置的《西方文化入门》选修课是从希腊文化作为起点的。为了让学生加深对希腊文化的感知，课程中又加入了北欧神话的内容。很多西方文学作品都以圣经故事为背景，学生有必要了解简单的圣经故事及犹太民族历史。鉴于一些学生对古希腊哲学也比较感兴趣，因此在下学期又加入了古希腊哲学和中世纪神学的部分内容。此外，作为《西方文化入门》选修课，学生也应该对经典英美文学作品有一定的了解。本课程选择了学生比较喜欢和接受的魔幻主义文学及在西方最负盛名的莎士比亚悲剧为着手点，带学生了解西方文学的世界。因此，《西方文化入门》选修课课程分为六大板块，即希腊文学、希腊神话、北欧神话、犹太民族历史和圣经故事、古希腊哲学和中世纪神学、现代西方魔幻主义文学；莎士比亚悲剧。

本课程分为 28 个课时，两个学期完成。每个课时的安排如下：

1. 希腊文学和希腊神话板块分为 6 个课时

第一课时：希腊神话中诸神的起源与人类的起源

第二课时、第三课时：十二主神

第四课时：希腊神话中的英雄和怪物

第五课时：特洛伊战争

第六课时：荷马史诗（《伊利亚特》《奥德赛》）

2. 北欧神话板块分为 4 个课时

第一课时：生命之树

第二课时：主神奥丁

第三课时：雷神托尔

第四课时：诸神的黄昏

3. 犹太民族历史和圣经故事板块分为 5 个课时

第一课时：犹太民族在历史

第二课时：反犹主义

第三课时：犹太民族与基督教世界的冲突

第四课时：圣经故事

第五课时：十字军东征和骑士文化

4. 古希腊哲学和中世纪神学板块分为 4 个课时

第一课时：古希腊哲学的起源

第二课时：古希腊"三贤"（苏格拉底、柏拉图、亚里士多德）

第三课时：中世纪神学

第四课时：赏析电影《第七封印》《女巫季节》

5. 现代西方魔幻主义文学版块分为 4 个课时

第一课时：霍比特人

第二课时：指环王

第三课时：冰与火之歌

第四课时：权力的游戏

6. 莎士比亚悲剧板块分为 5 个课时

第一课时：哈姆雷特（西方文艺复兴时期文学的最高成就）

第二课时：奥赛罗——英雄的悲剧

第三课时：李尔王——权利与欲望

第四课时：麦克白（命运悲剧与性格悲剧的双重审美）

第五课时：一起来分享（我心中最美的莎翁悲剧）

本课程在实施过程中，涉及教师讲解、学生分享、师生讨论、生生讨论、电影推荐、好书推荐、话剧推荐等环节。因为本课程的授课对象是初中生群体，所以在教师讲解环节，老师会针对中学生的特点，有选择地筛选出适合中学生接受的内容，并用中学生易于接受的图片、影视片段等形式辅助理解。如果有学生对某一个领域有所了解并乐意分享，老师会帮助学生提前梳理知识内容，再进行知识分享。在讨论环节中，设置的问题大多数是将西方文化与中国文化进行对比和联系，培养学生的思考力及文化鉴别能力。最后的电影推荐、好书推荐、话剧推荐等环节，主要是为了帮助学生扩展视野、拓宽知识领域，加深对文化的进一步理解。

下面以希腊文学和希腊神话版块的第三课时为例，详细阐述本课程的实施过程。

《西方文化入门（上）》选修课第三课时

一、活动目标

1. 分享学习希腊神话中的 6 个主神。

2. 对比中国神话故事中与希腊神话相对应的人物形象，并对此展开讨论，发表自己的见解。

3. 对希腊神话中的战神阿瑞斯展开讨论，与中国神话故事相对比，并能分析背后的深层次原因。

二、活动过程

1. 学生分享自己搜集到的一些希腊神话元素的油画作品，并展开讲解。

2. 学生分享所收集到的知识，依次讲解阿尔忒弥斯、阿芙洛狄忒、雅典娜、阿瑞斯、赫菲斯托斯、狄俄尼索斯、赫尔墨斯的故事。教师在必要的时候做出解释和补充说明。

3. 学生分组展开讨论

（1）中国神话中的嫦娥与阿芙洛狄忒有什么相似之处或不同之处？

（2）中国神话中为什么没有"战神"？

（3）中国神话中为什么没有"酒神"？

（4）希腊神话中诸神的人物关系和中国神话人物相比，有什么特点？

4. 学生自由分享观点

你最喜欢哪一个人物形象？为什么？

5. 话剧推荐

推荐学生搜索并观看话剧《酒神——狄俄尼索斯》。

三、活动效果

学生已经熟悉了解了希腊神话的主神，并能分析其性格特征。学生对中国神话题材作品《封神演义》充满了浓厚的兴趣，开始尝试自己梳理中国神话人物关系树。

本节课的学习目标是了解希腊神话中的 6 个人物形象，并与中国神话人物进行对比分析，并能够了解背后的深层次文化内涵。在上课过程中，以大家常见但是不熟悉的油画入手，可以帮助学生快速进入希腊神话的世界。通过学生分享的方式带学生学习希腊神话人物，一方面可以锻炼学生的信息搜索和整合能力，另一方面更容易让学生理解和接受。本节课最大的特点是将希腊神话中的人物与中国神话故事中的人物进行对比分析，在学习西方文化的同时，也让学生进一步了解了中国传统文化。学生分组讨论中西方的神话人物形象对比，可以极大地开发和培养学生的思考力。最后的话剧推荐，可以让学生在课余时间，更深入地了解希腊神话中的人物形象，并能理解话剧美，可以极大地拓宽学生的认知领域。

五、实施效果

本次选修课面向的是初一、初二年级学生，选课的学生大都是对西方文化比较感兴趣，而且有一定的知识储备。但是其西方文化知识并未形成体系，比较零散且片面。在课程结束之后，学生对希腊神话、北欧神话，有了相对有体系的了解，也了解了犹太民族的历史和文化。此外，学生还对古希腊哲学和中世纪神学有了初步的感知，并学习了 3 部现代西方魔幻主义文学及 4 部莎士比亚悲剧。这些不仅有助于其文化素养的提升，还无形地增加了学生学习英语的兴趣。在实施过程中，通过中西方文化的对比分析和讨论，学生也进一步了解了西方文化，加强了文化批判能力和鉴别能力，提高了思考力，落实了学校的人文教育（如图 3-17 所示）。

图 3-17　同学们展示学习《西方文化入门》选修课的成果

尚古韵　习古法
——软笔书法选修
谷春亮

一、开发背景

书法是中华民族文化的结晶、精髓和象征，是我国特有的艺术表现形式，但随着科技的发展，计算机办公软件的开发普及，这样的中国传统艺术逐渐淡出了人们的视线，能够书写和懂得欣赏的人越来越少。2016 年 9 月 13 日，《中国学生发展核心素养》正式向社会发布，"核心素养"被置于深化课程改革、落实立德树人目标的基础地位，用以指导、引领、辐射学科课程教学，彰显学科教学的育人价值，使之自觉为人的终身发展服务，而我校也顺应改革发展的趋势创立了独具特色的"基于核心素养的'成达+'"课程，在这样的大背景下，学校为同学们开设了各具特色的社团和选修课程，我有幸承担了书法选修课。

二、课程性质

书法选修课是一门学习中国传统书法艺术的基础性、实践性课程。学生通过在选修课中的学习，可以初步学会临摹欧体楷书、颜体楷书及隶书作品，并能进行简单的临摹创作作品，感受祖国传统文化艺术魅力，修身养性，陶冶情操，促进自身精神成长。促进工具性与人文性的统一，是本校书法选修课程的基本特点。

三、课程目标

开设书法选修课的目的在于让没有基础的同学能够对中国书法这个传统艺术形式有一定的了解，通过一段时间的学习，对书法产生一定的兴趣，喜欢上书法，具备一定的书法鉴赏能力，也对那些有一定基础的同学给予一定的帮助和指导，使他们能够在原有的基础上能够有更大的进步，能够更加热爱书法，能够通过不断努力让自己的字越写越好，同时能够创作出一些作品，或是在班级文化建设中，各种节日中发挥出自己的一份力量，能给人以美的感受，这也是我开设书法选修课的初衷。

四、课程实施

在书法选修课的实施过程中，我首先了解了每位学生的基础情况，在这些学生中，有的学生在校外培训机构学习过比较长的时间，有一定的基础，有的学生在小学上过基本的描红课，但不是很系统，也有的学生是零基础。同时，那些上过校外培训机构的同学学习的也是不同书体，他们有的学习了唐楷，如颜真卿的《勤礼碑》《多宝塔碑》，有的同学学习了欧阳询的《九成宫碑》，还有的同学学习了隶书《曹全碑》，我本着学书法先要学好一种书体的理念，吃透一种书体就可以举一反三、触类旁通。相反，今天学这个、明天学那个，最后哪个都没学好，哪个都不到位就成了四不像，反而耽误时间，因此我给每位同学制定了不同的学习目标，选取自己最喜欢的一个书体作为专攻方向，每周两课时以临帖为主，临近期末创作出 1~2 幅自己喜欢的作品，进行全校性质的装裱展出，这样也是对自己一个学期不断努力的交代，下面对部分课程实施情况做简要说明。

我将一学期分为 18 周，开设选修课的时间为 15~16 周，在第一周我们主要为学生介绍了文字的产生、文房四宝及我们要学习的《九成宫碑》的作者欧阳询的生平事迹；在第二周我们给没有或者书法基础比较薄弱的同学介绍了中锋用笔、永字八法，初步让学生体会用毛笔在纸上表达线条，中锋和侧锋分别如何表现，体会毛笔的弹性如何影响线条的粗细；从第三周开始至第十周，我们依次带领学生一起学习欧体楷书中的点、横、竖、撇、捺、折、钩、挑等基本笔法，每节课都会给学生挑选适当的例字，使用实物投影与亲自示范相结合的方式与学生一起学习，并对学生在书法临习过程中产生的问题及时给予指正；在余下几周的学习过程中，为了提高学生学习的兴趣，也为期末的展示做准备，我们采用集字临摹创作的方法，事实证明这个方法对学生的兴趣培养和成就感很有效果（如图 3-18 所示）。

图 3-18　认真练习毛笔字的学生

五、实施效果

在期末的创作展览活动前，我为学生们准备了很多欧体集字作品供他们参考选择，当然对于有基础的一些同学我也布置了相应的集字创作要求，同时我为同学们准备了不同形式的作品纸，有斗方、扇面、圆形等，还有各种颜色的装裱外框，通过同学们几周的不断集字临摹练习，反复修改交流创作，临近期末的时候每位学生都拿出了 2~3 幅作品并进行了简单的装裱，他们的作品在期末的家长开放日中，作为学校特色课程的成果展示给了前来参加直升课程的家长们，受到了老师和家长们的一致好评（如图3-19所示）。

在这个学期的选修课程中，同学们将继续以欧体《九成宫碑》为主线，把欧体楷书中的偏旁部首和结体特点安排在每周的选修课中，继续带领学生们在书法的海洋里遨游，我们互相观摩、交流书写技巧，畅谈最近的体会和进步，一起感受书法带给我们的快乐！

图3-19 创作展览活动中学生书法作品展示

学校有着先进的"成达+"课程理念，为每位学生量身打造了符合自身特点的课程，并且为每个学生提供了优质的发展平台，我相信我们的学校一定会发展得越来越好！

参考文献

[1] 黄建新，袁铭翼. 基于核心素养的中小学书法课程体系的建构与实施 [J]. 辽宁教育，2017（12）.

五育并举 科学搭建思维

——《生活中的化学》选修

付晓敏

一、开发背景

首师大附中大兴北校区以"一体化贯通培养"为主线，对学生进行品格教育、生命教育、人文教育、艺体教育、劳动教育，培养学生的生命力、生活力、学习力、思考力、创新力，为学生的终身成长奠定基础。我校除了开展通识课程，还鼓励教师开展发展个性的选修课程。化学学科作为基础学科，与生活联系非常紧密，化学学科培养学生的学科核心素养有宏观辨识和微观探析能力、变化观念和平衡思想、科学探究和创新意识、科学精神和社会责任。因此，在低年级开设化学选修课，除了能提高学生动手能力，更能让学生建立正确的科学精神，挖掘其创新意识，落实我校"发展全面的人"的育人理念。

二、课程性质

《生活中的化学》选修课是一门以生活中的化学物质为学习对象，以提高学生的动手能力和创新能力为目标，旨在让对化学学科有兴趣的学生，通过选修课程接触到生活中的化学知识，学会运用化学的视角、化学特有的思维方式去认识世界。化学选修课程是拔高科学思维的课程，也是我校基于核心素养的"成达+"课程的重要组成部分。

《生活中的化学》选修课也是提高中学生化学学科核心素养的重要途径，通过不同形式的实验探究过程，有利于提高学生的科学探究和创新意识。

三、课程目标

1. 通过深入研究周围常见的物质，学会研究物质的方法。

2. 通过实验活动，启发学生的化学思维，培养学生的动手能力。

3. 培养学生认识化学、技术、社会、环境的相互关系，理解科学的本质，提高学生的科学素养。

四、课程实施

由于化学选修课是面对未接触过化学学科的低年级学生，因此，课程在选择主题上主要侧重于生活的物质，正因为此，将课程名称定为《生活中的化学》。一是可以让学生从身边熟悉的物质入手，去主动发现我们生活当中蕴含着的化学原理，让学生树立"化学从生活中来"的思想；二是从生活中熟悉的物质入手，学生更容易理解，更能激发出学生的求知欲。

本课程分为28个课时，两个学期完成。每个课时的安排如下：

主题1：我们周围的空气

第一课时：《空气和我们的生活》

第二课时：《空气能占据空间吗》

第三课时：《空气有质量吗》

第四课时、第五课时：《空气与呼出气体》

主题2：蜡烛

第一课时：生活中的燃烧现象

第二课时：对蜡烛及其燃烧的探究

第三课时：熄灭蜡烛的方法

第四课时：燃烧的条件

第五课时：生活中的灭火知识

主题3：厨房中的化学

第一课时：如何搭配营养餐

第二课时：制作面筋

第三课时：发面小常识

第四课时：制作"碳酸饮料"

第五课时：干燥剂"煮"鹌鹑蛋

主题4：衣服中的化学

第一课时：介绍常见的布料

第二课时：如何区分纯棉、化学纤维、羊毛

第三课时、第四课时：新型材料

主题5：生活中的金属及合金

第一课时：金属的使用历史

第二课时：铁为什么会生锈

第三课时：铁的防护

第四课时：合金材料

主题6：生活中溶解现象

第一课时：厨房中物质的"溶与不溶"

第二课时：不同物质在水中溶解的量一样吗

第三课时：去除液体中不溶性杂质

第四课时：水的净化

第五课时：硬水和软水

下面以主题3中的第五课时《干燥剂"煮"鹌鹑蛋》为例，详细阐述本课程的实施过程。

干燥剂"煮"鹌鹑蛋

一、活动目标

1. 学会描述物质的简单物理性质。

2. 通过实验学会描述简单的实验现象，认识氧化钙干燥剂遇水放热的性质。

3. 通过分析氧化钙的用途，认识氧化钙的性质，理解物质的性质决定用途，用途可以反映出物质的性质。

二、活动过程

探寻"美好生活"的原理

操作	分析并解释
请取出海苔中的干燥剂，阅读干燥剂上的说明 	干燥剂的主要成分：＿＿＿＿＿＿ 注意事项：＿＿＿＿＿＿＿＿＿ ＿＿＿＿＿＿＿＿＿＿＿＿＿＿＿
1. 请小组同学将一袋干燥剂剪开，倒入杯中，请描述干燥剂的颜色及状态。 2. 向纸杯中放入两颗鹌鹑蛋，倒入另一袋干燥剂，将鹌鹑蛋覆盖住，再向杯中倒入10mL左右的水，观察干燥剂的变化。	请描述干燥剂的颜色及状态：＿＿＿＿ 请描述干燥剂的变化：＿＿＿＿＿＿ 找一找加入干燥剂中的水：＿＿＿＿

享受"美好生活"的快乐

操作	分析并解释
请取出海苔，将其中一片海苔放入纸杯中，过一段时间，再品尝。品尝剩余的海苔。 	请说一说品尝海苔后的感受：_____ _____ _____
  请小心取出杯中的鹌鹑蛋，用水冲洗干净，剥开蛋壳观察。	请描述观察到的现象：_____ _____

揭示"美好生活"的秘密

揭示生活原理	分析并解释
解释一：海苔袋中放入干燥剂的原因。 	

续表

揭示生活原理	分析并解释
解释二：在即热盒饭底，有一袋生石灰和一袋水，使用时，将生石灰和水放到一起就能给饭菜加热，你能解释其中原理吗？ 	
解释三：生活中你还见过哪些干燥剂？	

三、活动效果

学生通过观察、实验认识了生活中常见的氧化钙干燥剂，学会了通过物质的用途去思考其性质，初步了解到如何用化学的视角去观察、思考生活中的事物。

本节课的学习目标是学会描述物质的简单物理性质。首先，学生通过描述干燥剂的主要成分氧化钙的物理性质，主要是从颜色、状态、气味、在水中的溶解性等；其次，学生通过"干燥剂煮蛋"实验学会了如何去观察实验现象，包括看到的、听到的、感受到的等；最后，学生通过分析干燥剂的用途，分析出氧化钙能与水反应的性质，通过分析自热饭盒的原理，认识氧化钙与水反应能放出大量的热。通过借助生活中常见的干燥剂，学生不仅学到了它的性质，更重要的是激发了学生对化学的兴趣，化学不是枯燥无味的，而是丰富多彩的，生活中处处有化学。

五、实施效果

本次选修课面向的是初一年级的学生，学生对化学学科比较感兴趣，但是学生自身的思维能力不高，也并不知道我们身边的物质蕴含着许多的化学知识，不会用化学视角观察世界。经过选修课的学习，学生知道了化学其实就在我们身边，我们周围的事物都可以作为我们化学研究的对象。化学实验是化学研究物质的重要手段，最重要的是学生对化学的兴趣更加浓厚了。此外，学生了解了一些基本的实验规则，实验操作及动手能力得到了锻炼，学生也认识到化学与生活、社会发展有着密不可分的联系，这正符合我校"五育并举""成德达才"的育人理念。

心之所向 身之所往
——《初中生 EQ 与多力训练》选修
信 欣

一、开发背景

《初中生 EQ 与多力训练》基于核心素养，以"成德+"课程体系为背景，以多元智能理论为依据进行开发设计。

（一）以核心素养为基础

中国学生发展核心素养，以培养"全面发展的人"为核心，分为文化基础、自主发展、社会参与 3 个方面，综合表现为人文底蕴、科学精神、学会学习、健康生活、责任担当、实践创新六大素养，具体细化为国家认同等 18 个基本要点。研究学生发展核心素养是落实立德树人根本任务的一项重要举措，也是适应世界教育改革发展趋势、提升中国教育国际竞争力的迫切需要。

（二）以"成德+"课程体系为背景

学校"成德+"课程体系一体四翼，五育并举，知行合一，成达志远。其中，一体四翼以"一体化贯通培养"为主线，以"基础通修+兴趣选修+专业精修+自主研修"的四修课程体系为平台，进行对学生的品格教育、生命教育、人文教育、艺体教育、创造教育，培养学生的生命力、生活力、学习力、思考力、创新力，为学生的终身成长奠定基础。

（三）以多元智能理论为依据

多元智能理论是由美国哈佛大学教育研究院的心理发展学家霍华德·加德纳（Howard Gardner）在 1983 年提出。他认为我们每个人都拥有 8 种主要智能：语言智能、逻辑—数理智能、空间智能、运动智能、音乐智能、人际交往智能、内省智能、自然观察智能。这一理论被称为多元智力理论（Multiple Intelligences）。这种理论认为，不存在单纯的某种智力和达到目标的唯一方法，每个人都会用自己的方式来发掘各自的大脑资源，这种为达到目的所发挥的各种个人才智才是真正的智力，它造就了人与人之间的不同。

二、课程性质

积极心态成就幸福人生，学会做人比学会做学问更重要。面对快节奏的生活、高负荷的工作和复杂的人际关系，没有较高的 EQ 是难以获得成功的，情商（EQ）会影响智商（IQ）的发挥。EQ 高的人，人们都喜欢同他交往，其总是能得到众多人的拥护和支持。同时，人际关系也是人生重要资源，良好的人际关系往往能获得更多的成功机会。

多元智能理论有助于老师从学生的智能分布去了解学生，发掘资优学生，并进而为他们提供合适的发展机会，使他们茁壮成长；老师还可以利用多元智能理论来帮助有问题的学生，并采取对他们更合适的方法去学习。

作为一名心理教师，应尽自己的微薄之力，让每个学生在心理课堂中都拥有愉悦的心情、成功的体验，走进自己的阳光人生。

《初中生 EQ 与多力训练》是一门发展学生个性的选修课。

三、课程目标

1. 通过课程，培养学生的核心素养，使学生拥有能够适应终身发展和社会发展需要的必备品格和关键能力，提升学生竞争力。

2. 通过课程，进行对学生的生命教育、创造教育等，培养学生的生命力、生活力、学习力、思考力、创新力，为学生的终身成长奠定基础。

3. 通过课程，让学生发现、找到自己的优秀智能，增强自信。同时，学会各种智能的开发方法。

四、课程实施（见表3-3、表3-4）

表3-3 EQ开发

序号	课题	教学目标	体验活动
1	寻找归属	①通过组建小组，让学生找到归属感。 ②通过"滚雪球"游戏，让学生熟悉彼此	①我的队 ②滚雪球
2	人际交往	通过游戏，让学生体验信任与合作在人际交往中的重要性	盲人与瘸子
3	创新实践	①培养学生打破思维定式，进行创新的能力。 ②培养学生积极思考，认真总结，善用资源的能力	突破雷阵
4	领导能力	①引导学生体会领导能力的核心作用。 ②引导学生重视领导能力的培养	有轨电车
5	责任意识	①引导学生体验责任意识的重要性。 ②引导学生建立责任意识	能量传输线
6	应对挫折	①培养学生抗挫折的能力。 ②培养学生的自信心与勇气	—
7	团队合作 （一）	①培养学生取长补短、团结协作完成目标的能力。 ②感受成员之间相互鼓励对完成任务的积极作用	同心鼓
8	团队合作 （二）	①通过活动培养学生相互配合、彼此接纳的能力。 ②促进学生自我反思，在团体中重新认识自我	心中的桥
9	团队合作 （三）	①通过活动培养学生与其他学生相互协调、达成一致的能力。 ②通过活动，培养学生的责任感	达·芬奇棒
10	调节情绪	①让学生学会放松的技术。 ②使学生提高自我调节的能力	学习情绪 ABC 理论 自我放松训练

表 3-4　多元智能

序号	课题	教学目标	体验活动
1	走进多元智能	①初步了解"多元智能"理论。 ②了解自己的"多元智能"现状	完成测试：《青少年多元智力量表》
2	探索语言智能	①引导学生了解自己的口头语言能力。 ②让学生充分展示自己的口头表达能力	指偶话剧表演
3	探索逻辑智能	①引导学生了解自己的逻辑推理能力。 ②让学生充分展示自己的逻辑推理能力	一分钟破案
4	探索空间智能	①帮助学生了解自己的空间想象力能力。 ②让学生充分展示自己的空间想象力和创造力	创意竹节棍
5	探索音乐智能	①考查学生的音乐感受能力。 ②让学生充分了解自己的音乐节奏、速度、记忆等多方面能力	我是歌手大赛
6	探索运动智能	①引导学生模仿舞蹈动作，完成规定动作，考察学生的运动智能。 ②激发学生对于舞蹈兴趣，开发其运动智能	超级模仿秀
7	探索人际交往智能	①引导学生体会人际交往能力在谈判中的应用，对对方心理的揣摩。 ②引导学生体会谈判的本质，学习如何在谈判中建立信赖关系	—
8	探索内省智能	①引导学生分析自我、认识自我。 ②引导学生完成小组内对每个组员自我分析的评分	神秘漂流瓶
9	探索自然观察智能	①引导学生对植物各阶段进行匹配，分析植物生长过程。 ②引导学生观察大自然，爱护大自然	植物对对碰
10	我的自我意象卡	总结所学的"多元"课程，重新认识自我	绘制意向卡

五、实施效果

1. 通过课程，培养学生的核心素养

尤其是在自主发展与社会参与方面。自主性是人作为主体的根本属性。通过课程，使学生学会有效管理自己的学习和生活，认识和发现自我价值，发掘自身潜力，有助于他们成就出彩人生，发展成为有明确人生方向、有生活品质的人。

2. 通过课程，为培养成达致远少年助力

课程通过对学生进行生命教育、创造教育等，培养了学生的生命力、生活力、学习力、思考力、创新力，为学生的终身成长奠定基础。

3. 通过课程，让学生发现、找到自己的优秀智能，增强自信

课程提升了学生的综合素质，为学生的终身成长奠基。

总之，《初中生EQ与多力训练》以学生喜爱的游戏、创作的形式开展，让每位学生都能参与其中，有实践，有感悟，有提升（如图3-20～图3-23所示）。

图3-20　同学们一起玩儿"突破雷阵"游戏

图3-21　同学们一起玩儿
"无敌风火轮——滚报纸"游戏

图3-22　同学们一起玩儿"同心鼓"游戏

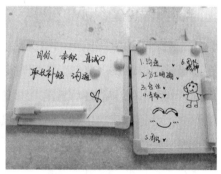

图3-23　通过玩儿游戏，同学们得到的感悟

小学工笔花卉的教学实践研究

夏葳蕤

随着素质教育的全面推进，学校社团活动也越来越丰富多样。在小学阶段的美术教育，重视的是对学生美术兴趣爱好的培养，让学生对绘画产生浓厚兴趣的基础上，逐步引导学生学习绘画，最终掌握一定的绘画技巧，为学生今后的绘画学习打下基础，让学生的创作能力和鉴赏能力得到相应的提升。工笔花卉是中国传统绘画的重要题材类型，非常适合小学五、六年级的学生学习，通过工笔花卉的社团教学，不仅能够让学生掌握一些工笔花卉的知识，还能让学生接受中国传统文化思想的熏陶。因此，将工笔花卉的学习引入小学教学，将学生的生命成长与传统文化的传承结合起来，是我的一点尝试。

一、强化基础理论知识的学习

在小学工笔花卉教学过程中，必须从基本的理论知识入手，只有对理论知识熟练地掌握，才能为今后的创作打下良好的基础。美术教学只有对前人所总结的经验及理论进行学习，并且将其应用到美术教学实践中，才能让学生在学习的过程中少走弯路。比如，在小学工笔花卉教学开始之前，应当让学生了解工笔花卉的发展历史：工笔花卉最早出现在魏晋时期，在经历了千年的发展之后，工笔花卉艺术不仅具备多种的艺术价值，也成了生活中的重要装饰内容，能够为观赏者带来美的体验①。工笔花卉在两宋时期逐步发展成熟，宋朝时期最具有代表性的工笔花卉创作者是宋徽宗，到元、明、清之后工笔花卉则是进一步发展。当代中国的工笔花卉创作中，更是呈现出多样化的表现风格。让学生了解这些基础知识，能够让学生逐步认识工笔花卉在不同时期的表现特点，这些知识内容也为后面的深入学习打下了良好的基础。

---

① 路海英. 浅谈中国画欣赏教学 [J]. 宝鸡文理学院学报（社会科学版），2016，36（4）：169-172.

二、深化对学生的艺术熏陶

（一）利用欣赏教学

小学生学习工笔花卉，必须具备丰富的艺术想象力及相应的工笔画鉴赏能力。在实践教学过程中，老师应当合理的创造欣赏情境，让学生在欣赏工笔花卉作品所包含的气韵及意境的同时，逐步认识工笔花卉的风格表现特点。老师针对工笔花卉的笔墨技法的讲解，也会让学生对工笔花卉有一个较为全面的认识。如果老师在实践教学过程中单凭空泛的讲解，学生是难以理解这些内容的，所以在前期的教学阶段中可以应用工笔花卉欣赏教学的模式，让学生对工笔花卉艺术有一个初步的认识与了解。比如让学生在课堂上想象牵牛花的样子，并经过相应的提问环节，让学生充分的表达个人对牵牛花形象的认识，而与此同时向学生提问"牵牛花大约可以用多少笔画出来"，学生此时踊跃地回答。老师准备出一些以牵牛花为素材的工笔画作品和水墨画作品，在向同学展示的过程中，通过比较分析让学生了解工笔画与水墨画之间的区别。最后拿出于非闇（àn）的《牵牛花》，让学生们认真仔细地欣赏，老师通过对工笔画特点的讲解，让学生逐步对工笔画有一个初步的概念认识。在以上内容讲解的基础上，让学生通过分组讨论的形式，自由的表达对两种绘画技巧的认识，而通过实践授课可以发现很多学生都能够对水墨画和工笔画的特点有一个较为清晰的认识，同时学生能够在鉴赏过程中认识到工笔花卉所具有的细腻、清秀之美。

（二）多种形式提升教学效果

在课堂教学中，学生们初见工笔花卉，都认为工笔花卉具有非常真实的特点，看起来像真的一样，所以在他们的想象中，这种真实的艺术表现可能创作起来非常困难。但在教学实践中，老师提前整理了大量工笔花卉的作品，以及其他题材的工笔作品让他们欣赏，在欣赏中让学生们认识工笔花卉的线条、色彩、构图等方面的特点（如《画芙蓉白鹭图》《芙蓉图》）。并且告诉他们工笔花卉的线条非常严谨工整，而色彩又非常滋润均匀，这些内容让工笔花卉呈现出了写实与写意两种艺术表现能力，让学生们知道古人往往会运用工笔花卉的创作形式来表达某种情感。在学生们了解了以上基础知识之后，逐步的引导学生们用工笔白描、工笔淡彩和工笔重彩进行一些基础内容的学习。老师在课堂上亲自示范讲解，让学生们在欣赏这些花卉植物的同时，再配合上相应的诗词内容，让画面的意境表现能力更加突出，学生们的鉴赏水平也会得到相应的提升。

三、在了解中学习技巧

随着学生们对工笔花卉有了初步的了解及感受之后，组织学生们进行临摹学习，同时要考虑到五、六年级学生的心理和年龄特点，本着以欣赏为主，以练习为辅的要求，让学生们在欣赏绘画的同时逐步地掌握工笔花卉的多种表现技巧。

（一）了解花卉

学生们在前期的鉴赏过程中，认识不同的花卉作品，并且以此为基础向学生们讲解"花卉之所以呈现出千姿百态的表现，是由于花卉品种的差异和生长环境的差异"，让学生们了解花卉一般分为木本、草本和成本 3 个主要的类型。在工笔花卉中，最为核心的部分是对花冠部分的描绘，而为了让学生们对花卉有一个更为全面的认识，老师运用简笔画的形式，在花卉的不同部分进行标注，让学生们了解花卉中所包含的内容及形态特点①。比如球形的花卉有牡丹花、芙蓉花，圆锥形的花会有牵牛花、杜鹃花，还有些花卉外形好像圆盘，如梅花和樱花。通过这种形象化的讲解，让学生了解花卉的大致形态，结合简笔的形式让学生们逐步认识到花卉的整体结构，最后让学生们进行简单的临摹。

（二）技法探究

工笔花卉是以线为基础进行造型的，对于线条有着严格的要求，在线条表现的过程中重视笔法内容的应用，力度的变化会影响笔法的变化，让学生们知道每画一笔的时候都需要经过起笔、行笔、收笔 3 个过程。另外，也要让学生们知道在花卉线条绘制过程中呈现出虚、实、疏、密等不同形式的变化，让学生们在了解这些线条变化规律的同时，结合相应的工笔花卉作品，让学生们形成具象的理解和认识。同时在花卉着色的过程中，要向学生们讲明白工笔花卉的着色过程虽然非常复杂，但是如果掌握了技巧

---

① 李珣. 中专工笔画教学的时代性变革［J］. 大众文艺, 2013（13）: 249.

也是非常容易学会的①。让学生们了解三矾九染、滋润、厚重等色彩表现，同时教会学生们一些特殊的技法，如撒盐、积水等，学生们在学习的过程中也会体验到工笔花卉所带来的乐趣。

（三）步骤规范

很多小学生都没有工笔花卉的基础，在进行工笔花卉教学的过程中，一定要对步骤进行严格的规范，要求他们在创作的时候一定要保证构图达到均衡的状态，在进行线条运用的过程中要保证运笔的稳和慢，只有这样勾勒出的线条才更加整齐生动。并且在染色的时候要准备两支笔，一支笔上涂有颜料，另一支笔上涂有清水，在交替运用的过程中形成随类赋彩的表现。在着色的过程中一定要让学生们认识到色彩不能太过厚，要表现出一种薄而通透的感觉，同时在染色的过程中，如果需要进行二遍着色，就需要等原先的地方干了以后才能着色。在着色过程中表现出来的晕染要恰到好处，才能体现出工笔画的审美意境。

四、进行适当的临摹教学

经过前面基础理论和实践的熏陶之后，可以引导学生逐步地展开临摹实践，临摹的过程是提升工笔花卉技巧的重要方式。在学生临摹的过程中，老师一定要让学生注意工笔花卉的构图、线条等内容，在学生掌握"十八描"的基础上，强化学生对着色技法的练习，要求学生在临摹的过程中既要"描其形"，又要"领其神"。在教学实践过程中除了临摹外，也要穿插其他一些知识，让学生的思维状态始终保持活跃，让他们在临摹的过程中思考，只有这样在临摹的过程中才能体现出工笔花卉教学的创新性。

五、利用教学活动激发学生的学习兴趣

小学生年龄普遍较小，他们更喜欢多样的绘画形式来吸引他们的兴趣，为了让工笔社团更适合在小学开办，可以将技法与多种表现形式相结合。

---

① 张昕. 工笔画教学在苴却砚制作中的体验 [J]. 中小企业管理与科技（上旬刊），2016（6）：121-122.

（一）进行装裱

众所周知，一幅国画完成时纸张容易褶皱，呈现的效果也不是最佳的，俗话说"七分画三分裱"，只有装裱完成的作品才能达到其最美的效果。为了激发学生们的绘画兴趣，教师可以选择社团中一些优秀的作品将其进行装裱，有机会再进行展览，激发学生浓厚的学习欲望。

（二）设计扇面

把工笔花卉画在扇面上，扇子的材质可以是纸质与绢面，形状是方形、圆形、菩提叶形等。到了夏日，学生们用着自己所绘的扇面扇风，必定别有一番心情与成就感。

（三）设计衣服

还可以购买一些纯色的棉质衣服或纱衣，用纺织颜料以工笔画的手法设计绘画衣服。学生可以穿上自己设计的衣服，或者在学校文艺演出中请其他演员穿上自己设计出的具有工笔花卉特色的衣饰。只有这样才能让学生更加积极主动地参与工笔画的学习，可以最大限度地提升工笔画教学的效果，促进对工笔画深层次内涵的体验和传承。

六、结论

综上所述，在小学五、六年级阶段开展工笔花卉的教学，需要关注学生的年龄和认知情况，并且合理的运用教学方法，采取多种模式并用的教学形式，以提升学生对工笔花卉学习的兴趣，让学生在产生兴趣的同时逐步地学习到工笔花卉的创作技巧，从而保证小学生的工笔花卉绘画水平得到相应的提升。

参考文献

[1] 路海英. 浅谈中国画欣赏教学 [J]. 宝鸡文理学院学报（社会科学版），2016，36（4）：169-172.

[2] 张昕. 工笔画教学在苴却砚制作中的体验 [J]. 中小企业管理与科技（上旬刊），2016（6）：121-122.

[3] 李珣. 中专工笔画教学的时代性变革 [J]. 大众文艺，2013（13）：249.

发展个性的美术社团活动实施方略

田 贞

在美术社团实践活动中充分发挥学生的主体性，教师合理的点拨在实践活动中给予学生个性化的指导与帮助，融合科学、生物、博识等课程，不断开阔学生视野，鼓励学生大胆创新、学以致用、发展个性，真正培养高素质创新型人才。我校为激发学生志趣，于2016年创建了"爱画社团"。社团自建立以来秉承学校总部"守正出新"的办学理念，关注学生的实际获得，深受家长和学生的青睐。社团每年承担国际级、市级、区级的各种绘画比赛及校内外画展展出活动，通过一系列美术实践活动，让学生学会用艺术思维的方式认识世界，学习艺术表现和交流的方法，提高美术素养。结合工作实际，我对发展个性的美术社团实践课程进行了初步探索。

一、兴趣为本是美术社团的课程导向

兴趣是学习的源泉，是可以推动人们求知的一种内在力量，而自我发展需求是更为持久不竭的动力源泉。而一个人必须有足够的时间和空间去探索，才能发现潜能和兴趣。如果说，我们的必修课是"认知为本"的学科教学，那么，选修课一定要以"兴趣为本"。让每一位学生都能在课程中挖掘自己的兴趣，主动参与社团活动。从学生兴趣出发，开设丰富多样的艺术形式，激发学生潜能，培养学习兴趣，为明确志向奠定基础。

二、充分的课前准备是上好一堂课的前提

（一）做好课前准备，是教师提高课堂教学效率的需要

课堂是教师教育培养学生最主要的阵地，也是学生系统学习科学文化知识的主要渠道。上好课，课前准备是社团活动实施的基础和保证。充分的课前准备，会让教师对课堂教学的目标更为清晰、流程更加顺畅，对教学辅助设施设备的使用更加自如。因此，教师做好了课前准备，课堂教学将更为流畅、简洁、紧凑，对教学时间的调控安排将更加科学合理。

（二）做好课前准备，是学生提高听课效率的先决条件

要实施有效社团实践活动，除做好教师准备工作外，学生的准备也必不可少，它是提高听课效率的先决条件。我要求社团的学生在上课前做到"四多"，即多听、多看、多想、多画。例如，在绘本《长征》这一实践活动中，我让孩子们在家听一听长征的故事，感知长征之路的艰辛，长征精神的可贵；春天来了，校园里的一草一木都有所变化，我会带孩子们一起去感受玉兰花的优雅，去观察月季花的多姿，为画花卉的造型、色彩及细节奠定了良好的基础；节假日，鼓励家长带孩子们走出去，更是课前准备的好时机。学生把听到的、看到的新鲜事物，经过思考后，动笔在速写本上简单地画一画物体的基本外形及动态线，对实施社团活动起到事半功倍的效果。

三、丰富的教学内容是社团活动的基础

我们在教学上设置美术鉴赏、专业技能讲解、知识转化运用等内容，并与其他学科融合，多姿多彩的教学内容给学生创造足够的探索时间和空间，给学生的兴趣发现和发展提供了必要的机会。

美术鉴赏，能够帮助学生在欣赏、鉴别与评价美术作品过程中，逐渐提高审美能力，形成热爱本民族文化、尊重世界多元化的态度，获得审美享受。在社团实践活动中学生从了解画家的生平、汲取名作的营养、临摹名作的笔法，再到校园文化长廊展示。学生们在这一系列的实践活动中，提高审美能力、总结绘画思想、创新绘画技法，实现学生为本的教学理念。例如，绘制《中小学生日常行为规范》的社团实践活动中，学生先对"规范"进行理解，再把个人的认知通过绘画的形式表达出来，既对学生的创造能力进行了培养，同时对学生进行了德育的渗透。

四、有效的活动实施方法是课程的关键

《义务教育美术课程标准2011年版》指出，"学生以个人或集体合作的方式参与美术活动，激发创意，了解美术语言及其表达方式和方法；运用各种工具、媒材进行创作，表达情感与思想，美化环境与生活；学习美术欣赏和评述的方法，提高审美能力，了解美术对文化生活和社会发展的独特作用。学生在美术学习过程中，丰富视觉、触觉和审美经验，获得对

美术学习的持久兴趣，形成基本的美术素养。"结合课程目标要求，我在教学方法上大胆创新，融入新颖的教学材料来激发学生的学习兴趣和求知欲，提高动手能力。教学方式上不拘一格，积极创新、积极创造学生喜闻乐见的教学方式和方法。体现寓教于乐的教学理念，营造轻松、愉悦的教学氛围，如《花瓣鹦鹉画》这一美术活动，是在学生们去南宫鹦鹉园的博识课结束后进行的，利用课程引导学生逐步形成敏锐的洞察力和乐于探究的精神，鼓励想象、创造和勇于实践。学生对鹦鹉的结构及色彩进行了深入的了解，然后把鹦鹉的羽毛与各色的菊花瓣进行对比，发现其共同的特点。通过观察—理解—造型—粘贴—整理—完成等一系列的社团实践活动，呈现出一只只神态各异、活灵活现的鹦鹉作品。最后，将社团作品在学校的文化长廊进行展示。用美术与其他学科相联系的方法表达与交流自己的思想和情感，培养解决问题的能力，促进美术和其他学科的学习。既提升了学生的综合能力又实现了各学科间的知识融合，从而使学生对实践活动更加专注，教师教学效率也大大提高，社团实践活动焕发出勃勃生机。

五、学以致用是美术社团活动的目的

每一次的社团实践活动我都始终关注通过课堂教学能带给学生什么，不仅仅是一种知识、一项技能，而是由一种知识、一项技能、一次感动所引发的许多未知、许多兴趣、许多联想、许多创意、许多震撼……带领学生走入生活中，感受更多与社团活动有关的作品，从而让学生感悟到美术与我们的生活联系紧密，生活之中处处有美术。例如，前几天有一群天鹅迁徙来到大兴南海子公园，我把这一个好消息告诉孩子们，鼓励他们去感受大自然带给我们的馈赠，再结合艺术节的平台将他们眼中的天鹅展示给全校师生及家长，让每位学生学得快乐、记得深刻、收获成功的体验是非常重要的，让社团实践活动带给学生一份获取新本领后的成功感、一份开阔视野后的新惊喜、一份探究创造后的新动力，这个过程让我在教育实践中更加成熟。

六、结论

实践告诉我们，社团活动所给予学生的不是单纯的一种方法或一种知

识，而是要让他们明白，他现在所接触到的知识只是这个世界很小的一部分，只要通过仔细的观察、耐心的发现、勇敢的探索，你将有能力发掘出更大、更奇妙的五彩世界，可以用美术知识把我们的生活装点得更美。

第三节 ▶▶▶▶▶▶

成达致远的贯通课程

融合创新，贯通发展

许向辉

首师大附中大兴北校区是一所由首师大附中承办的，大兴区教委直属的"高起点、高质量、高标准"的九年一贯制学校。2013 年建校至今，学校充分发挥九年一贯制办学优势，形成了自我发展、自我提升、自我创新的内在机制，办学 7 年在社会上树立了良好的口碑。第三届贯通直升课程展示活动以"融合创新，贯通发展"为主题，其设计思路有以下几个方面内容。

一、"融合"从何而来

全面育人质量下的课堂教学是德性和知性的融合，为学生未来的发展提供"核心素养"。"核心素养"强调学生发展的全面性和整合性，注重挖掘知识背后隐藏的学科能力、学科思想方法，关注对真实问题的分析和解决。单纯依靠学科边界清晰的分科教学是无法帮助学生培养核心素养的。因此，学科融合便成为必然趋势。融合不是简单的学科知识的叠加，而是学科之间的一种深度融通，旨在帮助学生从更高的角度构建起知识、能力和思想方法的整体结构。以 3 门融合课为例：《诗词理蕴话长江》语文与地理学科的融合。以"长江"作为学习的共同主题，为学生构建了反映长江不同河段水文特征的诗词情境，让学生在阅读、分析图文资料的过程中，探索古人所观察到的现象背后的地理原因，培养学生逐步形成人地和谐的理念与热爱祖国的情怀。《玩转扑克牌》数学与历史学科的融合。以扑克牌为载体，从历史学科的视角对扑克牌中的人物追本溯源，又通过扑克牌当中的数字游戏，培养学生的逻辑推理能力。《"吸吸"相关，其乐无穷》物理、生物和化学学科的融合。以空气为学习目标，从生物角度学习呼吸系统的组成，从物理的角度学习呼吸的原理，从化学角度学习呼吸过程中物质的转化，注重培养学生分析问题和解决问题的能力。

在学科融合设计的过程中，教师注重把各学科的技能统整为彼此贯通的体系，优化学生综合解决问题的能力，关注各学科思想的统一性和差异性，真正使学生通过课堂学习获得"知识遗忘后"沉淀下来的终身受益的东西。

二、"贯通"如何实施

我校在继承首师大附中本部"四修课程"的基础上，优化学校课程体系，开发了具有本校特色的贯通发展课程，理顺学生在义务教育阶段的知识与能力培养，意在打通中小学段知识和能力的衔接。贯通直升课程，强调融合发展，注重终身学习。贯通直升课程的开发基于学校建立了教师跨学段的大教研模式。我校在 2019 年成立了"青年教师成长学院"，实现中小学教师的融合发展，搭建了中小学教师成长的一体化通道。目前，我校已进行了学科教学、课程开发、全员德育、教师培养、主题作业、学校管理六大方面的一体化建设课题的研究，未来还将在家庭教育、生涯教育、科研课题和科学实践 4 个方面进行探索，形成 10 个一体化全面贯通培养的格局。

作为一所九年一贯制学校，学校将注重对学生长链条的培养，积极探索直升课程的开发，让学生有步骤地完成成长过度，让小初衔接变得水到渠成。在直升课程开发的道路上，开始于思考，结束于探索，呈现于精彩！

小初地理学科贯通课程研究

韩　颖

　　初中地理是在义务教育课程设置的主要学科，与小学科学和道德与法制课程联系密切。但长期以来，小学科学、道德与法制和初中地理教学相对独立，交流甚少，使得小学、初中地理教育出现了衔接问题，影响着我国基础教育。如何做好小学、初中地理教学的衔接显得尤为重要。我校地理学科教师采用问卷调查法和教材分析法进行研究，从小学、初中地理课程标准设置、课程之间的差异、学生学习状态差异等方面分析小学、初中地理衔接问题，并提出建议和初步尝试。

　　地理科学是一门具有区域性和综合性特点的学科，在新一轮课程改革全面铺开的背景下，初中地理课程对学生地理学科素养的要求越来越高。在小学科学和道德与法制学科中有许多内容涉及地理学科的相关知识，但是由于受到学科特点和教师专业的影响，教师往往忽视了对这方面专业知识的解释和地理能力的培养，学生对课程内容了解的也不充分。到了初中阶段，学生缺乏应具备的地理专业素养，而初中老师也不了解学生小学阶段相关知识的传授情况，在学习过程中会出现内容重复或讲解过于简单的现象。同时，在小学、初中课程设置学科的不同也阻碍了小学、初中地理教学的有效衔接，在现阶段对小学、初中地理教学衔接的研究非常少，可以说是个空白。地理校本课程开发的研究主要涉及初、高中衔接比较多，有关小学、初中衔接的研究没有查阅到相关资料，可以说有关小学、初中衔接地理校本课程开发研究情况还处于摸索阶段，深入研究的老师比较少。

　　与此同时，我校是一所九年一贯制学校，小学和初中实行统一的行政管理，小学和初中教师的教学交流更加便利，学校也非常支持学段之间的教学衔接和学科间的横向交流。

　　我校发挥自身办学优势，开发小学、初中衔接的地理校本课程，将满足学校需求，展现学校自身个性与特色，促进学校教育的可持续发展。在研究—开发—实施校本课程的过程中，教师的专业意识、专业态度、专业知识、专业技能和专业品质逐渐养成，获得发展。同时满足了学生地理学习的需求，培养学生学习地理的兴趣和良好的学习习惯，促进学生个性全面和谐发展。

通过研究，我们开发的基于小学、初中衔接的小学地理校本课程，既与小学科学和道德与法制课程融会贯通，为三年级学生学习掌握小学科学和道德与法制课中相关的地理内容，做好知识储备；也为四、五年级和六年级喜爱地理的学生，搭建了发展地理兴趣、特长，培养地理专业素养的良好平台，为初中阶段的地理学习奠定坚实基础。

为了响应国家和北京市课程改革发展趋势，我校开设了丰富多彩的课外活动和校本课程内容，为老师提供了广阔、可以充分发挥的空间。在小学六年级开设了《拥有发现地理的眼睛》小学初中衔接贯通培养课程。

附录

附录1　贯通培养课例

【课　　题】躁动不安的地球

【授课教师】首师大附中大兴北校区　　韩颖

一、教学目标

1. 结合生活实例说明地球表面海洋和陆地处在不断运动和变化中。

2. 通过模拟板块运动实验，了解大陆漂移及板块构造学说的基本观点。说出板块的交界地带比较活跃的是地壳，分析山系及火山、地震分布与板块运动的关系。在活动中学习地理，在快乐中构建知识体系。

3. 通过"我是预言家"的活动环节，说明各大板块处于不断运动中，认识并解释地球表面的一些地理现象，感受地理知识的魅力。

二、教学重点

分析山系及火山、地震分布与板块运动的关系。

教学流程示意图

三、教学过程

课前将学生按每组4人分组，每组有1个半盆清水、1张世界六大板块分布示意图，以及彩色吹塑纸、1把剪刀、2根吸管。

《躁动不安的地球》教学环节设计

教学环节	教师活动	学生活动	设计意图	设计时长
课堂导入：感受躁动不安的地球	地球内部是躁动不安还是安静祥和的？举例说明	学生根据已有知识及生活经验举手回答问题，描述生活现象	从司空见惯的自然现象将学生带入教学情境	4分钟
过渡：这节课让我们一起探究地球躁动现象背后的原因				
提出疑问：地球内部为什么时而发生躁动不安的火山、地震	**展示**：播放火山、地震视频资料。**问题**：地球内部为什么时而发生躁动不安的火山、地震**小结**：地球内部结构——**板块构造学说**	在火山模型中模拟火山喷发现象，产生疑问，了解地球内部结构及板块构造学说的基本观点拼图小游戏	将学生思维调动起来，激发他们去探究发现	6分钟
过渡：接下来，我们以小组为单位完成板块运动模拟活动				
活动探究：模拟板块运动	展示并说明活动步骤，指导小组活动**问题**：1. 盆中的水和吸管吹出的气泡分别代表什么？	分组模拟板块运动1. 将剪好的6份"板块"放在彩色海绵纸上，沿着轮廓分别画出"六大板块"。	通过小组合作探究的方式，引导学生合作探究，培养学生的交流能力及语言表达能力	20分钟

教学环节	教师活动	学生活动	设计意图	设计时长
	2. 吹气的过程中板块发生了哪些变化？ 3. 观察气泡主要出现在什么部位？由此你能联想到现实中这个部位容易产生什么现象？ 4. 在板块运动过程中，板块内部和交界处分别有何特点？ **小结**：板块的内部比较稳定，板块的交界处气泡多，比较活跃。猜想板块交界处容易出现火山、地震等现象	2. 将海绵纸剪成六大板块，放在半盆清水上，拼成一个整体的板块构成图。两位同学将吸管放在海绵纸底下的水中，轻轻吹气	通过发现问题、解决问题这个过程提升同学的地理实践力	
	总结：我们来验证猜想			
事实验证：魏格纳的故事	**展示**：魏格纳发现大陆漂移学说的故事。 "六大板块的分布示意图"与"世界主要火山、地震带分布图" **问题**：两幅图之间有何联系 **小结**：火山、地震集中分布在地壳比较活跃的板块交界地带	学生对比"六大板块的分布示意图"与"世界主要火山、地震带分布图"，回答问题	体会科学家用于探究实践的精神	5分钟
我是预言家：各大板块处于不断运动	**展示**：红海、地中海、喜马拉雅山脉位置示意图 **问题**：运用板块构造学说的观点，预言左图中地中海、红海、喜马拉雅山脉未来的发展。 **小结**：地中海在不断地缩小，几千万年后将会消失。红海在非洲板块和印度洋板块的张裂运动影响下不断扩大，几千万年后将成为新的大洋。喜马拉雅山脉是由印度洋板块碰撞挤压形成的，未来仍将不断地抬升	学生在六大板块示意图中，找出红海、地中海、喜马拉雅山脉。观察其两侧板块运动情况，回答问题。预言地中海、红海、喜马拉雅山脉未来的发展情况	看图学地理，感受地图呈现地理信息的方式	5分钟

四、板书设计

躁动不安的地球

一、基本观点

1. 大陆漂移学说

2. 板块构造学说

二、板块运动

板块内部较稳定，板块交界地带比较活跃（火山、地震）。

附录2 学习任务单

《躁动不安的地球》

一、模拟大陆漂移活动探究

主题

通过小组活动，模拟大陆漂移解释火山、地震的形成，提升学生实践探究能力，树立科学探索的精神。

技能

模型制作、提出假设、分析验证。

材料

世界六大板块分布示意图、半盆清水、彩色吹塑纸、剪刀、两根吸管。

步骤

1. 将剪好的6份"板块"放在彩色海绵纸上，沿着轮廓分别画出"六大板块"。

2. 将海绵纸剪成六大板块，放在半盆清水上，拼成一个整体的板块构成图。两位同学将吸管放入海绵纸底下的水中，轻轻吹气。

观察与探索

1. 试猜想盆中的水代表_____；吸管吹出的气泡相当于_____。

2. 吹气的过程中板块发生了哪些变化？

3. 观察气泡主要出现在什么部位？由此你能联想到现实中这个部位容易产生什么现象？

4. 在板块运动过程中，板块内部和交界处分别有何特点？

二、事实验证

对比"世界主要火山、地震带分布"与"六大板块的分布"，说明世界火山和地震带的分布与板块的运动有什么内在的关系？

三、我是预言家

运用板块构造学说的观点，预言地中海、红海、喜马拉雅山脉未来的发展情况。

小初衔接中揭示"种子的奥秘"
路晓楠

生物学科核心素养为生命观念、理性思维、科学探究、社会责任，而小学科学涉及生物、物理、化学、地理 4 个学科，是生物学的起始阶段。也就是说从小学科学里涉及生物的部分就要开始核心素养的渗透，开始培养学生生物学思维，为以后初中甚至高中的生物学习奠定基础。鉴于此阶段的学生年龄较小，理解能力相对较弱，但对万物充满好奇，愿意动手去探索，但由于知识储备有限并不能深刻认识现象背后蕴含的道理。因而小学阶段侧重于让学生在动手探究中激发学科兴趣，为初中阶段的学习做准备。初中阶段的学生认知能力得到了一些提升，适合自己动手探究并能够分析背后的道理。教学过程中要根据学生的年龄特点和认知规律进行教学，同时在知识上也要和初中阶段做好衔接，如对植物部分和动物部分的内容，小学要打好基础，以防学生在初中学习时，一下子接受不了太多内容。

实例：种子的结构在小学和初中阶段的不同要求（见表3-5、表3-6）。

表 3-5 小学阶段种子的结构教学过程

小学：种子的结构			
学生情况分析			
同学们在很小的时候就接触过种子，也会好奇种子是如何变成一个完整的植物体。此时的孩子对事物充满了好奇，具有一定的动手观察能力和比较归纳能力。因而在进行观察实验时，尽可能多地选择学生常见的种子，如花生、蚕豆、红豆、芸豆、黑豆、玉米等，增加学生的兴趣和锻炼学生的比较及归纳能力。			
教学目标及重难点			
知识目标： 　　种子结构包括种皮和胚，部分种子还有胚乳 能力目标： 　　培养学生的动手操作能力、观察能力和归纳能力 情感态度价值观： 　　通过本节课的学习，知道种子是一个生命体，能够养成热爱生命的意识 教学重点：种子的结构、种子可以发育成新的植株 教学难点：种子的结构			
教学过程			
教学 环节	教师活动	学生活动	教学资源 或 设置意图	设计 时长
导入	【情景】在春天到来后不久，人们会进行播种，一段时间后，种子发芽了，再过一段时间后，种子长成了一个大的植物体。一粒小小的种子是怎样长成一个植物体的呢？带着这个问题我们来探究种子的神奇结构	学生观察图片并思考	提高学生的兴趣，并引入本课	3分钟
解剖观察种子结构	【学习活动】 1. 先观察豆类种子的外部特征，并能分析出种皮的作用； 2. 用镊子将豆类种子的种皮剥下，观察里面的结构； 3. 分析这些种子有哪些相同的地方	观察放在培养皿里被浸软的花生、蚕豆、红豆、芸豆、黑豆种子，并分析出种皮具有保护的功能。 用镊子将豆类种子的种皮剥下，发现里面都有一个可以分成两瓣的结构	认识种子结构，培养学生的观察能力、动手操作能力、归纳能力、小组合作交流能力	17分钟

		教学过程		
教学环节	教师活动	学生活动	教学资源或设置意图	设计时长
	4. 观察玉米种子（煮熟、易于解剖），并比较其与豆类种子的不同点 【讲述】像蚕豆、菜豆、花生豆等种子是由种皮和胚两部分组成的。种皮能保护胚。玉米种子是由种皮、胚和胚乳组成	比较分析：豆类种子都有种皮和一个可以分成两瓣的结构。 观察发现玉米种子也有种皮，但找不到可以分成两瓣的结构，而是有一个比较小的部分和较大的白色结构。 学生听讲，并记笔记		
种子可以发育成植物体	【图片】去除种皮的花生依然可以萌发成植物体，思考：种子最重要的结构是？它有生命吗？ 【思考】种子是有生命活动的，不同种子的寿命不同，如何从自身做起爱护植物？	学生分析回答：胚是种子里最主要的部分。胚是有生命的，可以发育成新的植株。 学生发表自己的观点	培养学生观察分析能力能够养成热爱生命的意识	15分钟
小结	像蚕豆、菜豆、花生等种子是由种皮和胚两部分组成的。种皮能保护胚。玉米种子是由种皮、胚和胚乳组成。胚是种子里最主要的部分。胚是有生命的，可以发育成新的植株。 也请同学们课下培育一株植物，感受生命的神奇	学生跟着一起总结	巩固知识	5分钟

板书设计

种子的结构

种子的结构 {
种皮：保护
胚：最主要的部分，可以发育成新的植株
胚乳（一部分种子具有）
}

表3-6　初中阶段种子的结构数学过程

初中：种子的结构			
教学内容分析			
本节内容的课程标准要求学生概述开花和结果的过程。 本节课是北京版生物学八年级上册第十章《生物的生殖和发育》第二节《绿色开花植物的生殖和发育》里的第二部分内容，是在学生掌握了"花的结构""果实和种子的形成"基础上进一步探讨种子的结构及种子各个结构的功能，且学生在小学阶段对种子的结构有了一定的了解。本部分内容以学生动手探究操作为主，利用实物来认识种子的结构，并且通过观察正常种子的萌发过程和去除胚的某些结构后的萌发状况，认识到胚是幼小的植物体及胚的功能			
学生情况分析			
已有知识和技能：知道了绿色开花植物的生殖和发育及种子的形成过程，具有一定的动手操作能力和观察能力；小学阶段观察过种子的结构，种子的解剖和观察上不会存在问题； 可能存在的困难：由于种子结构中的胚较小，学生在胚是幼小的植物体的理解上存在困难			
教学目标及重难点			
知识目标： 　　知道胚是植物体的幼体 　　概述胚各部分的功能 能力目标： 　　培养学生的动手操作能力和观察能力 情感态度价值观： 　　通过本节课的学习，知道种子是一个生命体，能够养成热爱植物的习惯、珍爱生命的意识；同时在以后的生活中，学会观察周围的植物 教学重点：胚是植物体的幼体 　　　　　胚的功能 教学难点：胚是植物体的幼体 　　　　　胚的功能			
教学过程			
教学环节	教师活动	学生活动	教学资源或设置意图 / 设计时长
导入	【回顾】小学阶段我们已经学过种子的结构，你能说出其组成吗?	学生回顾	回顾小学阶段的内容，能够与初中阶段的学习联系起来　2分钟

续表

教学过程				
教学环节	教师活动	学生活动	教学资源或设置意图	设计时长
解剖观察种子结构	【学习活动】解剖和观察豆类种子的结构。 1. 观察黑豆种子的外表，你有什么发现？ 【讲述】种脐是种子在形成过程中，和植物的联结部位。 【图片展示】未泡过的黑豆种子和泡过的黑豆种子的对比；未泡过的绿豆种子和泡过的绿豆种子的对比，水是怎么进入种子内部的？ 2. 用解剖刀划开种皮，用镊子将种皮撕去，将豆类种子合拢着的两瓣打开，辨认其内部结构。讨论豆类种子的内部结构。 3. 观察玉米种子的外部结构 4. 观察玉米种子的内部结构 去除玉米种子的果皮和种皮，将玉米种子分成两部分，在颜色深的一部分上滴加碘液，有什么变化？为什么？			3分钟 5分钟 7分钟

续表

		教学过程		
教学环节	教师活动	学生活动	教学资源或设置意图	设计时长
	重新取一粒玉米种子纵切，观察胚的内部结构。 【图片展示】玉米胚纵切在显微镜下的图片。 【讨论】比较黑豆种子和玉米种子的结构有什么不同？	观察放在培养皿里被浸软的黑豆种子，并回答：外面有黑颜色的种皮，还有一个疤痕，一块凸起的部位。 学生听讲 学生认识到种孔的存在。 学生：观察豆类种子的内部结构，并讨论其内部结构。 学生观察外部结构，学生认识到玉米的种皮和果皮 学生解剖玉米种子，滴加碘液并观察其结构，得出：玉米种子具有胚乳，胚乳里面含有大量淀粉。 学生辨认玉米种子的结构。 学生讨论：不同：玉米种皮和果皮很难分离，具有胚乳，并且子叶数为1；黑豆没有胚乳，子叶数为2	认识种子的外部结构，培养学生的观察能力、动手操作能力、小组合作交流能力 培养学生的合作能力和表达能力	3分钟
胚的功能	【思考】种子结构中最主要的部分是什么？ 【谈话】课下有同学自己培养了黑豆苗、花生苗和玉米苗，下面请进行探究的学生给大家讲述种子的生长过程。同学们仔细听并思考种子中最重要的结构。 【学生展示】黑豆、花生子和玉米种子的萌发过程。 【讲述】也有同学也进行了以下探究，发现去除种子的胚根或胚芽或全部子叶的情况下种子均不能萌发。 【提问】根据种子的萌发过程请回答：种皮有什么作	学生讨论 学生观察黑豆、花生和玉米的萌发过程，并思考种子中最重要的结构。 学生通过观察图片理解种子各个部位的功能 学生听讲并思考 学生讨论并回答，认识到胚是种子中最重要的结构。	通过种子萌发的真实过程让学生明白胚的功能。 理解胚的各部位功能	10分钟

续表

		教学过程		
教学环节	教师活动	学生活动	教学资源或设置意图	设计时长
	用？种孔有什么作用？豆类植物的子叶有什么作用？胚芽将来发育成了什么？胚根将来发育成了什么？胚轴将来发育成了什么？			
胚是幼小的植物体	【讲述】通过刚才的分析，我们知道胚根最先突出种皮并发育成幼苗的根；然后胚芽生长，并发育成幼苗的叶和茎；胚轴为连接根和茎的部分；子叶（或胚乳）为种子的萌发提供营养，种子要想发育成为完整的植物体，必须保持胚的完整性，种子中的胚是幼小的植物体，是种子中最重要的结构	学生听讲	理解胚是植物的幼体	5分钟
小结	【归纳小结】胚是种子结构中最主要的部分，是幼小的植物体	学生跟着一起总结	巩固知识	2分钟
课堂练习	—	学生做习题	巩固知识	3分钟
		板书设计		

种子的结构

```
            ┌ 种皮 ┌ 种脐
            │      └ 种孔
            │      ┌ 胚根——根
种子结构 ┤ 胚 ┤ 胚轴——连接根和茎
            │ (幼体)│ 胚芽——叶和茎
            │      └ 子叶——提供营养
            └ 胚乳（一部分种子具有）
```

神奇的种子种下去长成新植物这个问题，通过小学阶段的浅层次认识和初中阶段的深层次认识，里面的奥秘被学生自己一步步揭示，学生在探索中获取知识。在教学过程中要根据学生认知规律来合理设计并创新实验，从而让小学阶段的学习为初中阶段的学习做准备，同时避免学生存在小学的时候学过，初中就不重视的现象。

2020 年"融合创新 贯通发展"地理课程展示

董 璇 张 宁

"学习对生活有用的地理""学习对终身发展有用的地理"是初中地理课程的基本理念。地理学科的生命力存在于真实的地理环境与生活之中，提高地理学习能力和意识，运用所学知识解释生活中的现象，逐步形成人地和谐的理念与情怀。本节课我构建了反映长江不同河段水文特征的诗词情境，所选取古诗很大程度上来自作者对生活中地理现象的观察，学生在阅读、分析丰富多样的图文资料的过程中，探索古人所观察现象背后的地理原因，体现了学习对生活有用的地理。

本节课内容是学生在了解我国河流湖泊概况的基础上，对长江不同河段水文特征、开发利用进行的较为系统的学习。在此之前学生已经初步学习了分析河流水文特征的方法，本节课重点是分析长江各段的水量、流速、落差等特征，归纳长江在发电、航运、灌溉等方面作用。本节课对教学内容进行以下内容的处理。

古诗导学

考查传统文化是今年中考改革历年发展的方向，将古文或古诗词阅读理解与地理学科相结合，引导学生像古人一样观察身边种种地理现象，并从地理视角进行分析。通过赏析古诗词落实教学目标的同时促进对传统文化的理解和传承。

问题导思

通过层层设问让同学说出长江不同河段水文特征，引导学生初步了解地形、气候、河流等自然要素的内在联系，体会地理的逻辑思维，归纳长江各河段的开发利用价值，树立人地协调的观念。

图文导答

在学习的过程中，教师选取长江水系、中国地形、长江干流纵剖面等不同类型的地图，为学生补充各河段的古诗词、荆江水患等文字资料，展示三峡、荆江、长江下游等地的景观图片，引导学生从图文资料中获取地理信息。注重图像在解决地理问题中的工具作用，体现地理学科解决问题的特色。

课程性质：语文、地理《话说长江》

看！画中的是大海，是汪洋？不，这是崇明岛外的长江！说起长江，你可能会联想到长长的飘带、洁白的哈达。是啊！多么美丽，但这也是长江！长江的一山一水，一景一物，是诗是画，流淌在几千年中华文化的血脉里，浸染了世世代代的中国人。今天我们跟着诗人来学习中国第一大河——长江。

一、教学目标（见表3-7）

表3-7 语文和地理相结合讲述《诗风理蕴话长江》

地理	语文
通过比较反映长江上、中、下游的自然环境特征的古诗词，以小组合作形式，说出长江不同河段流速、结冰期等特征	了解诗歌的相关背景，理解诗歌内容，把握情景交融的表现手法
结合中国地形图、中国1月平均气温分布图及文字资料，简要说明地形、气温对河流特征的影响，初步形成综合分析问题的思维	通过抓住关键词的方法，能用自己的话描述诗人沿长江途中所见画面，体会景物描写的特点，想象诗歌中长江的画面
阅读诗文资料，结合不同河段特征，归纳长江的开发利用价值，树立人地协调的观念	体会诗人的思想感情，激发对祖国壮丽山河的无限热爱

二、教学重点、难点

1. 教学重点

（1）说出长江不同河段流速、结冰期等特征。

（2）简要说明地形、气温对河流特征的影响。

（3）归纳长江的开发利用价值。

（4）结合每一首诗歌的创作背景理解诗歌内容，体会诗词的意境美。

2. 教学难点

（1）归纳长江的开发利用价值。

（2）想象每一首诗歌画面，深刻体会景物描写中蕴含的情思。（如图
3-24所示）

三、教学过程（见表3-8）

表3-8 《诗风理蕴话长江》语文地理学科融合课程设计

教学阶段	教师活动	学生活动	设计意图
课堂导入	提问：同学们去过长江吗？分享一下你所见到的长江之景	分享自己的生活经历，描述所见到的长江	联系学生已有生活经验，激发学习兴趣
初步感知	展示：诗歌3首（《早发白帝城》《渡荆门送别》《次北固山下》）。介绍诗词的创作背景。展示：长江两岸景观图	1. 齐读3首古诗。2. 说出3首诗分别描绘的是3幅景观图中的哪一幅，简要说明判断依据	初步感知诗词里的长江，通过感知长江不同河段景观差异，引起学生对长江千姿百态的关注，为后面分析不同河段流速特征做铺垫
合作探究：跟着诗人游览长江，分析长江各河段特征	教师出示《早发白帝城》《渡荆门送别》《次北固山下》等反映长江不同河段河流特征的诗词及注释材料。提出讨论要求，组织学生小组讨论完成探究问题	1. 说一说每首诗里诗人眼中见到了哪些景色。2. 思考：诗歌体现出长江水的什么特点？画出能够表现江水特点的关键词。3. 结合创作背景谈一谈每首诗歌表达了诗人什么样的情感。4. 读所给图文资料，在长江流域图中用彩色笔标注诗中描绘地点所在位置。5. 分析该河段流速如何，该段长江为何呈现这样的流速特征。6. 说说我们应该如何合理开发利用该段长江，长江是如何哺育中华民族的	有助于学生掌握运用地图和文字资料分析、解决问题的方法。培养学生在图文资料中提取信息的能力。通过小组合作探究的方式，引导学生合作探究

续表

教学阶段	教师活动	学生活动	设计意图
话说长江： 化身小导游，介绍你了解的长江	展示长江不同河段景观。写一段解说词，从地理和语文的角度介绍长江	以小组为单位，选择上、中、下游任一个河段，根据所学的语文和地理学科两方面知识写一段导游词	
教师总结： 呈现探究结果	1. 这3首诗不仅分别展现了长江上、中、下游水段的不同特点，还有一个共同的表现手法，即借景抒情。"一切景语皆情语"，结合江水的不同景色来表达出诗人不同的心情。 2. 长江上游水能资源丰富，被称为水能宝库		
	长江江阔水深，宜宾以下终年不冻，四季通航，被誉为黄金水道		
小结	1. 两岸青山，一碧江水。我们的母亲河——长江，让无数中华儿女魂牵梦萦，我们应热爱长江 2. 长江，从青藏高原的涓涓细流，出千峡、纳万川，汇集成波涛滚滚的大江，横贯中华大地，注入东海。几千年来浇灌着中华大地，我们应保护长江	1. 通过体会诗人在诗歌中构建的美好意境，激发对祖国山河的热爱之情。 2. 体会长江灌溉滋养着华夏大地，把最肥美的土地留给我们，树立正确的人地观念	对于祖国山河文化的理解与传承，落实语文核心素养。 逐步树立正确的人地关系，提升地理学科核心素养

四、板书

古诗词与地理学科相结合。以地理视角认识传统文化文学作品，有利于学生人文情怀与科学思维的碰撞，将地理逻辑结构与阅读素养跨学科融合，提升学生综合素养，充分体现了传统文化这一中考改革方向。

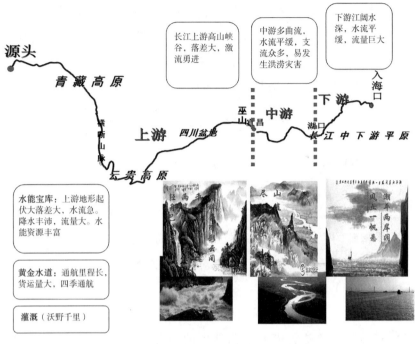

图 3-24 长江上、中、下游地理特征及人文资源

2020 年"融合创新 贯通发展"物化生课程展示

卢丹丹 王丽姝 孙 喆

首师大附属中学大兴北校区成立于 2013 年 9 月,是由首师大附属中承办的一所"高起点、高质量、高标准"的九年一贯制学校。学校始终秉承首师大附中本部"成德达才"的育人理念,恪守"自觉、勤奋、求实、创新"的校训,提出了"为每个学生未来发展奠基"的办学思想,确立了"修身、立德、树人"的教师发展目标和"博闻广见、卓有通识,内外兼修、知行合一"的学生发展目标。在课程体系的设置和学生学习习惯及能力的培养上打通学段壁垒,注重学科融合,关注学生的长期发展。

课程性质：物理、生物、化学《"吸吸"相关 其乐无穷》

空气是一种无色无味的气体，人类每时每刻都离不开空气，没有空气就没有生命，也就没有生机勃勃的地球。关于空气的知识你了解哪些？又有哪些是你想要了解的？请跟我们一起走进科学课堂。

"吸吸"相关 其乐无穷——教学设计（生物）

一、教学目标

【知识目标】

1. 了解呼吸系统的组成及呼吸系统的主要器官是肺。

2. 掌握肺的位置、形态、呼吸运动胸腔的变化。

3. 养成肺的卫生保健常识，吸烟对肺部的损伤。

【能力目标】

1. 通过观察人体呼吸系统组成的模式图，培养学生的观察能力。

2. 通过制作呼肺的模型培养学生的动手实践能力和对知识的探索精神。

【情感与态度目标】

通过对呼吸运动原理的学习，培养学生在日常生活中积极发现、探究的热情。

二、教学重点

1. 肺的位置、形态。

2. 呼吸运动胸腔变化的原理。

3. 呼气和吸气与肺容积和压强的变化。

三、教学难点

1. 呼吸运动胸腔变化的原理。

2. 呼气和吸气与肺容积的变化。

四、教具准备

黑板，多媒体，教学模型。

五、教学过程设计（见表3-9）

表3-9 "吸吸"相关 其乐无穷——生物课程教学设计过程

教学环节	教师活动	学生活动	设计意图	时长
引课	我们脱离母体，能够独立生存的第一个表象是第一声嘹亮的啼哭，这第一声啼哭意味着什么生理活动的开始呢？	呼吸		
新课内容 1. 呼吸系统的组成 2. 呼吸系统主要器官 3. 肺的位置 4. 肺的形态	呼吸作用是由呼吸系统完成的，大家知道呼吸系统的组成吗？ 【图片展示】呼吸系统 呼吸系统包括鼻、咽、喉、气管和肺5个部分。 呼吸系统的主要器官——肺。 肺——新鲜的时候是粉红色的。	鼻、咽、喉、气管和肺 肺 胸部两侧	了解自身的呼吸系统 锻炼学生归纳总结能力	
5. 呼吸运动胸腔的变化	位于胸腔最上方，左右各1个。 【提问】两边的肺形状相同吗？ 【展示图片】从图可以看到左右两个肺形状不同。左肺的下侧缺一角。因为我们的心脏向左偏。所以左肺比右肺短，右肺显得更狭长。 下面同学们来感受一下自身的吸气和呼气，你的胸廓是如何变化的呢？ 那么我们再看一下电子模型：深吸气肋骨在向上向外运动，膈肌下降。深呼气肋骨在向下向内运动，膈肌上升。 那同学们想不想亲手制作个模拟肺运动的模型带回家给你的家人讲解并展示呢？ 【制作肺模型并总结】结合刚才的物理实验结论，人的肺部运行机理和上述模型是类似	一大一小 动手制作肺模型并仔细观察分析现象 增大、小于、减小、大于	锻炼学生识图能力 引导学生对事物现象进行思考和探究并得出结论	

教学环节	教师活动	学生活动	设计意图	时长
	的。当我们吸气时，胸腔体积_____，肺中气压_____体外大气压，体外大气压将新鲜的空气经鼻腔、气管压入肺中；反之，呼气时，胸腔体积_____，肺中气压_____体外大气压，肺内一部分空气经气管、鼻腔排出体外。 【思考】请看健康人的肺和长期吸烟人的肺部图片，我们平时应如何做才能保护肺部健康？ 我们呼吸过程中肺内外气压是如何变化的呢？下面有请物理老师来带着大家一起学习	总结：要保护好我们的肺，保护好我们的身体，有了好的身体就能够好好学习，健康生活！	核心素养：对生命的感知和体悟	

"吸吸"相关　其乐无穷——教学学案（生物）

一、模拟呼吸运动

主题

探究呼吸作用肺部的变化与压强有关

技能

激发兴趣、动手实践、探索精神、想象空间、分析能力

材料

塑料瓶1个、小气球3个、塑料管1个、软陶泥1包、透明胶带1卷、剪刀1把

步骤（如图3-25所示）

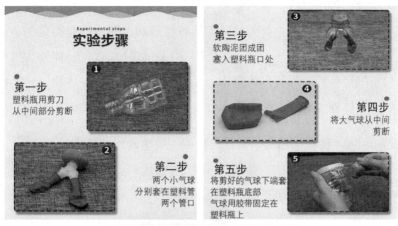

图3-25 模拟呼吸运动实验步骤

观察与探索

如果往瓶盖方向挤压绷紧在塑料瓶底的气球，瓶内两个气球开始变瘪；往下拉伸气球，瓶内的两个气球开始鼓起来。

二、请根据呼吸运动的模型回答以下问题

1. 呼吸系统的组成：_____

2. 呼吸系统的主要器官是：_____

3. 肺的位置：_____

4. 肺的形态：_____

5. 肺的结构：_____

6. 肺的功能：结合刚才的物理实验结论可知，在瓶内空气含量不变的前提下，我们挤压气球，瓶内体积_____，气压_____；拉伸气球，瓶内体积_____，气压_____。人的肺部运行机理和上述模型是类似的。当我们吸气时，胸腔体积_____，肺中气压_____体外大气压，体外大气压将新鲜的空气经鼻腔、气管压入肺中；反之，呼气时，胸腔体积_____，肺中气压_____体外大气压，肺内一部分空气经气管、鼻腔排出体外。

"吸吸"相关 其乐无穷——教学设计（物理）

一、教学目标

（一）知识与技能

1. 知道大气压强产生的原因及方向。

2. 了解一些常见的大气压强现象及应用，并尝试运用大气压强进行解释。

（二）过程与方法

1. 经历探究大气压强存在的实验活动，培养学生的科学探究能力和科学思维能力，并让学生亲身感受大气压强的存在。

2. 通过理解与解释现实情景中的大气压强现象及应用事例，培养学生的分析思考能力和语言表述能力。

3. 通过"小魔术"表演，制作活动，培养学生的创新思维能力和建模能力。

（三）情感、态度和价值观

通过一系列的趣味性实验活动，激发学生学习兴趣，体验自然科学的魅力，感悟科学实验在认识自然过程中的重要性。

二、教学重点、难点

教学重点：探究与体验大气压强的存在。

教学难点：运用大气压强解释现象和大气压强的创新应用。

三、课前准备

多媒体教学课件、网络资源、教师实验器材（饮料瓶、气球、易拉罐、酒精灯、塑料纸板、两心壶、不同颜色的液体、透明玻璃杯、大小试管）学生实验器材（饮料瓶、气球、毛巾）。

四、教学过程（见表3-10）

表3-10 "吸吸相关" 其乐无穷——物理课程设计过程

教学环节	教学内容	教学活动		设计意图	时长
		教师活动	学生活动		
情境导入	魔术：神奇的瓶子	新课开始前，教师利用饮料瓶和气球制作一个"哈勃瓶"，展示哈勃瓶的神奇之处	学生观察老师的实验，对观察到的现象和老师提出的问题进行思考，并尝试做出猜想	通过魔术演示，引发学生对本节课的学习兴趣	2分钟
通过实验引入新知识	1. 证明大气压的存在 2. 了解大气压的知识	演示实验："被压扁的易拉罐"：	学生观察实验现象，并思考产生该现象的原因 学生尝试进行解释	通过大量实验体会大气压强的存在	5分钟
		教师对实验现象进行解释总结：这些现象的发生都是周围空气的作用，地球的周围有一层厚厚的空气层，我们就生活在空气的海洋中。空气受到重力并且有流动性对浸在里面的物体有压强，我们把它叫作大气压强，简称大气压。大气压强是朝向各个方向的	学生理解大气压的存在	通过实验引入大气压强的概念，并知道大气压强是朝向各个方向的	

续表

教学环节	教学内容	教学活动		设计意图	时长
		教师活动	学生活动		
知识应用	"神奇的气球"解密	教师利用饮料瓶和气球制作一个"哈勃瓶",将瓶中气球吹大后用手堵住瓶口问:"拿开手气球会瘪吗?"再拿开手,"为什么开着口的气球没有瘪?"再假装用手隔空用力捏瓶内的气球,气球好像受到手的力慢慢变小。		学生亲身体验魔术表演遇到的问题,创造性提出解决方案,培养创新思维能力。	8分钟实验5分钟应用
	大气压强现象及应用	让学生学做小魔术,发现气球吹不起来,问:"该怎么办?"解决问题后,又发现吹起来的气球马上又瘪了,问:"怎么办?"解决问题后,又问:"是什么让气球没有变瘪?气球里的气压和瓶内气压哪个大?怎样控制气球的大小?"问题解决,魔术成功。再引导学生分析小魔术的原理,并利用"真空罩"实验进行验证	学生学做小魔术,边做边思考遇到的问题,并提出解决问题的方案,通过分析"真空罩"实验理解小魔术的原理。		
	生活中大气压强现象的举例	真空袋 塑料吸盘挂钩 将药液吸进针筒注射器里面 墨水吸进钢笔的橡皮管内 饮料从吸管中进入我们的嘴里	学生尝试说说生活中大气压的应用	让学生将理论联系到实际应用中去,体现知识的应用价值。	
		联想哈勃瓶,从而引出呼吸也是利用了大气压,原理和以上实验类似	学生进行猜测 再观察实验		

"吸吸"相关　其乐无穷——教学设计（化学）

一、教学目标

1. 知道澄清的石灰水可以检验二氧化碳气体。

2. 知道木条燃烧的时间长短比较氧气的含量。

3. 能用排水取气法收集呼出的气体。

4. 知道呼出气体比吸入空气中二氧化碳含量增加，氧气含量减少，水蒸气含量增加。

二、课堂准备

教师：表面皿 1 个、集气瓶 2 个、水槽、小木棍 2 根、酒精灯、玻璃片 2 个。

学生：表面皿 2 个、烧杯 2 个、吸管 2 根、澄清石灰水、集气瓶 1 个。

三、教学过程（见表 3-11、表 3-12）

表 3-11　"吸吸"相关　其乐无穷——化学课程设计过程

教学环节	教学活动		时长
	教师活动	学生活动	
引入	【提问】通过刚才物理和生物两门学科的学习，你了解了那些呼吸的知识？ 【提问】人每时每刻都在进行呼吸，人吸进的气体和呼出的气体是否一样？ 【追问 1】那你们了解空气中有什么气体吗？ 我们人类的呼吸过程主要利用哪种气体？ 总结：空气成分（PPT 展示饼形图） 【设问】我们呼出的气体中就只有二氧化碳气体？这些气体经过呼吸过程是否发生变化？ 【过渡】下面我们就通过几个小实验来验证我们的猜想。	回答： 回答：人类吸入的是空气，呼出的是二氧化碳。 回答：氧气、氮气、二氧化碳、水蒸气、稀有气体等。 回答：氧气	

续表

教学环节	教学活动		时长
	教师活动	学生活动	
实验参与，验证猜想	【活动1】同学们说空气和呼出气体中都含有水蒸气，你有什么实例或是方法能证明你的观点？ 教师演示对比实验，引导学生关注呼出气体和空气中水蒸气的含量 【活动2】呼出气体中含有二氧化碳，采用什么实验方法证明？ 讲解实验方法，并提示注意事项。	讨论并回答： 空气：从冰箱里拿出的凉饮料，瓶外壁有水珠；饼干、薯片会变软。 呼出气体：可以做哈气实验 干燥玻璃片 学生们动手实验，并汇报实验现象 讨论回答： 可以向澄清石灰水中吹气 动手实验 观察实验现象	
	澄清石灰水 【活动3】呼出气体中也含有氧气，我们可以采用什么实验方法可以证明？ 【提问】现在有一个难题，需要你们帮老师一个忙，我们该如何去收集呼出的气体呢？ 教师提供两种收集气体的方法	阅读资料 了解氧气具有助燃性 设计实验方案：可以用燃烧木条，接触呼出气体 回答：可以用吹气球的方法收集气体	

续表

教学环节	教学活动		时长
	教师活动	学生活动	
	方案一：排水法　方案二：向瘪塑料袋内吹气 【演示实验】氧气和呼出气体中氧气含量的比较 	讨论：两种收集方法，哪种更好，并说明理由。 观察实验现象，得到结论。呼出气体中含有氧气，氧气含量比空气中的少	
小结	1. 通过本节课你有哪些收获？ 2. 吸入的空气和呼出气体成分资料 	回答：自己在本节课的收获 1. 澄清石灰水遇到二氧化碳变浑浊 2. 呼出气体中含有氧气	

表 3-12　呼吸过程物质变化研究任务卡

		吸入的空气	呼出的气体
水蒸气	现象		
	含量多少		
二氧化碳	现象		
	含量多少		
氧气	现象		
	含量多少		

四、板书设计

图 3-26　"吸吸相关"
其乐无穷展示课

　　本次展示课（如图 3-26 所示）是以呼吸这项生理活动为学习主体，熟悉的物质空气为学习载体，将物理、生物、化学进行学科融合及知识整合，从生物角度学习呼吸系统的组成，从物理的角度学习呼吸的原理，从化学角度学习呼吸过程中物质的转化，通过多学科的整合，建立知识之间的联系，使学生能全面地了解呼吸过程，并注重对学生分析问题能力、解决问题能力及逻辑思维能力的培养。

成达致远的博识课程 ———————

千淘万漉虽辛苦，吹尽狂沙始到金
——博识课程的继承与创新

刘　蕊　陈合宁

首师大附中大兴北校区始终秉承本部"成德达才"的育人理念，恪守"自觉、勤奋、求实、创新"的校训，提出了"为每个学生未来发展奠基"的办学思想，确立了"修身、立德、树人"的教师发展目标和"博闻广见、卓有通识，内外兼修、知行合一"的学生发展目标。学校以"成德达才"育人理念为引领，本着"尊重个性、因材施教、终身发展"3项育人原则，在确保国家课程高质量实施的同时，从提升"道德、健康、艺术、人文、科学"等素养入手，传承并研发适合小学生年龄特点的综合性博识课程。

一、心有灵犀一点通——课程背景

"博闻广见、卓有通识"是博识课的核心理念，这是一门集人文、自然、科学、艺术等多位一体的综合性课程，每个年级一周开设3课时。学校结合学生年龄特点和身心发展水平，积极探索并建设适合小学生学习和发展的博识课程，力争在课程中让小学生开阔视野、增强体验、收获知识、形成能力。

二、精雕细琢亦情真——课程性质与内容设计

我校博识课是一门"请进来"与"走出去"相结合的综合课程。通过参观访问、专家讲座、交流探讨、实践操作等环节，融自然科学与人文科

学为一体，兼顾学科融合、研究性学习、社会大课堂为一体的综合性校本课程。

（一）课程性质

每学期的博识课分为三大主题系列，每一系列包括 3 次外出和 1 次展示。每一系列之间的主题既相互区别又互补空白，3 个主题系列可在一定程度上形成一张交错的网，构成本学期涵盖面较广的博识体系。具体到每一主题系列里，可供选择的地点很多，以代表性强、适合本年级学生认知特点的 3 个地点为优先考虑。

（二）课程内容设计

下面以一年级第一学期博识课程安排为例：有"亲近自然　感悟生活（一）""职业体验　梦想启航""多彩校园　快乐生活" 3 个系列，分别从亲近大自然、身边职业体验和丰富多彩的校园生活入手，帮助学生学会观察生活、体验生活、感悟生活。再以系列一"亲近自然　感悟生活（一）"为例，第一站定在北京野生动物园，学生通过参观可以直观的认识、了解动物的外貌特征、动作表情、生活习性；第二站定在北京植物园，那里有来自世界各地的奇花异草，有许多只有在书本上才能见到的珍稀树木，既是鲜花比美的地方，更是花卉树木知识的海洋；第三站定在庞各庄梨花村采摘，自己动手拔花生、摘花生、摘鸭梨，体验劳动的艰辛与快乐。这一系列从了解动物、观察植物、劳动体验 3 个方面全方位地了解我们赖以生存的自然环境，学到了许多书本上看不到的知识。下面以 2020—2021 学年第二学期博识计划为例（见表 3-13）。

表 3-13　2020—2021 学年第二学期博识计划

年级	博识主题	博识地点	设计意义
一年级	走进大自然，走到阳光下——放飞心灵与身体之旅	学校小操场	带领一年级的学生走进大自然，走在阳光下的操场上，感受动植物的生机勃勃，体验大自然的美好，感受运动的快乐，从而让小学一年级的学生爱上自然、体育运动
		紫谷青少年活动中心	
		自然博物馆	
		学校大操场	

续表

年级	博识主题	博识地点	设计意义
二年级	自然与人文	北京动物园	走进大自然与科技馆,感受动植物的生机勃勃,激发学生探索太空奥妙的兴趣,树立小学二年级学生热爱自然、探索自然的绿色理念
		天文馆	
	健康与卫生	口腔保健进课堂(一)	采用家长进课堂的形式,建构家校合作的桥梁。讲授口腔牙齿的清洁卫生知识,开展互动交流,提高学生的健康卫生意识
		口腔保健进课堂(二)	
三年级	春天的色彩	念坛公园	春天万物复苏,生机勃勃,带孩子们走近春天,观察植物,感受春天的美好
	走进博物馆	中国印刷博物馆	走进印刷博物馆,弘扬中华民族悠久而辉煌的印刷文化,感受古代人民的智慧魅力,进行爱国主义教育
	传统民俗	话端午 扬美德	了解中华传统文化,感受文化魅力,增强爱国主义热情,实践中培养动手能力和团队合作意识
	体验生活	跳蚤市场	丰富孩子们的课余生活,提升勤俭节约意识,增强环保意识和自我约束管理能力
四年级	体验生活	大兴区中小学综合实践活动基地	带领学生走近中华农业文化遗产,领略古代农业成就以及中华民族对世界文明的贡献。使学生认识到中华文明绵延不绝,承载着悠久文明的正是农耕文化
		中华耕织文化园	
	传统民俗	剪纸、猜灯谜	传统民俗中蕴含着中华文化,带着孩子们猜灯谜、剪纸,感受中华文化的魅力
		跳蚤市场	

续表

年级	博识主题	博识地点	设计意义
五年级	学法懂法，做个守法小学生	学校一层报告厅	通过听真实案例、看视频等形式，引起学生对一些法律常识的了解、交通安全的重视。并逐步形成自觉遵守学校日常行为规范的良好行为习惯
		学校一层报告厅	
	实践体验之旅	中国印刷博物馆	通过实践体验让学生了解中国传统榫卯手工艺的设计精巧，了解寺庙唐卡艺术，了解造纸术。在中国电影博物馆中感受时代的进步、科技的发展和文化的繁荣
		中国电影博物馆	
六年级	阳关运动	动手制作风筝	合作绘制风筝，观看风筝直入云端，像小鸟一样跳着轻盈的舞蹈。进一步亲近自然，在大自然中奔跑运动
		奥林匹克森林公园	
	自我保护	颐和园	健步走颐和园，感受文化的同时强身健体。增强自身体质的同时我们要学会自身防护，建立自我保护意识
		自身防护训练	

三、映日荷花别样红——课程实施

根据主题内容的不同、活动地点的不同，课程的形式要兼顾实践性和多样性，重点体现在以下几点。

（一）与学科教学相结合

博识课与各个学科整合，在实践活动中学习，在学科学习中不断实践，目的是在博识课中培养学生的学科素养、合作意识、探索精神和实践能力。

语文课中学习了《神奇的塔》这一课，我们便组织学生到中央广播电视塔参观。孩子们身临其境地参观电视塔，学习电视录制、播出的过程，鸟瞰整个北京城，真切地感受了中央广播电视塔的高、美和神奇，将课堂所学知识进一步深化。实践归来，同学们设计自己心中的电视塔，在拓展社会知识、开阔视野的同时，提高同学们的写作、绘画、组织协调及团队合作的能力。

每次的博识课中或展示中，老师们都会与一些学科进行整合。例如，去动物园和植物园之前，老师会和学生分享描写动物、植物的古诗和成语；去民族园，舞蹈老师教孩子跳民族舞；去卢沟桥，美术老师带着学生欣赏桥并指导学生设计桥；参观南海子公园的世界灭绝动物基地和珍稀动物麋鹿后，请学生设计保护稀有动物的保护语。

（二）与学生的生活相结合

陶行知倡导"生活即教育"的理念。学习活动的设计强调联系学生的生活经验和社会实际，强调面向学生，面向生活，面向社会。

在一年级学习了100以内数的加减法和认识人民币的知识后，组织学生开展"跳蚤市场"义卖活动。现实生活情境的创设，是让学生感受到数学在生活中的应用，初步积累运用数学知识解决简单生活问题的经验。在活动中，学生加深了对人民币的认识，巩固了人民币的简单计算，培养了与人交流的能力，激发了学生学数学、用数学的乐趣。

（三）与学校工作相结合

我校博识实践课程与学校德育工作等相结合，做到早谋划、快动作、求实效。比如，我校每年建队日组织学生进行入队仪式，选取在中国人民抗日战争纪念馆前举行少年先锋队入队仪式，借助博识课进行入队前教育，帮助学生建立起少先队的意识。博识实践活动与学校德育教育相结合，激发了新队员的自豪感、责任感，还借助抗日战争对少先队员们进行红色教育，在学生们成长的道路上注入了必不可少的爱国主义教育，可谓一举两得。

（四）与传统文化相结合

博识实践课程注重对学生进行中国传统文化教育，遵循学生特点，循序渐进。我们先从传统节日的文化、风俗入手，这些和学生的生活比较近，学生比较感兴趣，也很容易掌握。

结合正月十五"闹花灯　猜灯谜"的习俗，组织学生自己动手制作花灯、写灯谜、猜灯谜，并将他们的作品挂在楼道内展示，学生在动手实践和玩儿游戏的过程中了解了中国传统节日的文化与习俗，既锻炼了学生的实践能力，又增加了课程的趣味性。

除此以外，为弘扬民间传统文化艺术，促使民俗文化代代相传，我们还请家长教剪纸、捏面塑、抖空竹，组织学生开展"手工制作风筝、放风筝大赛"等活动，对民间手工艺品的技法和民间风俗进行普及。

四、淡妆浓抹总相宜——课程评价

知识的输入和输出同等重要，博识课的设置是 3 次外出一次汇报展示，每次展示都经过精心的准备和挑选，形式各样，学生的合作、交流、分享、绘画、实践、想象、思维等各方面能力都有所提高。

（一）大型演出和小型汇报相结合

结合学生年龄特点，"博识汇报演出"遵循大型演出和小型汇报相结合的原则，本着充分尊重学生，信任学生的理念，将舞台还给学生，全员参与，节目形式多样，给每个学生展示的机会。

博识交流展示中，学生以"知识竞赛、讲故事、戏剧表演、歌舞串烧"等形式在班级中进行交流，班级推选优秀的节目参加年级的博识展示，这种从班级到年级，全员参与的形式有效地丰富了孩子的知识，开阔了孩子的视野，给每个学生展示自我的机会。

（二）作品形式动与静相结合

如果说"汇报演出"是学习成果的动态展示，那墙板上的手抄报、外出写生、手工制作、临摹等形式就是学习成果的静态展示，学校充分利用每一寸空间，记录学生成长的精彩过程，孩子的作品摆满了艺术教室的书桌，贴满了走廊的展板、挂满了走廊的高空，这既是一种展示，更是一种鼓励、一种认可。学生们可以看到自己的成长历程，真是喜不自胜。

经过 8 年的摸索，我校出版了 1~6 年级全套博识校本教材及系列博识成果集。博识课程的开发，受到了学生、家长和社会的一致好评，同时得到了大兴区教委的重视与肯定。我校多次受邀在大兴区教委组织活动里做重点发言与展示。

用课程办好一所学校是我们的目标。首师大附中大兴北校区将坚持以"立德树人"为根本，以学生全面而有个性发展、可持续发展为教育的出发点和着眼点，健全并完善博识课程体系，使首师大附中大兴北校区学子"成德达才"，成为社会栋梁之材。

亲近自然　感悟生命

——走进自然博物馆

王　洁

　　首师大附中的特色博识课，取"博闻广见，卓有通识"之意，是一门"走出去"与"请进来"、校内学习与校外教育相结合、理论与实践相结合的综合实践性课程，旨在让学生在行中求知、知中践行，培养学生的责任担当意识和实践创新能力。博识课让无数学子在走出校园，走进博物馆、科技馆、名人故居的同时，实现学生"内外兼修，知行合一"。

　　我校自 2013 年建校起，就将本部的博识课等实践课程纳入自身课程体系中。在继承的基础上，我校首次将博识课延伸至小学，开发了兼顾区情和学情的小学博识课程。小学博识课程为中学做铺垫，中学博识课程为小学做引领，从而开启铺垫引领的博识之路，实现了一体化贯通型博识课程的开发。

　　"自然博物馆之旅"是博识课在小学第一次落地生根，是小学博识课程建设的有效探索。本文以"自然博物馆之旅"博识活动设计为例，浅谈博识课在小学的延伸开展。

一、博物馆资源分析

　　博识活动前准备的第一步，便是对目标博物馆进行资源分析。社会是自然的一部分，人类生活的各种实践活动都是在大自然中发生的，了解自然才能更了解人类自身，组织学生参观北京自然博物馆，能让学生学会观察，了解自然，热爱自然，激发他们的好奇心和探索热情。

　　北京自然博物馆位于北京南城中轴线上的天桥地区，背靠世界文化遗产天坛公园，面对现代化的天桥剧场，具有特殊的文化环境。它的前身是成立于 1951 年 4 月的中央自然博物馆筹备处，1962 年正式命名为北京自然博物馆。北京自然博物馆是新中国依靠自己的力量筹建的第一座大型自然历史博物馆，2009 年被国家文物局评定为国家一级博物馆。

北京自然博物馆占地面积约 15000 平方米，建筑面积约 21000 平方米，展厅面积约 10000 平方米。由香港实业家田家炳先生和北京市政府共同投资 500 万元兴建的标本楼——"田家炳楼"，总面积达 3600 平方米，是国内同类馆中规模最大、设备最好、功能最全、使用价值最高的标本馆，1992 年落成并启用。自然博物馆有 4 个基本陈列和 1 个恐龙世界博览。馆藏大型整体古哺乳动物化石数量居世界第二位，黄河古象化石、恐龙化石名扬海内外。"动物陈列"按系统发育顺序展示了现生主要动物类群，反映了动物界从单细胞到多细胞、从水生到陆生、从简单到复杂的演化怀胎的诞生过程，勾画出人类自身的发展轨迹。"恐龙世界"利用高科技手段将恐龙复原，配以声光电，让观众仿佛回到了亿万年前的远古生态环境中，因而成为孩子们的乐园，现有"走进达尔文"活动。馆藏文物、化石、标本 10 多万件。

在北京自然博物馆的建筑中，最神秘的莫过于"田家炳楼"，这座由香港实业家田家炳先生和北京市政府共同投资兴建的标本楼蕴藏着 20 余万件馆藏标本。许多标本在国内、国际上都堪称孤品，包括世界闻名的古黄河象头骨化石、长 26 米的巨型井研马门溪龙化石、中国唯一的恐龙木乃伊化石、北极熊、犀牛等。例如，科摩罗总统访华时赠送给江泽民同志的珍贵的拉蒂迈鱼标本、早年越南胡志明主席送给毛泽东同志的亚洲象标本、朱德同志转送的鳄鱼标本等各类礼品标本。其中，比较珍贵的还有新西兰坎特伯雷国家博物馆赠予我国的恐鸟骨骼标本，这种地球上巨大的鸟已经于 1885 年灭绝，而这件标本也是保存在我国的唯一的恐鸟标本。

在常规展览之外，北京自然博物馆还不定期地推出各种各样的临时主题展览，如"猛犸象""达·芬奇科技""人体的奥秘"及连续 12 年推出的"动物生肖"展览等都产生了比较大的影响。

二、博物馆资源与学生内容、生活的关系

活动的设计目标要与小学生的身心特点相适应，除了让学生了解并学习到更多的自然知识外，例如生命的起源、恐龙的繁盛与灭绝、第一朵花、地球的形成等，还要让学生学会观察、寻找大自然的规律，学会提出质疑，并能积极寻找问题的答案，在观察的过程中学会沟通，在拓展学习的过程中学会小组合作。

基地资源十分丰富，能够极大地勾起小学生的好奇心，他们能就他们感兴趣的动植物提出各种各样的问题并进行讨论并找出答案，能够充分表达自己内心的想法，也能用口头或图文的方式来表达自己观察到的自然，锻炼自己的表达能力。

三、课程目标

知识与技能：通过参观北京自然博物馆，让学生们对生命的起源和动植物的演化过程有一个初步的了解，学习到更多的自然科学知识。

过程与方法：在参观的过程中，学会质疑、讨论、总结，学会与同伴交流、合作。

情感态度与价值观：通过参观北京自然博物馆，感受生物的多样性，体会大自然的神奇，产生探索自然的热情和对科学的热爱。

四、课程活动过程

（一）前置学习

在开展这次社会实践大课堂活动之前，设计实践活动的学案，对学生们先进行自然知识大考问，引起他们去参观的兴趣，简单介绍北京自然博物馆的基本陈列，让学生先选出自己感兴趣的部分进行活动前的学习，争做小小解说员，激发小学生活动的积极性。

（二）课程组织方式

一年级学生年龄较小，为了安全起见，不能进行个人活动，全体学生以班为单位进行参观；每个班由正副班主任和配班老师一起配合组织学生参观，将全班学生 4 个人分为 1 个小组。学生在参观的过程中可以拍照、记录、询问、讨论。

（三）课程实施

活动中的任务：每个博识小组可以选择古生物、古代植物、古代动物、人类 4 个基本陈列或者水生生物馆、标本馆、专题展馆之一作为重点进行小组预习，了解本组选题的基本知识，在参观过程中用文字或照片的形式记录下来与本组课题相关的重要内容，以便于参观后的学习汇报。

五、课程评价

参观完北京自然博物馆，孩子们收获一定不少。我们为小学生们制定了以下几种方式对这次社会实践活动进行总结和评价，并对优秀学生作品进行展示：

1. 用绘画的方式展现自然历史或动物，能对作品进行更佳解析。

2. 自然历史动植物手工制作，能对作品进行更佳解析。

3. PPT 图文讲解自己感兴趣的古生物、动植物或专题。

4. 背诵关于自然界的成语、古诗词。

5. 讲述一种自然界的现象并予以简单解释。

这几种方式可以任选其一，用自己喜欢或擅长的方式进行活动后的总结展示，鼓励全体学生参与进来，让每个人学有所获。

六、课程实施的特色及反思

"自然博物馆之旅"博识实践活动圆满结束，有以下几点特色：

1. 在参观过程中，学生的好奇心被充分调动起来，他们纷纷提问，互相讨论解答，学习到了丰富的自然知识，锻炼了口头质疑和表达能力。

2. 在拓展学习的过程中，学会了如何收集材料、整理材料，完整地表达自己的收获和感受。

3. 通过这次活动，学生们对大自然产生了浓厚的兴趣，对探索自然充满了热情，更加热爱大自然，也愿意用手中的笔来书写和描绘大自然。

本次活动还存在不足之处，比如分配任务过程中学生选择的任务较集中，不够全面，下次在组织活动时可以先分好组，协调好内容分配，以免内容上的重复和不全面。

每一次博识课程活动的开展，我们都以这样的方式展开，并不断进行经验总结，不断开发新的博识系列，受到了学生、家长和社会的一致好评。经过 8 年的努力，我校出版了 1~6 年级全套博识校本教材及系列博识成果集。贯通型博识课程的开发，得到了大兴区教委的重视与肯定，我校多次受邀在大兴区教委组织活动里做重点发言与展示。

附录

附录1　前置学习

各班分小组选择不同的专题初步了解自然历史，争做小小解说员。

可选专题涉及5类：

1. 陆地动物类：猛犸象、黄河象、铲齿象、长颈鹿、霸王龙、翼龙、永川龙、熊、狮子、熊猫、猪、鸵鸟等。

2. 植物类：蕨类植物、被子植物、裸子植物等。

3. 海洋生物类：珊瑚、食人鱼、海龟、贝壳、中华鲟、地图鱼、银龙鱼等。

4. 昆虫类：蝴蝶、蟑螂等。

5. 无脊椎动物类：原生动物、海绵动物、腔肠动物、腕足动物、软体动物等。

附录2　课程学案

北京自然博物馆

生命是从什么时候开始的？大自然中有多少种生物？恐龙是什么时候灭绝的？海底世界中生活着什么样的生物？在遥远非洲的马赛人跟我们的生活有什么不一样？

关于这些问题，你一定都非常好奇吧！下面就让我们开始奇妙的北京自然博物馆之旅，去探寻大自然的美丽神奇吧！

？ 我对自然知多少

马上就要出发了，你对大自然了解多少呢？下面的问题请你仔细想一想，有必要可以问家长或是上网查一查。你还知道哪些知识也和大家分享吧！

1. 地球上的生命是从什么时候开始产生的？

2. 恐龙是什么时候灭绝的？

3. 世界上第一朵花是什么花?

4. 珊瑚是动物还是植物?

5. 哺乳动物中最长寿的是什么动物?

 【我会唱】

关于自然的歌曲有很多,比如《虫儿飞》《母鸭带小鸭》《鱼儿游》《兰花草》《蜗牛与黄鹂鸟》《茉莉花》等,你会唱哪一首呢? 可以给大家展示一下哦!

 【我会读】

我们了解了有关自然的知识,学唱了关于大自然动植物的歌曲,下面是有关自然界动植物及自然现象的成语,试着背一背。

天崩地裂　草长莺飞　雨后春笋　冰天雪地　海枯石烂

湖光山色　气贯长虹　气壮山河　电闪雷鸣　风和日丽

花好月圆　秋高气爽　鸟语花香　奇花异草

怪石嶙峋　重峦叠嶂　惊涛骇浪　残阳如血　含苞欲放

 【我会背】

咏　柳

唐·贺知章

碧玉妆成一树高,万条垂下绿丝绦。
不知细叶谁裁出,二月春风似剪刀。

绝　句

唐·杜甫

迟日江山丽,春风花草香。
泥融飞燕子,沙暖睡鸳鸯。

 【我会讲】

背了那么多关于自然的成语,同学们,你还知道哪些关于自然的成语故事呢? 可以绘声绘色地讲给我们听听吗?

《沧海桑田》

汉桓帝时,神仙王方平下凡到蔡经家里……一会儿麻姑也到了,蔡经全家都见了她。麻姑是个好姑娘,年纪十八九岁,在头顶上梳个发髻,其余的发下垂到腰部。她的衣服有彩色的花纹，虽不是锦绣绸缎，但光彩耀眼。她进来拜见王方平，王方平也站起来迎接她。坐好后，麻姑招呼送上随身带来的食物，都是金盘玉杯，饭菜大多是各种花果，香气散布室内外；接着分肉干给大家吃，肉干样似柏实，说是麒麟肉干。麻姑说道："从上次接见以来，已经看到东海三次变为桑田。刚才到蓬莱仙岛，见东海水又比过去浅了许多，计算时间大约才过了一半，难道又要变成丘陵和陆地吗？"方平笑道："圣人都说，东海又要干涸，行将扬起尘土呢！"

"沧海桑田"原来的意思是海洋会变为陆地，陆地会变为海洋。这种"沧桑之变"是发生在地球上的一种自然现象。因为地球内部的物质总在不停地运动着，因此会促使地壳发生变动，有时上升，有时下降。挨近大陆边缘的海水比较浅，如果地壳上升，海底便会露出，而成为陆地；相反，海边的陆地下沉，便会变为海洋。有时海底发生火山喷发或地震，形成海底高原，山脉、火山，它们如果露出海面，也会成为陆地。

【我的收获】

相信北京自然博物馆之旅一定给你留下了深刻的印象，丰富多彩的自然世界，奥妙神奇的各种生物让人流连忘返，在这里留下你的收获吧！（可以是图画、文字或照片。）

【延伸学习】

相信通过这次博识，你对大自然有了更深的了解，如果你想了解更多的自然奥秘，获得更多的自然知识，你可以去下面这些地方游览参观，并读一读推荐的书。

推荐游览：北京天文馆、中国古动物馆、周口店北京人遗址博物馆、中国地质博物馆。

推荐阅读：《昆虫记》《世界100自然奇观》《海底两万里》《走进自然》《地球的奥秘》。

附录3　活动照片

附录4　学生课程评价展示

小世界 大梦想

——走进北京迷你世界青少年职业体验馆

葛 娜

首师大附中的博识课，取"博闻广见，卓有通识"之意，是具有广泛社会影响的校本课程。博识课以"社会"为课堂，把学生带出校园，通过参观访问、实践操作等多种形式实现教学的目的，不断开阔学生的眼界，提高综合素质，教师也将博识课设计的精彩纷呈。

一、职业体验馆资源分析

社会是一个大课堂，很多人都意识到培养孩子社会能力的重要性，希望孩子在实践中积累一些经验。北京迷你世界青少年职业体验馆，是按照真实社会建造的微缩版城市，为青少年提供职业体验的素质教育。它位于北京市丰台区南三环，是以职业体验为主的专门场馆，为孩子们提供了教育、科技、安全、文化、环保等体验，涵盖文化艺术、商业服务、医疗卫生、军事运动、金融服务等内容，设置了银行、警察局、消防中心、蛋糕店等体验项目，可体验近百种社会职业。

迷你世界的吉祥物是两只可爱的熊猫，象征着年轻快乐、自信可爱、有爱心有智慧的孩子，是梦想的化身，也代表了无数孩子的梦想从这里起飞。场馆内的每个角落，都充满了童真童趣，是孩子们探索社会、了解社会的神秘宝藏。项目设置以激发孩子兴趣为主，寓教于乐，在工作人员耐心、细心的鼓励下，让孩子们对各种职业有所了解，引导他们遵守规则，积极探索，激发想象力和创造力，勇于表现自己，懂得人人为我，我为人人，提升幸福感。学生们带着自己的梦想，提早独立的认识社会上工作的运作，用自己的努力换取迷你币，懂得劳动创造价值，培养爱己爱人、独立进取的品格。

二、职业体验馆资源与学生内容、生活的关系

现代教育主张以学生为中心，强调学生是学习的主体，激发学生学习的主动性，在一定情境下通过协作、讨论、交流、互相帮助等形式去完成学习任务，以此来促进学生的均衡和个性发展。

本次活动的内容注重激发学生的学习兴趣，使学生愿意积极主动地参与学习全过程，采用小组合作的方式，亲身体验各种职业，在活动中增强学生的职业体验和职业认同感。

此次活动的对象是一年级学生，他们好奇多问，对一切新鲜事物都感兴趣，有强烈的求知欲望，以形象思维为主，让孩子们实地进行各种角色的职业体验，有助于让学生进行系统的知识技能训练，养成良好的行为习惯。

三、课程目标

（一）活动目标

1. 让孩子亲身体验不同的职业。

2. 在体验中增强孩子们的职业认同感，培养团队合作意识及职业理想，规划自己的未来。

3. 懂得规则意识，友善合作，不断进取，勇于创造。

（二）活动重点

通过让学生体验各项职业，旨在增强学生的职业理想，培养团队合作意识、积极乐观的态度及独立自信的人格。

（三）活动难点

活动前对学生进行安全教育，指导学生在行前做好安全准备，强调纪律问题。

四、课程活动过程

（一）活动准备

事先对可能发生的紧急情况进行讨论分析，并准备尽可能详尽的预案。发放家长知情同意书，家校配合，共同做好实践活动；做好行前教育，明确纪律要求，活动中听从老师的安排；明确教师工作职责，落实安全责任，出发前了解学生身体状况，活动中带领学生文明有序参观；活动过程中，服务老师随时了解掌握学生的各种情况，时刻保持联系。

（二）活动过程

北京迷你世界青少年职业体验馆，重在培养学生的职业理想，学生可以进行角色扮演，寓教于乐，达到愉悦心情，增强动手能力，开拓思维的目的。

整个过程在专业老师的指导下学生们亲身体验不同的职业，让孩子了解、尝试，在玩乐中增强职业认同感，培养职业理想，规划自己的未来。

1. 消防体验——严阵以待，扑灭火情。

2. 地震体验——临危不惧，沉着冷静。

3. 小小邮递员——细致认真，团结合作。

4. 变身交警——指挥交通，道路畅通。

5. 烘焙体验——吃在口，甜在心。

6. 建筑工人——筑起心中的高楼大厦。

7. 正义化身小警察——抓小偷，义不容辞。

学生在职业体验中培养了团队合作意识、积极乐观的态度、独立自信的人格，感受到工作的快感和成就感，懂得规则意识、友善合作、不断进取、勇于创造。

五、课程评价

愉快的迷你世界体验活动结束后，孩子们意犹未尽。为了让孩子们更好地巩固社会实践效果，我们设置了以下 3 种方式进行总结和评价，并展示优秀作品。

1. 用绘画日记的方式展示本次博识课内容。

2. 用歌曲、朗诵等形式对各种职业进行展示。

3. 以班级为单位，开展职业讨论，谈谈自己的职业理想。

博识展示活动尽可能地让更多的学生参与其中、乐在其中的同时，更有所得。

六、课程实施的特色及反思

这次博识课程，符合一年级孩子精力充沛、活泼好动，有丰富的想象力，对周围的一切都感兴趣的特点，他们尤其善于模仿，所以角色体验非常符合学生的心理特点和认知特点，而且课外实践活动可以弥补课堂教学的局限性，满足学生的好奇心和求知欲，为学生提供了更广阔的认知舞台。

本次迷你世界体验之旅，丰富了学生的生活，有利于学生树立职业意识，让学生感受实际生活的方方面面，体会父母的辛苦，培养团队意识，学会尊重，懂得分享，培养战胜困难的勇气和决心，提早培养社会适应能力，真正做到了学生喜欢，家长认可。

本次活动总体是成功的，学生从中学习到了团队合作、规则意识、责任意识，感受了职业体验的快乐和成就感，激发学生不断进取，勇于创造的精神，是学生一次非常难忘的经历。

学习的过程即是成长的过程，我们的出发点是让孩子走进生活，学会独立的思考，与他人合作，互帮互助，锻炼学生的胆量，培养学生的勇气，尽可能地让每一个学生都参与其中，让学生有所发现、有所感悟，体会实践活动带来的乐趣，我们作为教师，也在活动中与学生一起成长。

反思：在以后的活动设计中，应更加注重学生的感受和体验，要以学生为主，不要总想"给"什么，而更多的要想能为学生"做"什么。尽量根据男女同学不同的特点或者学生不同的心理认知程度来安排活动项目，不断尝试，不断反思，在反思中成长，取得更好的活动效果。

神奇的塔，好奇的心
——走进中央广播电视塔
贾　雯

一、中央广播电视塔资源分析

中央广播电视塔是北京现代化的一个重要标志，现为国家级 4A 景点，地处北京市海淀区西三环中路西侧，航天桥附近，东临玉渊潭和钓鱼台，南望公主坟，北瞰阜成路。中央广播电视塔占地 15.4 公顷，高 386.5 米，加避雷针总高 405 米，总重 5 万吨。这是一座多功能现代化的标志性建筑，可发射 8 套电视和 10 套广播，是中国第三高塔，世界第八高的高塔，世界高塔协会成员塔，中国广播电视协会高塔委员会成员塔。

中央广播电视塔供游客参观处为一层东大厅，厅内有中国最大的室内彩色花岗岩石雕壁画《山水云树》、文化环廊（6 米）、室内景观厅（225米）、露天瞭望平台（238 米），游客登塔至此，极目四望，北京风光尽收眼底。

二、中央广播电视塔资源与学生内容、生活的关系

经过了寒冷的冬季，又是一个春暖花开的季节，暂时放下手中的书本，孩子们来到了中央广播电视塔。这是一个给孩子们知识和快乐的地方，一个圆"电视明星"梦想的地方，一个探索电视奥秘的地方，一个体验"北京精神"的空中大课堂，一个俯瞰京城春色美景的地方！

学生刚刚学习了《神奇的塔》这一课，介绍的就是中央广播电视塔。学生带着所学的知识去参观，培养学生学以致用的能力，深化所学知识，丰富审美教育的层次，帮助学生们提升设计规划能力，丰富学生的课余生活，发现学生的特长及学习能力。

三、课程目标

（一）活动目标

1. 让孩子们了解中央广播电视塔的全貌、内部设施、作用和意义。

2. 让孩子们了解老北京特色文化。

（二）活动重点

通过本次活动，对北京的这座"神奇的塔"有了一定的了解，并知道中央广播电视塔作为北京的地标建筑之一，象征着我们中国的实力，同时能为我们中华民族的智慧和伟大感到骄傲和自豪。

（三）活动难点

由于孩子们年龄较小，活动前要对学生进行安全教育，指导学生在行前和活动中有秩序，保证孩子们的安全。

四、课程活动过程

（一）活动准备

参观之前准备：教师在外出之前讲授有关中央广播电视塔的知识，通

过 PPT 讲解的方式可以直观地让学生了解本次课程的参观内容、意义及目的。

将 238 米露天瞭望平台、225 米室内景观厅、6 米文化环廊和 1 楼花岗岩壁画的参学习景点——向学生做出简单介绍。

明确教师分工职责，发放家长知情同意书，做好行前教育。

（二）活动过程

1. 238 米露天瞭望平台

在北京市最高建筑、世界最大的环形露天瞭望平台上，可以俯瞰北京市全貌，了解北京城市规划、地理环境、气候特点及城市功能划分，畅想未来发展前景。

2. 视文化主题展厅

学习广播电视播出原理。体验电视播音主持人、记者编辑等职业的工作流程；学习从世界第一台电视机的发明，到新中国第一次电视节目的播出，从而亲历中国电视发展历程，感受世界电视发展趋势，更可以与 32 位央视主持人的手模"心手相牵"。

3. 首都印象馆

国内唯一一家以"人民政权""首都文化"为主题的全景互动体验式展厅。在这里，可以更加理解我国中央集权制的理念和民主集中制的意义；在这里，有世界上最大的一本《新华字典》，通过这本字典，同学们可以查阅到中华人民共和国成立以来同一个字在不同历史时期的不同解释，以及不同词语（或字）的正确读音，不会让你再念错别字；可以亲耳听听我国十几个地区方言的原声和视频；体验"王致和""成文厚""瑞蚨祥"等几十个北京老字号来历和传承。

五、课程评价

为了更好地巩固实践效果，我们设置了以下 3 种方式进行总结和评价，并展示优秀作品。

1. 举行"走进中央电视塔"博识展示。

2. 在课上背一遍《神奇的塔》这篇课文。

3. 画一画自己心目中的中央广播电视塔；做一做建筑类的模型。

六、课程实施的特色及反思

本次博识课，符合一年级孩子精力充沛、充满好奇，模仿能力强的认知特点。孩子们在活动中不仅学到了知识，更是集亲身体验、观望、参与、动手为一体，可谓是知行合一了。（如图3-27所示）

图3-27 学生在上博识课

同学们通过对广播电视文化的了解、学习，在拓展社会知识、开阔视野、活跃思维的同时，挖掘同学们的写作、摄影、组织协调及团队合作的能力。活动有助于培养同学们的兴趣和爱好，提升学生的自主工作能力和动手能力。（如图3-28所示）

同时本次博识课是我校建筑系列之一。不仅能让孩子们真正走进它，去体验它的神奇之处，还能让他们为我国有如此神奇伟大的建筑而感到骄傲和自豪。发掘同学们对祖国的感知，引导并加深学生对祖国的理解和认知，使学生从心里产生对国家真正的热爱之情。

图3-28 博识课学生作品

反思：本次活动还存在不足之处，比如在体验项目时，孩子们排队等待的时间比较长，容易造成纪律方面的混乱。下次分组时可以再把每组的人数减少，这样体验项目的效率更高，老师们管理起来也会比较方便。

探秘北京四合院　了解古代建筑文化
——走进恭王府
韩　颖

课程资源利用是新课改的重要内容，也是实现新课改的必要条件。利用课程资源，让学生所处的社会环境和自然环境成为其探究的对象和学习的"课堂"，有利于培养学生"自主、合作、探究"的学习方式，有利于转变学生被动的学习地位，促进素质教育的实现。我们在借助本部初中特色校本课程"博识课"的基础上，开发新的课程资源，带领学生走进各类文化场馆，进行现场教学和探究活动。校内与校外资源紧密配合成为我校课程资源的显著特色。

我校积极拓展，充分发掘社会资源优势，广泛联系社会各界，充分利用各种文化场馆开展教学和综合实践活动。这些校外课程资源拓展了学校的教育空间，有效地弥补了学校教育和家庭教育的短板，增强了学生与社会的密切联系，培养了学生的社会责任感，成为学生成长不可或缺的校外课堂。

校外丰富的文化场馆资源为学校的学科教学提供了支撑和服务。学校根据学生特点，以北京市社会大课堂项目为依托，充分利用北京市的各类场馆资源，进行课程资源开发和课程内容整合，开发出既有学科专业教师策划实施，又有几个学科同时参与的综合性课程。校外资源让学生走出学校，不断接触祖国深厚的文化积淀和科技发展成果，丰富学生的文化积累、社会实践经验，拓宽学生人文、科技视野，培养学生社会责任感、合作精神、创新精神等。

在国家新课程计划对中小学开展实践课程提出明确要求之前，首师大附中就已经超前做出了培养学生实践精神的积极探索。首师大附中的博识课，取"博闻广见，卓有通识"之意，从 2001 年开始，成为具有广泛社会影响的校本课程。博识课以"社会"为课堂，每周利用半天时间，把学生带出校园，把专家请进校园，通过参观访问、专家讲座、交流探讨、实践操作、论文撰写等环节实现教学目的。经过16年的探索，博识课已逐步实现了主题系列化、课程常态化、指导专业化、学生自主化，形成了成熟的课程操作规范及效果评价体系，学生眼界不断开阔，综合素质不断提高。学校本着为每一个学生负责的宗旨，将博识课的240多学时设计得精彩纷呈。根据培养人文素养"成达"课程建设发展历程和科学素养的需要，学校结合学生的特点和实际，为学生选定了不同的考察方向，让学生深入科研院所，真实参与科研活动，多方面促进学生综合素质的提升，通过空间的变化、学习环境的开放，也引发了学生学习方式的变革。

一、博物馆资源分析

恭王府是我国至今唯一保存最完整的清代王府，地处什刹海畔，是AAAAA景区，由府邸和花园两部分组成，总占地面积60000余平方米。在这些房屋中既有体现皇家气派和威严的建筑，又有来自民间精巧的建筑和装饰风格，构成了王府文化的最大特点。花园融江南园林与北方建筑格局为一体，汇西洋建筑及中国古典园林建筑为一园。恭王府既是清代王府建筑的重要代表之一，也是中国传统建筑及造园技艺最成熟时期的重要表现。恭王府见证了清后半期的荣辱兴衰，"一座恭王府，半部清朝史"，同时恭王府还被誉为最大的四合院。

二、博物馆资源与学生内容、生活的关系

地理课程的基本理念是学习对生活有用的地理、学习对终身发展有用的地理、构建开放的地理课程。本次活动的设计就是遵从地理课程理念，利用我校博识课程外出的机会，走进被誉为最大四合院的恭王府，符合构建开放的地理课程的课程理念。本次活动从学生身边入手去了解北京的建筑四合院，虽然同学们都对四合院很熟悉，但是很少真正走进四合院去了解四合院建筑所遵循的地理规律，在考察的过程中使学生从地理的视角思考问题，逐步形成人地协调的观念。

本次活动的设计，依据《初中综合社会实践活动考核实施意见》中第三十一点勤于探究实践中第五十九条对身边自然与人文环境进行简单的地理考察与观测开展的。本次考察过程借助恭王府，通过学生小组合作完成四合院的考察任务，在提升探究能力的同时，使学生形成乐于团队合作的精神。最后结合自然环境和社会经济环境的变换，同学们还尝试设计了一组舒适的现代建筑创意作品。本次活动尝试促进学校教育与社会教育的紧密结合，探索地理实践活动的模式和特色。

地理学科核心素养中包括人地协调观、综合思维、区域认知、地理实践力4项最核心的素养，本次活动是以地理实践活动的形式呈现，同时让同学们提升对自己居住地北京市的区域认知，加深对周围事物的感知和探索，了解我国建筑文化，更好地传承北京文化。在考察恭王府四合院的过程中，同学们根据房屋朝向等特点选择自己喜欢的房屋，在这个过程中说明自然环境对我国具有特色地方民居的影响。体会人地协调的观念。在最后同学们又参与设计了北京的现代建筑，在设计的过程中不但要考虑自然环境，还要考虑北京人口等社会经济要素，整个过程也是对学生综合思维的培养过程。

地理是学习人类生活的地理环境并研究人类与环境之间关系的一门学科，引导学生关注真实生活环境，用地理的视角观察环境、探究变化、分析成因、预测发展，让地理真正改变学生的视野、行为乃至习惯，提升学生的生活品质。同时，培养现代社会真正有用的人才，是地理教学追求的目标。外出实践活动为学生的地理学习提供了又一个舞台。

恭王府是中国唯一一座对公众开放的清代王府，是保存完整的最大的四合院建筑，由府邸和花园两部分组成。府邸内的建筑分东、中、西三路，由南自北都是以严格的中轴线贯穿着的多进四合院落，布局分明；东路去朴尚华、中路庄严肃穆、西路古朴典雅，三路自成一体又和谐统一。

考察前同学们做了充分的准备工作，如利用地图查找恭王府的位置，设计出行路线；收集资料了解恭王府地区的地形、气候、水文、植被、土壤等自然条件；收听天气预报，制定出行方案；为这次考察工作，做了充足的知识准备。

参观当天，带领学生参观恭王府周边环境，可以让学生亲身体验老北京文化，体验华夏建筑史上的无限神奇与魅力。让学生感受我国古代建筑历史悠久、成就灿烂，从而激发学生对中国建筑文化的热爱，进而传承北京文化。这次的恭王府之旅不但要从恭王府历史方面了解北京的王府文化，还要分组完成地理实践活动四合院的考察任务，通过考察、量算等活动了解四合院建筑的特点，同学们不但提高了实践考察能力还体会到自然环境对民居建筑的影响，深刻理解了我国古人天人合一的思想。在考察的过程中通过完成考察任务引导学生从地理的视角思考问题，逐步形成人地协调的观念。

考察结束后，回到学校同学们尝试设计了现代建筑，在设计的过程中同学们要考虑北京的自然环境，还要考虑北京社会经济环境的变化，是对人地协调理念的一种应用。

初一的孩子有了一定的参观博物馆的经验，有历史、地理等相关的知识储备。但是，大部分同学都是从小生活在楼房里，对北京的传统建筑四合院并不真正了解，本次活动通过参观展馆和聆听讲解员的介绍，学生的考察量算，对恭王府四合院建筑文化有了更直观和深刻的认识。通过选择居住房间的活动，同学们初步理解四合院建筑与光照等自然要素之间的关系。但是，考虑北京社会经济条件的变化、人口的增多等，设计一组舒适的现代建筑，对同学们有一定的难度。

现在的学生大多是独生子女，与他人交往合作的机会比较少，以自我为中心，在这次实践活动过程中同学们分工明确，组员之间配合融洽，体会到了团结合作的重要性。

三、课程目标

1. 通过利用地图查找恭王府位置，收听天气预报，收集资料了解恭王府的地理环境等活动，练习使用地图制定出行方案。

2. 通过到恭王府及周边环境的参观考察，提升考察能力，了解恭王府的历史文化价值，激发学生对中国文化的热爱与传承。

3. 了解恭王府四合院建筑的特点，体会我国古人天人合一的思想，逐步形成人地协调的观念。

4. 通过考察前任务分工准备材料和分组完成考察任务，体会团结合作的重要性，增强与人合作的能力。

重点：

1. 提升考察能力，了解恭王府的历史文化价值，激发学生对中国文化的热爱与传承。

2. 了解恭王府四合院建筑的特点，体会我国古人天人合一的思想，逐步形成人地协调的观念。

3. 通过分析北京自然环境和社会经济环境，设计现代舒适建筑。

难点：

通过分析北京自然环境和社会经济环境，设计现代舒适建筑。

四、课程活动过程

下面为"地理实践活动——恭王府"活动流程图（如图3-29所示）。

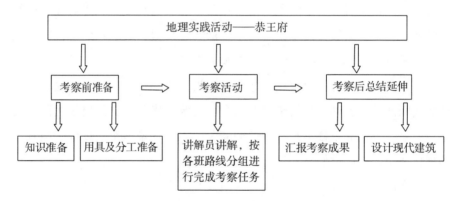

图 3-29 "地理实践活动——恭王府"活动流程

（一）活动准备

1. 知识准备（学生收集关于恭王府四合院的资料，让学生有所思考，带着问题去参观，争取最大限度地获取知识。）

（1）查找恭王府基本资料

①恭王府位置；

②首师大附中大兴北校区位置；

③收听天气预报，了解当天天气情况，并给出出行建议；

④恭王府所在地区自然环境特点，包括地形类型、地势及特点、气候类型、气候特点、夏季冬季夏季风向、冬季风向、周围的河湖状况、土壤类型及植被种类等。

（2）在古建筑博物馆的参观中，你了解了哪些有关四合院的知识，四合院建筑的特点是什么，请写下来。

（3）考察前，请在游览示意图中用彩笔画出本班的考察线路。并尝试在游览示意图中画出对称轴。

【游览路线】

1班、4班：入园——一宫门——银安殿——多福轩——嘉乐堂——锡晋斋（分组完成考察活动30分钟）——后罩楼——西洋门——花园（分组完成考察活动20分钟）——出园。

2班、3班：入园——游客服务中心——一宫门——银安殿——锡晋斋——后罩楼——西洋门——花园（分组完成考察活动20分钟）——乐道堂（分组完成考察活动30分钟）——多福轩——出园。

2. 用具及分工准备

（1）分工。自由结组并分工，每组4~5人，下发分工表，并明确责任。讲解员提前去恭王府踩点，熟悉路线并准备讲解词。

（2）考察用具准备。分组准备照相机、卷尺、罗盘、硬板夹、笔、任务单学案、手表、扩音器。按照分工携带用具。

（二）考察恭王府及周边环境，收集资料

考察点1：恭王府周边环境

【任务一】考察恭王府周边环境

（1）在下车之后，步行至恭王府的路上，请同学们观察恭王府的具体位置，将周围街道的名称填写在图3-30中。

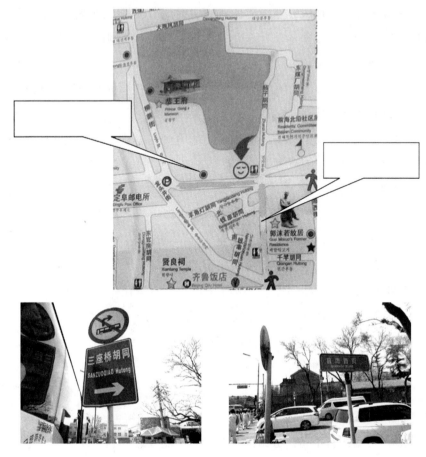

图 3-30　恭王府位置及周边环境

（2）步行至恭王府的路上，观察恭王府周边有哪些可以体现老北京文化的事物，请记录并拍照。（如图 3-31 所示）

图 3-31　恭王府周边体现老北京文化的事物

考察点2：一宫门

观察恭王府大门（一宫门）的位置和特点。大门位于院落的方位、原因；大门为开间、门钉数量等，请拍照记录。（如图3-32所示）

图3-32 恭王府大门

考察点3：游客服务大厅内或银安殿大殿内

【任务二】在游客服务大厅内（或银安殿大殿），收听讲解，观看恭王府全景沙盘模型

利用在古建筑博物馆学到的知识分析恭王府属于几路几进四合院？请拍照或速写记录。

考察点4：银安殿

【任务三】收听讲解，然后用5分钟的时间，观察银安殿特点，并拍照记录

（1）银安殿的屋顶颜色、配殿屋顶的颜色。

（2）彩绘、砖瓦、吻兽的种类或个数特点。

考察点5：锡晋斋

【任务四】收听完讲解后，请在本院落中分小组观察的建筑特点，并拍照记录，证明自己的观点，同时说明观察方法，思考其设计目的。限时30分钟

（1）请描述院落房屋格局特点（正房几间，厢房几间，如何布局，也可画简图说明）。

（2）院落内正房面阔几间，朝向（你们是如何判断的），正房所用建

筑材料，正房高度、房屋进深、山墙厚度、台基的高度、窗户的材料，窗户设置的特点（房屋哪面设窗），窗台高度，并画出屋顶坡度的样式。

（3）厢房东西各几间，厢房高度（房檐以下）、房屋进深山墙厚度、台基的高度、窗户的材料，窗户设置的特点（房屋哪面设窗），窗台高度（利用手中的工具，观察测量）。

（4）院内植物种类（拍照）。

（5）请找到排水口（拍照），描述其在院落中的位置（或方位）。

（6）二门（垂花门）的位置特点。请找到进入垂花门后具有遮挡作用的事物，并拍照记录。

（7）找到游廊，说明其分布特点，它的作用是什么。

（8）如果让你选择在本院落居住你会选择哪间房子，并说明原因。

考察点 6：后罩楼

【任务五】收听讲解并观察后罩楼的建筑特点（如图 3-33 所示）

后罩楼为几层，每层几间，共多少间，全长多少米。

图 3-33　学生观察后罩楼

考察点7：花园

【任务六】收听讲解后，分组在园中寻找"福"文化

（1）收听完讲解后，请分组找到"福"字碑拍照记录，并说明你们组是利用了哪些学过的地理知识找到的。

（2）请在花园中继续寻找至少两处象征吉祥、蕴含深厚"福"文化的事物（如图3-34），并将具体位置标注在游览图中。20分钟后我们在花园门口（西洋门处）集合。

图3-34 花园中的吉祥事物

（三）考察后总结延伸

1. 分组选择不同方面（地形与四合院、气温与四合院、降水与四合院、四合院的人文环境、现代建筑设计）汇报实践成果，建议采用多媒体方式进行展示，每部分内容要运用实景照片和相关地图进行说明。

2. 请根据北京的自然环境和社会环境特点，设计一组舒适的现代建筑，并说明设计依据，可以手绘或利用电脑制作（电脑制作的作品老师可帮忙打印）。（如图3-35所示）以小组为单位，每小组至少上交一份作品。

图 3-35　学生设计作品

五、课程评价

名称：私人住宅
楼层：5 层（含地下室，地上 3 层，地下 1 层）
高度：12.5 米（地面高度）
位置：北京
方位：正面冲南
特殊：2 层大阳台，可做露天花园、餐厅等
占地面积：540m^3
设计人：李昂

（一）学习过程评价（组内评价）

评价指标（分值）	指标内容（分值）	得分	亮点
小组内学生 分工明确	A（20）		
	B（15）		
	C（10）		
	D（5）		
小组内学生的 参与程度	A（20）		
	B（15）		
	C（10）		
	D（5）		

续表

评价指标（分值）	指标内容（分值）	得分	亮点
认真倾听、互助互学	A（20）		
	B（15）		
	C（10）		
	D（5）		
合作交流中能解决问题	A（20）		
	B（15）		
	C（10）		
	D（5）		
自主、合作、探究的氛围	A（20）		
	B（15）		
	C（10）		
	D（5）		
总分			

（二）学习结果评价

1. 根据各组汇报的实践成果的内容进行评价（小组间评价）

项目	指标	A（20）	B（15）	C（10）	D（5）
成果汇报	内容丰富、用图恰当				
	与地理环境的关系分析合理				
	展示精彩、生动，PPT 设计精美				

2. 教师对同学设计的作品进行评价（教师评价）

项目	指标	A（20）	B（15）	C（10）	D（5）
作品	作品设计与地理环境的关系分析清晰合理				
	制图精美				

— 253 —

六、课程实施的特色及反思

（一）充足的前期准备是完成考察任务的前提

开展地理实践活动的前期准备相当重要，教师要前期踩点，根据活动资源与学科内容的关系，设计适合学生的任务单。不但老师要做前期准备，同学们也要做前期准备，比如了解活动地点的基本情况等。这次老师带领同学完成了前期的准备工作，如规划出行路线、收听天气预报、了解当地自然环境等，下次可以让同学自己设计完成。

（二）吸取以往经验教训，制定考察任务与流程

实践活动可以在一定程度上弥补传统课堂以讲授为主的模式，丰富了学习的途径和方式。学生走出校园，可以主动的观察、探索和思考，以实际见闻和体验获取知识，有利于促进学生的探究意识，变被动学习为主动学习，学习效果更好，也有利于学生正确价值观的形成，使学生成为拥有健康审美情趣和明确人生目标并为之努力奋斗的新时代少年。

我校同学以往的外出经验非常丰富，对于纪律和注意事项非常明确。但是以往的外出学习也存在许多问题，比如只求完成任务单中的答案，而不认真收听讲解等。因此，吸取以往的经验，这次由同学负责讲解，在讲解的内容中有关于恭王府的历史知识和完成考察任务的提示语言，而没有答案，答案需要同学们自己去寻找。同学在收听讲解的过程中不用完成考察任务单上的内容，而讲解又非常重要，它会指引同学去完成考察任务，这样就避免了有些同学只顾完成答案而不认真听讲解的问题。

恭王府是 AAAAA 级旅游景区，游客众多，同时为了避免全年级同学过度集中，影响考察效果，因此这次各班级的线路略有差异，同时班级之间错开一定的时间，按顺序入园。

（三）分工一定要明确，调动所有同学的热情

本次考察任务需要合作才能完成，因此这次采取分组合作完成考察的形式。在分组的过程中自由结组，分工明确，每名同学都有任务，而且只要本组 1 名同学出现问题，本组的考察任务将不能完成，这次任务很好地调动了全体同学的积极性，同时同学们也体会到了合作的重要性。在考察

当天早上，初一（3）班的一名同学生病了，本组的任务单在这名同学的手里，全组的同学都着急了。生病的同学在看完病后及时赶到学校与本组同学共同参加了任务，所有同学都松了口气。另外，以往有些同学外出并不努力完成任务单，这次的分工使得所有同学都有事可做，并要与其他同学配合才能完成。初一年级的学生平时总是粗心大意、忘东忘西，考察前两天同学们自己准备了用具，我心里特别不踏实，害怕有些同学会忘记带照相机和用具。结果考察当天所有组的用具都带齐了，没有1名同学忘记带东西，让我对同学们刮目相看。这次活动同时培养了同学们的责任心。

（四）考察后的总结与问题的延伸

考察后的总结与问题的延伸是对实践活动的一次效果的有效提升，在同学们汇报和设计现代建筑的过程中，同学们深刻体会了自然环境和社会环境对民居建筑的影响，逐步形成人地协调的观念。

同时本次活动也存在一些问题，在同学自由结组时出现了强强联手的情况，很多能力很强的同学、关系比较好的同学自由结合在了同一个组，几个能力稍弱的同学在一个组。下次分组可以采取其他形式，让同学们增加与陌生同学的交流机会。

第四章

科学与人文交融的智慧课堂

　　课堂教学是立德树人的主阵地。课堂教学的质量影响到学生生命成长的质量。我校传承了首师大附中本部"成德达才"的育人理念，确立了"为每一位学生终身成长奠基"的办学理念。以"成达致远"教育为核心，坚守"为大兴教育服务，为大兴学生服务，为大兴百姓服务"的办学初心，全面培养学生的核心素养和关键能力，为学生的终身成长服务。

　　我校始终高度重视教学工作，以习近平新时代中国特色社会主义思想为指导，深入贯彻党的十九大精神，全面贯彻落实全国和全市教育大会精神，坚持以立德树人为根本任务，持续推进素质教育的实施与发展，以培养学生的核心素养和综合素质为核心，促进学生健康成长发展，着力培养德智体美劳全面发展的社会主义建设者和接班人。

　　学校注重推进教学改革，营造和谐的课堂氛围，遵循"为促进学生的有效学习而设计"的理念，制定符合各年龄段学生的学习策略，以大概念、大单元、任务群为基本形式整合教学内容。

建校 7 年中，我校始终跟随时代步伐，在新时代教学思想引领之下，在首师大附中总部的资源支持下，教学理念、教学方式、教学策略、评价方式等多方面不断改革创新，整体教学水平稳步提升，得到了家长和社会各界的认可。

第一节 ▶▶▶▶▶▶▶

核心素养 ————————

新中考背景下初中道德与法治学科
"试卷讲评"课堂教学的思考与探索
——基于学生核心素养的视角

苏　慧

自 2016 年以来，"学生核心素养"作为教育改革的新热点词汇，忽如一夜春风，铺天盖地充斥在一线教师的眼睛里和脑子里。市、区、校各级教学培训、教师专业技能培训等，都在对此热点进行学习和解读。但是，对于一线教师而言，在没有充分了解关于"学生核心素养"的科学研究时，听过的关于各位专家的不同解读，其实内心还是不踏实的。表现在日常教学中时，只是把"学生核心素养"作为新的一种元素填写在教学设计的理论依据中罢了。

为了弄清这一概念，我拜读了林崇德教授关于"21 世纪学生发展核心素养研究"的系列讲座和著作，以及各大师范高等学校的教授们的相关著作和研究成果，终于明白了"学生核心素养"到底是什么。这一点对教学至关重要。

一、厘清"学生核心素养"的内涵及其价值意义

我国关于"学生核心素养"的概念提出，是在科学性、时代性、民族性三大研究原则基础上形成的，符合我国现阶段基本国情和现实需要及教育实际，同时满足不同学科角度对核心素养的研究与需求。其概念界定为"核心素养是学生在接受相应学段的教育过程中，逐步形成的适应个人终身发展和社会发展需要的必备品格与关键能力"。①

学生核心素养是素质教育的内涵与具体化。它指向过程，关注学生在其培养过程中的体悟，而非结果导向；它兼具稳定性、开放性和发展性，是一个伴随终身可持续发展、与时俱进的动态化过程，是个体能够适应未来社会、促进终身学习、实现全面发展的基本保障。

从目标上，它指向"教育应培养什么样的人"；从内容上，体现的是学生知识、技能、情感、态度、价值观等多方面的综合表现；从性质上，指向学生最关键、最必要的共同素养；从功能上，同时具有个人价值和社会价值；从培养上，可以通过接受教育来形成和发展；从评估上，需要结合定性与定量的测评指标进行综合评价；在架构上，兼顾个体与文化学习、社会参与和自我发展的关系；从发展上，具有终身发展性和阶段性；从作用发挥上，具有整合性。

其功能主要体现在 4 个方面，一是指导课程改革，是课程设计的依据和出发点；二是指导教学实践，它明确了"21 世纪应该培养学生什么样的品格与能力"，指导教师在日常教学中更好地贯彻落实党的教育方针，克服目前存在的"学科本位"或"知识本位"现象，促进教师专业发展；三是引导学生学习；四是指导教育评价，它是检验和评价教学效果、学习结果乃至教育质量的主要依据。

二、思考"学生核心素养"作为考试改革指导下的"试卷讲评"课堂教学

初中道德与法治学科自成为 2018 年北京新中考选考科目之一，2018 届的学校、教师和学生都经历了一场盛大的"迷茫"之战。考试作为"应试教育"的"教学指挥棒"，关系着学校和师生的命运，这是一直以来的教育印象和现象。而如今，道德与法治学科在面对这一新的、巨大的挑战之下，好不容易完成的"说教""洗脑课"的华丽转身，是不是又要重蹈覆辙了？尤其是在教师职业、学校和学生选考的压力之下，我对这个问题担忧至极。

---

① 林崇德. 21 世纪学生发展核心素养研究 [M]. 北京师范大学出版社，2016：29.

（一）考试改革指导下的"试卷讲评"课堂教学存在的问题

即便课时紧张，但新授课的"情景教学""理例结合""关注学生兴趣""学生为主体"等教学理念和教学方法能够始终如一的贯穿在课堂教学中，教师能把握好新授课的三维目标质量。但是"试卷讲评"课堂教学明显带有"知识本位""唯分数""唯技巧"等"功利"现象，这是从多次的自身经历和听同校其他学科、其他学校教师的讲评课中感受到的最深刻的体会。面对考试，各位教师开始使尽浑身解数以提高学生分数为目的，在试卷讲评课中大量的"夯实""核心考点"，"趋重避轻"，以"分数"来作为检验教学质量和学习效果的方式，以"技巧"来成为学生拿高分的"捷径"，多次分析过的考试内容，学生依然不了解……

以我 2018 年 1 月海淀统考"试卷讲评"课堂教学设计为例（见表 4-1）。

表 4-1　2008 年 1 月海淀统考试卷讲评课堂教学设计

教学环节	教学内容	教师活动	学生活动	设计意图
构建系统结构图	基本国策、发展战略2个专题的系统构建	在黑板上张贴第 1 题的关键词（以乱序的方式）。（共计9 个关键词）	完成 2 个专题的系统构建图。（学生在学案上完成题 1，并利用多媒体展示、交流）	通过知识体系的构建，明晰 2 个专题的主要内容，为扎实知识基础、形成专题观点做奠基
教学过程 积极落实基础知识	（1）扎实"节约资源和保护环境"基本国策的重点内容；（2）落实"科技创新"知识	出示第 2 题，引导学生如何审题、做题（画出关键词、分点答题、字体清晰等问题）出示第 3 题，引导学生审题	完成相关练习并订正与完善根据自己实际掌握的情况，完成具体知识点的落实。（展示并交流）	调动积极性，落实并扎实基础知识，为分析题目做准备
实战演练	创新练习	出示第4题	完成练习题目，找出答题问题所在，强化知识点、审题、做题等方面的内容	
小结				
预测				

从教学设计中不难看出，试卷讲评课中以复习所谓的"构建知识体系"为核心，强调落实"基础知识"，对于题目的讲解是一贯的"按部就班"，就知识点讲知识点，零碎繁多，评价学生能不能记住，使用的方法即为大家钟爱的"小纸条"。

以2018年5月一模考试的试卷分析课为例（见表4-2）。

表4-2 2008年5月一模考试的试卷分析课

教学过程
试卷分析

一、通过考试题目，发现简答题的规律
1. 教师活动：出示简答题内容（一模，期末，市抽测3套题）
　　学生活动：归纳总结简答题出题规律与内容

> 设计意图：通过3套试题简答题的对比，总结简答题的出题规律，归纳简答题的出题模块，为"精准分析"自身问题做铺垫

总结、归纳简答题的出题模块
2. 教师活动：出示3套题中关于这三大模块的答案，从答案中寻找核心知识点关键词

> 学生活动：总结归纳各模块的关键词，梳理简答题知识点
> 设计意图：总结归纳简答题各模块的关键词，明确考试内容的核心知识

对应自己的实际得分，查找原因，制定提分策略
3. 教师引导：对照归纳出的简答题各板块，梳理本次考试的简答题得分情况
　　学生活动：请同学们结合一模试卷内容，完成每道题的考查领域对应；以及各题领域自己的得分情况
　　设计意图：明确优势模块与短板模块，为分析失分原因及下一阶段的应对策略做铺垫

> 4. 教师引导：请同学们对照表格，根据自己的实际情况，对自己的试卷做出分析
> 　　学生活动：分析自己失分的原因，并找到应对策略（完成表格）

题目	对应的考查领域	分值	实际得分	知识点	失分原因	应对策略
21						
22						
23						
24						
25						

课堂小结：每一次考试，都是对自己学习效果的一次检测，希望同学们在二轮复习阶段，能够根据自己的实际情况，踏实复习
从下节课开始，我会将各模块的题目整合在一起，请同学们根据自己的实际情况，选择自己需要增强训练的模块内容，争取二模考试能够提高分数，考出理想的成绩

单从教学设计方面来看，通过 2018 年 1 月北京市抽测、期末考试、一模考试的对比，意图让学生分析出自己的优势和薄弱内容，然后制定相应的提分策略。理念上是符合学生实际情况和应试的要求，但那时的我设计的出发点却是"唯分数"，初衷大半是为了"快速"提高学生的分数，而并非真正落实到培养学生核心素养方面。当然，这个思路在之后的教学中给了我很多的启发和灵感，成为"试卷讲评"课堂教学经验的基础积累。

（二）"学生核心素养"开启考试改革指导的"试卷讲评"课堂教学新气象

其实，众多的迷茫和不良现象及问题促成了我对试卷讲评课教学的深刻思考。更想作为一种研究的新方向进行科学研究。

作为新中考的科目，试卷讲评课的重要性不言而喻，而对于本学科而言，无疑成为最亟待探索的一种课型。该怎样提高试卷讲评课堂教学的质量？试卷讲评课到底要讲什么？怎么讲？评价方式是怎样的……很多个问题都在充分理解"学生核心素养"之后找到了新的思路。

核心素养作为考试改革的指导，强调在关注基础知识学习积累的同时，重视信息搜集、综合分析与应用、问题解决、过程性体验与态度形成综合能力、综合素养的培养。[①]

短短的一段话，却蕴含着令人深思的内涵。基础知识的积累、信息搜集、综合分析与应用、问题解决、过程性体验与态度的结合、综合素养这几个关键词形成了新的课堂教学的思路主线。带给我以下几点新的思考。

1. 核心素养如何在考试指导中体现出来

2018 年考试说明（道德与法治学科）"考试目标与要求"的"九宫格"[②]（见表 4-3）是学生核心素养的学科素养具体化和内涵。其学科考试方向、内容范畴、知—析—行的思路与学生学科素养高度一致。

---

① 林崇德. 21 世纪学生发展核心素养研究 [M]. 北京：北京师范大学出版社，2016：34.
② 北京教育考试院. 北京市高级中等学校招生考试：考试说明 [M]. 北京：北京理工大学出版社，2018：269.

表 4-3　考试目标与要求

目标＼要求	Ⅰ	Ⅱ	Ⅲ
观点理解力	能够识别具有学科特征的信息或学科观点能够结合生活情境正确描述学科观点	能够列举恰当事例论证学科观点，表现出政治认同	
分析运用力	能够运用学科观点对生活情境作出解释	能够运用学科观点在生活情境中甄别信息、探究问题	能够综合性地运用学科观点分析问题情境，审视和反思不同的态度和立场，做出价值澄清
实践参与力	能够针对问题情境做出符合道德与法治要求的行为选择	能够针对问题情境提出符合道德与法治要求的建议、方案	能够针对问题情境提出符合道德与法治要求的建议、方案，具有综合性或创造性，展现出责任意识和公共精神

　　思想品德学科考试以初中学生的生活为基础，适应初中学生成长和社会发展的需要，贯彻思想品德课程的思想性、人文性、实践性和综合性的要求，考查学生在正确认识和处理与成长中的我、与他人和集体、与国家和社会的关系中表现出来的道德品质、健康心理、法治观念、参与意识以及解决实际问题的能力。

　　2. 从"学生核心素养"视角，厘清试卷讲评课的关系

　　根据核心素养作为考试指导的关键词，思考和厘清几对关系：一是"基础知识学习积累"和"考点内容"的关系。这对关系可以很好地解决试卷讲评课"讲什么"的问题，即为"内容"的问题。例如，是不是不考的就不讲了？是不是得分率很高的就略过了？是不是只讲得分率很低的问题？是不是让学生将知识点记住就行了？是不是强调能力的同时，基础知识不用记忆了？

　　二是"信息收集、综合分析与应用、问题解决的综合能力与素养"与"答题技巧"的关系。这对关系明确了试卷讲评课"怎么讲""为什么讲"的问题，即为"过程"问题。例如，讲评过程中关注学生的实际获得感（情感、态度、价值观方面）、解题思路的过程和思维性培养与训练、学生

能力现有的体现与提升、学生学科素养的体现与提升、教师教学过程的专业水平等。

三是"学生核心素养"与"分数论"的关系。这对关系能够使教师更"理性"的对待学生的成绩，即为从理念方面对教师做出"价值澄清"。分数不能作为教师评价课堂教学和学生素养培养的"唯一评价指标"，一定要纠正"唯分数论"，跳出"功利"的圈子才是真正的"做教育"，才是培养"真实的人"。

这 3 对关系的明确，解开了我很多的课堂教学矛盾和困惑，犹如一把"哲学思辨"的利器，不断地削去"带着血"的"不正确理念"，不断地指引我对试卷讲评课堂教学的思考、实践与探索。

三、"试卷讲评"课堂教学的实践与策略探索

我以 2018 年 1 月以来经历考试的试卷讲评课堂教学及学生问卷调查数据为基础，讲述此课型的探索。（见表 4-4）

（一）实践数据分析

表 4-4　2018 年 1 月试卷讲评课堂教学情况统计记录

时间	考试试题出处	试卷讲评课时数量	讲授对象	内容重点	课堂效果
1月	海淀区统考	2	2018届选考生	基础知识点	只要是考点，都要落实，比较零碎
1月	北京市新中考科目抽测	2	2018届选考生	基础知识点	强调考点内容，"趋重避轻"
1月	大兴区期末考	2	2018届选考生	基础知识点	强调考点内容，大量落实知识点，专题知识点薄弱
5月	中考一模	3	2018届选考生	做题方法、考题知识点归纳	强调做题技巧；重视简答题的考点内容、模块归纳和分类，构建知识体系

续表

时间	考试试题出处	试卷讲评课时数量	讲授对象	内容重点	课堂效果
5月	中考一模（海淀）	2	2018届选考生	提分策略	重视在一模之后的试卷数据分析、知识体系构建
5月	中考二模	2	2018届选考生	强调分数，增强自信心	有点急功近利，强调分数的重要性，提高自信心
6月	中考	4	2019届选考生	对选择题和简答题进行考点归纳和分析，注重思维培养过程	清晰考点，注重信息提取、学科语言表达的培养
11月	海淀期中统考	3	2019届选考生	针对选择题、简答题不同的题型，总结归纳做题方法及优势薄弱基础，注重培养简答题解题思路的系统化"思维过程"培养	清晰考点，信息提取能力提升、自己优势与薄弱点、思维过程

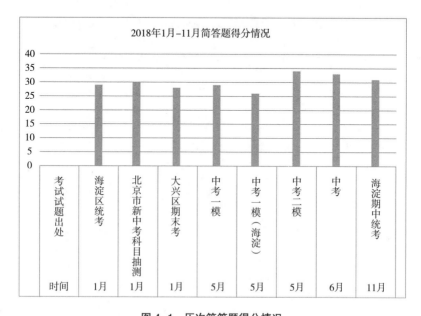

图 4-1　历次简答题得分情况

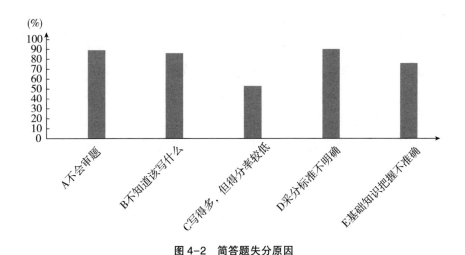

图 4-2 简答题失分原因

初三年级你最希望得到本学科老师哪方面的帮助
（多选）[多选题]

正确率为：26.47% 显示全部题目正确率

选项	小计	比例
A.学习知识内容指导（答案）	31	91.18%
B.学习方法指导（答案）	25	73.53%
C.学习态度关怀（答案）	12	35.29%
D.学习习惯养成（答案）	18	52.94%
E.答题技巧指导（答案）	32	94.12%

■ 学习知识内容指导（答案）　　■ 学习方法指导（答案）
■ 学习态度关怀（答案）　　　　■ 学习习惯养成（答案）
■ 答题技巧指导（答案）

图 4-3 初三年级学生最希望得到本学科老师哪方面的帮助

表 4-4 和图 4-1 均为试卷讲评课的基本信息和情况记录统计，图 4-2 和图 4-3 为我校初三年级学生问卷调研的部分结果。

从表 4-4 中可以看出，随着教学经验的积累和理论知识（学生核心素养）的学习，对试卷讲评课堂教学进行反思与总结，不断跳出"分数"的"功利"圈子。图 4-1 呈现的是历次简答题得分情况，此部分满分为 50 分，而我校学生的分数主要集中在 30 分左右，不高不低，不温不热。图 4-2是在学生问答基础上进行的问卷调研，可以看出学生对简答题失分原因比较集中，为 5 项原因，且困惑程度除了 C 选项外均在 70%～90%。图 4-3 集中体现了学生最希望得到教师在试卷讲评课中获得知识、方法、技巧的指导，也不难看出，学生对课堂的情感、态度、价值观的需求并不高。

（二）"试卷讲评"课堂教学策略探索

通过教学经验的积累和理论学习，我初步探索出一种"试卷讲评"课堂教学的思路策略，如图 4-4 所示。

图 4-4　"试卷讲评"课堂教学的思路策略

试卷讲评课以学生核心素养为出发点和落脚点，前后基于对试题内容、考试数据、学生调研等数据进行科学的分析，从内容上将试卷讲评课堂教学分为选择题讲授和简答题讲授，无论是哪种课堂教学内容，都要重视基础知识，信息提取，分析运用，问题解决，情感、态度和价值观的关系，既不能过于重视"基础知识"，也不能只强调"方法技巧"，要注重和落实"综合能力和综合素养"。

以一节试卷讲评课为例：

创设情景：出示"选择题考点对应表格"，引导学生进行相关内容的思考与分析。

学生活动：根据考点说明，对选择题题目进行分类和对应；明晰选择题考查模块。

设置意图：能够通过考点说明与试题的对应，对试题进行归纳和

19. 图5是中国邮政在2017年3月9日发行的《京津冀协同发展》特种邮票。

图5

实施京津冀协同发展

选择题·
方法训练

主语、主题一致法；

A. 是推进我国区域协调发展的重大举措
B. 表明我国对外开放是对所有国家的开放
C. 说明我国实现了全面建设小康社会的目标
D. 是加大对少数民族地区扶持的改革创新举

分析。

选择题讲解1：出示"选择题·基础知识"题目，强化得分薄弱知识点（4道题）。

学生活动：强化知识漏洞（民主的特征；区分民主管理、民主决策、民主选举）。

设计意图：强化民主类选择题基础知识点。

选择题讲解2：出示"选择题·方法训练"题目，强化"主语、主体一致"做题方法（5道题）。

学生活动：复习做题方法：本次海淀试卷错题回顾；海淀、西城一模试题练习。

设计意图：复习答题方法。

简答题讲解1：回顾学科所学学科主题——"五位一体""四个全面"总体布局。

学生活动：以关键词的形式复习两大主线知识。

设计意图：强化本册教材的两大主线；明确考试范围。

简答题讲解2：解题思路梳理——讲授与案例相结合：（1）定位关键词，确定主题（审材料）；（2）材料与问题紧密结合（审问题+审材料背景）。

1. 定位关键词，确定主题

22.社会生活中需要参加投票选举，在"投谁一票"的问题上，大家发表了以下观点：

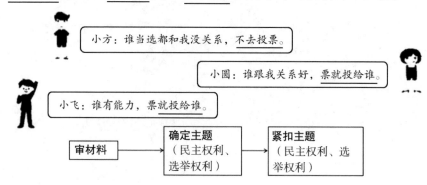

2. 材料与问题紧密结合   题目构成

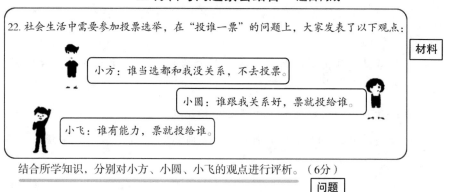

结合所学知识，分别对小方、小圆、小飞的观点进行评析。（6分）

问题

    学生活动：分析题目信息，明确审材料的关键点：确定主题—紧扣主题；明确审问题的关键点：主体、问题的内容（如评析、意义等）、限定条件（如联系所学知识、依法治国的角度等）。

    设计意图：能够归纳总结简答题题型的方法，并初步形成简答题的解题思维。

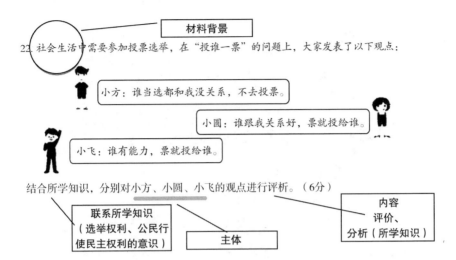

材料背景

22. 社会生活中需要参加投票选举，在"投谁一票"的问题上，大家发表了以下观点：

小方：谁当选都和我没关系，不去投票。

小圆：谁跟我关系好，票就投给谁。

小飞：谁有能力，票就投给谁。

结合所学知识，分别对小方、小圆、小飞的观点进行评析。（6分）

联系所学知识
（选举权利、公民行
使民主权利的意识）

主体

内容
评价、
分析（所学知识）

总结归纳：分析简答题题目构成：材料+问题；梳理简答题答题思路，练习解题思路。

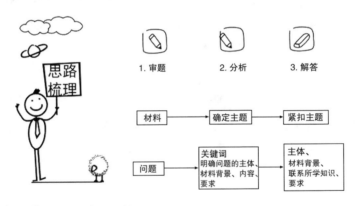

思路梳理

1. 审题　　2. 分析　　3. 解答

材料 → 确定主题 → 紧扣主题

问题 → 关键词
明确问题的主体、
材料背景、内容、
要求 → 主体、
材料背景、
联系所学知识、
要求

实践操作：22题和23题。

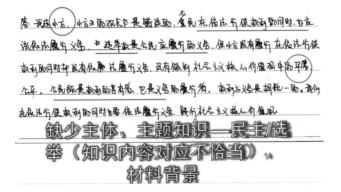

缺少主体、主题知识——民主/选举（知识内容对应不恰当）、材料背景

学生活动：完成题目订正。

设计意图：强化解题思路；知识点的具体落实。

分享交流：分析典型学生答案案例；感受和交流不同层次得分标准。

设计意图：以学生实际作答的答题卡为载体，明确答题标准。

四、结语

"学生核心素养"作为新的教学指导思想依据，为考试改革和教学提供新的思路和参考，为落实我国"立德树人""德育为先，能力为重，全面发展"的育人要求提供保障，教师应该更深次的思考其对教学带来的重要意义和价值。

以上仅为个人对"试卷讲评"课堂教学的思考与探索，受教学经验和理论知识的限制，必定存在不妥之处，希望能够在以后的教学中不断完善与提升，仅供读者参考。

以趣味实践活动促低年级学生语文核心素养形成
张艳玲

美国教育家杜威认为"教育即生活"，他强调教育离不开生活，教育是为了生活而存在的。我国教育家陶行知提出的"生活即教育，社会即学校"理念，在今天看来，仍然有鲜明的、现实的指导意义。《小学语文课程标准（2011 版）》中指出，"语文课程是实践性课程，应着重培养学生的语文实践能力，而培养这种能力的主要途径也应是语文实践。语文课程是学生学习运用祖国语言文字的课程，学习资源和实践机会无处不在，无时不有。"新部编版教材不仅重视知识的积累，更重视活学活用及在用中学。由此可见，作为语文教师，应积极探索学生可学习的资源与机会，争取让学生参与到更多的语文实践活动中，丰富其生活世界的语文课程资源。我们要设计灵活多样、与真实生活相结合的活动，引导学生在真实生活的情境中学习和运用，从而帮助学生真正感受祖国的语言文字之美，掌握更多的文化知识，达到全面提升语文素养的目标。而对于小学低年级的学生而言，教学的重点应是培养学生的兴趣。如何在语文教学中培养学生的兴趣呢？在教学中，我找准课文与生活实践的结合点，由此来激发学生学习语文的兴趣。我将就低年级的课文，浅谈我在教学中的实践。

一、"种"出语文之趣

我们的语文教学要充分挖掘社会教学资源，拓展教学渠道。课堂教学不是语文教学的唯一途径，我们可以利用多种教学资源进行语文教学。教师要尽可能创设条件，让学生参与社会生活，到社会生活中去观察、去体验。特别是在指导低年级学生进行口头表达时，必须让学生懂得"闭门造车"是说不出真知的。

在学习部编版教材二年级下册第一单元时正值春天，而这一单元都是以春天为主题的相关课文。我让学生在家里亲自种下一粒种子，然后带到学校来，要求不能和同学说出自己种的是什么。在同学们的共同照顾中，在同等的客观条件下，看看这些种子能不能发芽，并让大家猜一猜彼此种的是什么。学生们积极性非常高，都用心呵护班里的种子，渴望着沉睡中的它们破土而出的那一刻。

班里的种子陆续发芽了，绿豆、红豆、花生……教室里生机勃勃。学生们陶醉于自己亲手种的种子生根发芽所带来的喜悦的同时，也乐于猜一猜别人种下的究竟是什么。参与的过程中，学生更加明白了种子成长的所需，知道了种子成长的不易，懂得了课文中描写的"这是多么美好的礼物啊!"这些生活中亲自感知的学问，可能是他们一生中最难以忘怀的。

我还带领学生们参与植树活动及学校"开心农场"里的种植活动。在劳动的过程中，我让学生们体会彼此的动作、神态，感受自己的内心活动。学生们能够用一系列的动词表达观察到的学生种植的动作，能够有意识关注到劳动中的人是怎样的神态。通过有意识的引导学生观察，学生在实践中想语言，由此把口语交际与实践真正结合起来，也为中年级的写作打下基础。

二、"照"出语文之趣

如果以课堂为起点来实施生活化的教学，加强课堂教学与生活的沟通，才能让教学贴近生活，联系实际，才能帮助学生更好地理解课文内容，并真正受到启迪；才能赋予课文以生命和活力，更好地揭示其全新的潜在意义；才能引导学生更好地懂得生活、学会生活、适应社会实践。部编版教材的编写思路第一点就是"进一步发挥教科书的育人功能，自然渗透立德树人"。围绕这一思路，结合每个单元的不同主题特点，我们可以设计不同的趣味实践活动帮助渗透其中的教育思想。如何把课本中的思想在生活中去切实感悟，也应该是老师所思考的问题。

部编版二年级语文上册第四单元是关于"爱家乡"的主题，其中编排了2首古诗和3篇课文，涵盖古今，跨越海峡，表现出了祖国的辽阔和美丽，由此激发学生认识家乡的渴望和赞美家乡的感情。结合这一单元主题，为了激发学生的家乡情和爱国情，我让学生用心回忆自己住的小区是什么样子的，有哪些变化，从而帮助学生感悟身边的事物变化，感受时代变化，生活环境的改善。并让学生利用周末的时间拍下小区里自己最喜欢的一角或多个地方，再鼓励他们在班内交流，说说喜欢的理由。

学生拿着照片在介绍的过程中有的谈到了小区有了健身设施，方便了居民们运动；有的说到了垃圾分类让环境变得更好了；还有的提到了小区的路修了更加平整了、大门换了显得更时尚了等。交流的过程中，我能看出他们住在自己小区很骄傲、很快乐，真正品味出了生活的美好。学生们在寻景拍照、语言交流的过程中渗透出了情感，更明白了语言源自生活中细心的观察和用心的体会。

这种建立起课文与生活联系点的方式，帮助学生更深入地走进了文本，让我们的课堂有了浓浓的生活气息。这也潜移默化地发挥了借助教科书的"立德树人"的独特价值和优势，增强了学生的爱国之情。同时，提升了语文素养的形成。

三、"找"出语文之趣

教师不光要利用教材，更重要的是设计好生活化的语言和活动。教师要做有心人，经常引导孩子换个角度学习，从身边的日常生活中发现语文，感受语文，运用语文，鼓励、引导学生随时随地自主学习。这种学习一旦变成了自主的、自发的，学生便更加有了兴趣，学习效果也会随之提升。

在学习部编教材一年级下册第一单元的集中识字单元时，我让学生学着课文中的样子到课外广泛收集与本课内容有关的一些生字，在家长的协助和配合下找出像《猜字谜》类似的字谜，像《小青蛙》中类似的形声字，像《姓氏歌》类似的小儿歌等。同时，我还组织学生进行交流汇报，检查反馈。比一比谁找的最多，谁读的最好，并选拔出班里的积累小明星。学生们的热情高涨，家长们全力支持。我也收到了不少家长的信息，说孩子特别喜欢识字，随时看到不会的字、有特点的字都想问一问。这种积极的识字欲望一下子被激发出来，学生的识字量不仅扩大了，学习语文的热情也提高了，他们对于中华文字的博大精深也有了探究的欲望。

当学生正确地认、读出生活环境中的这些汉字时，无比兴奋，能够在老师、同学面前展示更是十分骄傲，再加上领到了小奖状，语文兴趣迅速提升。这样的识字教学既联系了生活，又拓宽了识字渠道，扩大了识字量。开放识字的途径，让识字从生活中来，到生活中去，树立生活中处处可以识字的理念，从小有了认字的兴趣，为自主阅读打下了坚实基础。

四、"比"出语文之趣

有的课文内容是学生常见和比较熟悉的生活现象，但往往又是他们熟视无睹或知之甚少的，教学时应指导学生留心去观察，通过比较观察去认识生活，扩大视野，理解课文，强化语言文字的训练，提高观察和理解能力，增强其对语文学习的兴趣。

部编版二年级上册第一单元的主题是关于"大自然的秘密"，其中编排了3篇课文，侧重于体现自然科学知识。我想通过这一单元的学习去激发孩子们对大自然的热爱之情。如何实现这一目标呢？我想先从鼓励学生做个会认真观察的孩子做起。我拿出了"西红柿""黄瓜"两种大家熟知的蔬菜让他们观察、比较，谁发现的点最多就可以把其中的蔬菜作为奖励给他。学生们在特殊奖励的诱惑下能够认真观察、积极发言，在我的引导下，学生从两种蔬菜的形状、外皮、颜色、口感等多个角度进行阐述。在用具体实物比较的同时，学生不仅进行了口语练习，而且学会了观察方法，为今后的写作奠定了基础。

这样趣味性十足的实践活动激发了学生表达的兴趣，利用生活中熟知的事物帮助学生学习课文，他们对课文中的形象有了更加深入的认识，对其意志品质有了更迫切学习的动力，也因此知道了在生活中应做有心人，多观察、多比较，处处有异同，发现便知妙，趣味自然生。

五、"画"出语文之趣

《小学语文新课程标准（2011年版）》指出，"沟通课堂内外，充分利用学校、家庭和社区等教育资源，开展综合性学习活动，拓宽学生的学习空间，增加学生语文实践的机会。"社会是一道广阔的背景，更是学习语文的一片天地。学生由学校走向社会、走向生活的拓展过程可以由多种形式实现，首先是教师悉心安排的，与语文课能巧妙结合，能激发起学生兴趣的活动。

在学习部编版一年级上册《雪地里的小画家》一课时正赶上下雪，我带领学生进行了实践活动，去雪地里"画一画"。孩子们本来就喜欢在雪地里玩耍，根据他们的天性，我不仅让他们在雪中玩，还让他们说一说自己的脚印像什么？"不用颜料不用笔，几步化成什么画"。孩子们不仅觉得有趣，还感悟了文中的语言美及表达的含义，这样就与文本形成了良好的对接。

学习部编版二年级下册《画杨桃》一课时，我在讲桌上摆个杨桃让大家观察、动手画一画。在对比同学们的作品时，大家感悟到了观察的角度不同画出的杨桃自然不同的道理，进而在帮助学生们理解"要从不同角度看问题会有不一样的结论"时便迎刃而解，由此突破教学难点。

在学习中指导生活，在学习中创造生活，应该是语文学习生活化的新内涵。所以结合学生生活世界学习语文，最后还应回归生活，走出课堂，走向学生的生活世界。教育离不开生活，只有在生活中才能充分地认识和掌握语文的工具性。

六、"验"出语文之趣

语文就在我们的生活中，语文的学习是用来反映生活并服务于生活的，联系生活学语文，有利于学以致用。我们要在生活中学习语文，在生活中检验学习，这也是学生的兴趣所在。

在学习部编版一年级上册《乌鸦喝水》一课时，我准备好半瓶水和一些石子，课上让孩子们往瓶子里放石子。孩子们在选择石子时都尽量选小的，我追问为什么时，孩子们都说"瓶口太小，我怕放不进去。"而且，孩子们放时很小心，我问其原因，孩子们的答案是怕把瓶子打碎。再联系课文中的句子"乌鸦把小石子一颗一颗地放进瓶子里"让学生想象乌鸦是怎样放石子的。"小心翼翼地""轻轻地""慢慢地""谨慎地"……通过亲身实践，孩子们能够说出不少修饰乌鸦"放"这一动作的词语，由此也验证了文中的"瓶子里的水渐渐升高"这一现象。有趣的实践不仅提升的是课堂效率，同时提升的是学生对语文的兴趣，更是他们的语文素养。

学习部编版二年级上册《曹冲称象》一课时，我准备了水盆、塑料杯和一些石子给孩子们演示曹冲的办法。孩子们在观察、实践的过程中直观地理解了曹冲称象的过程。而且，一边实践，一边让学生用上"先、再、然后、最后"这样表示时间顺序的词语说一说操作的步骤，学生的表达更有序了，教学的难点也顺势突破。

其实语文的学习，不应把别人的文字化为自己的生活，而是要借体验把生活化为文字、感受、理解，从而达到主动的吸收、自觉的获取、高能力的反馈。这样，才能帮助学生把文本与生活体验建立好联系，形成求真的科学态度，让语文发挥更多的指导功能。

生活中孕育着教学，生活是知识的海洋，生活的点点滴滴皆学问。因此，我们应当具备一双慧眼，寻找生活中与语文教学的结合点，帮助学生把学习语文的兴趣在生活的实践中形成起来，让生活成为学生学习的教材。我也在努力寻找一条突破课堂教学封闭模式的新道路，扩大学语文和用语文的时空界限，使学生利用课堂上的"知"，到生活中去广泛运用，在实际运用中提高听说读写能力。我在力争改变单一的语文课堂教学模式，开展丰富多彩的语文活动，把语文教学和生活紧密结合起来，这是提高学生语文学习兴趣，提高语文教学效率的有效途径。也由此让学生对语文学习产生足够的兴趣，由被动学习变为主动学习，由狭窄的课堂教学变为融入生活的生活化教学。总之，生活中处处有语文，也处处用到语文，语文教学生活化，不仅可以克服传统语文教学中只重语言智能的弊端，而且提升了学生学习的兴趣，优化了教学过程，使以创新精神与实践能力为核心的素质教育真正落到实处。

基于思维视角的小学低年级音乐课堂

樊菁菁

学校自建校以来，一直秉承"成德达才"的育人理念，恪守"自觉、勤奋、求实、创新"的校训，把对"人"的培养视为教育的终极目标，注重提升学生的学科素养，秉承"人本、和谐、创新"的管理理念，用心血、激情和社会责任感凝聚教育信心，践行教育理想；坚守"爱国、科学、人文"的教育理念，因材施教，培育厚德博学的创新人才。

在教育教学中，我校不断深化"四修课程"体系，在"通修课程"夯实学科基础的前提下，提高学生核心素养，培养学生思维能力，使学生成为德、智、体、美、劳全面发展的优秀人才。

《小学音乐课程标准（2011年版）》明确指出，教师要着重培养小学生的音乐能力和音乐素质。音乐课程的价值在于：为学生提供审美体验，陶冶情操，启迪智慧；开发创造性发展潜能，提升创造力；传承民族优秀文化，增进对世界音乐文化丰富性和多样性的认识和理解；促进人际交往、情感沟通及和谐社会的构建。

在小学低年级音乐课堂中，我根据学生的年龄特征和认知水平，结合教学内容的不同特点，重点培养学生的思维能力，不断提高学生感知力，激发学生学习音乐的兴趣，从而充分发挥学生的主观能动性，使小学低年级的音乐课堂教学充满生机和活力。

一、形象思维能力的培养

学生对音乐的初步感知是形象思维的基础，只有丰富的表象积累才能为形象思维提供广阔的天地。

（一）听觉

较强的听觉能力能够促进对学生形象思维能力的培养与提高。在小学音乐课堂教学过程中，培养听觉能力的基础是节奏训练，鲜明的节奏会很快引起学生的共鸣，有的学生会情不自禁地跟着音乐手舞足蹈，有的学生则会认真倾听并模仿。

例如，一年级歌曲《大鼓和小鼓》，教师通过聆听、对比、模仿等教学方式，引导学生了解大鼓和小鼓的声音特点和节奏特点；在模仿过程中，学生不仅能独立说出大鼓和小鼓声音的区别，感受声音的高低，还能自主编创拍手动作来进行表现，同时锻炼了学生自觉听辨音乐表现要素的能力，为进一步学唱歌曲奠定了良好的基础。

（二）想象

想象是培养和提高学生形象思维能力的重要组成部分。在欣赏课的教学过程中，教师应鼓励学生积极发挥想象，不需要去探寻作曲家创作时的形象原型，但可以从音乐本身的情感出发，引导学生产生各种各样合理的想象，抓住培养学生想象力的时机。

例如，二年级欣赏曲目《龟兔赛跑》，乐曲的第一部分主题是"大森林的早晨"，音乐优美、安静，教师运用多媒体辅助教学，为学生营造了一个与音乐特点相符的氛围，引导学生快速进入情境，学生愿意扮演自己喜欢的角色，积极参与到音乐表演中，与音乐配合。在表演中，学生的律动和音乐的节奏非常一致，甚至有些同学的表演还令大家赞不绝口。在这样的过程中，大大提高了学生听赏音乐的兴趣，着重培养了学生丰富的想象力。

二、创造思维能力的培养

（一）音乐与图画的结合

"音乐感受与欣赏"是小学音乐课的必修课程。在教学过程中，单纯的"听"会使学生产生枯燥感，从而使学生失去欣赏、思考的兴趣。在综合考虑不同学段学生特点的基础上，适时让学生以绘画呈现乐曲旋律、展现音乐情境，能够加强对小学生创造思维能力的培养，增加学生听赏音乐的感官体验，深化学生对音乐主题与作品内涵的理解。

例如，二年级欣赏曲目《在钟表店里》，为了更好地帮助学生理解整首乐曲的旋律特点，掌握乐曲中的节奏变化，教师引导学生用符合低年级绘画水平的点、线等基本绘画元素绘制图形谱，通过对图形谱的分析讲解，学生不仅能够非常准确、清晰地识别出乐曲主题出现的次数，而且更容易感受到乐曲轻松、愉悦的旋律特点，想象工人们在琳琅满目的钟表店里，伴随清脆钟表声愉快工作的美好情景。

（二）音乐与表演的结合

小学生具有活泼好动、模仿力强、想象力丰富等特点，适当地在音乐课堂中增加"动"的音乐活动，即教师提前设计符合音乐内容，且能够表现音乐情感的肢体律动，引导学生模仿使用。这不仅有利于增添课堂趣味性，更能激发学生音乐想象力，有利于创造思维能力的培养。

例如，一年级歌曲《数鸭子》，由于学生对歌词的内容已有一定的了解，因此可直接引导、鼓励学生用动作来表现乐曲中的不同人物形象，并配合教师的钢琴伴奏。学生在歌唱、表演的过程中，积极性和注意力明显增强，极大地激发了学生的音乐想象力，更将歌曲的听觉形象、视觉形象与个人体验相融合，加深了学生对整首作品的理解。在表演过程中，学生的思维一旦激活，就会有更多的延伸性，教师应及时捕捉，热情鼓励，助燃创新的火花。

三、结语

作为音乐教师，既要始终坚持以学生为中心，将学生作为上课主体；又要在完成基本音乐技能教学的同时，根据学生的特点，在课堂中设计不同的新颖环节，激发学生的思维潜力，给学生带来灵感，创造更有利于学生思维能力发展的学习氛围，从而促进学生全面发展。

参考文献

［1］钟启泉. 课堂研究［M］. 上海：华东师范大学出版社，2016.

［2］杨璐. 创新思维和创造表现能力在音乐教学中的培养策略［J］. 当代教研论丛，
　　2020（8）.

［3］余潜. 如何培养小学低年级学生解决数学问题的能力［J］. 读写算，2021（3）.

第二节 ▶▶▶▶▶▶

学科融合

学科融合的探索
张　宁

随着时代的进步与社会的发展，单一的学科很难解决复杂的问题。为了适应经济全球化、信息智能化，学科融合逐渐成为备受关注的课程组织方式之一。

学科融合教育是全面提升学生综合素质、发展核心素养的需要，主要通过不同的学科渗透，建立跨学科或超学科间的横向联系，让学生对学科知识形成综合认知，习得系统的学习方法，养成高阶的思维方式，从而能够运用学科融合知识与方法，解决现实情境中的复杂问题，养成适应终身发展和社会发展的必备品格和关键能力。这与首师大附中大兴北校区"成达致远"的育人目标不谋而合。学科融合课程也成了首师大附中大兴北校区智慧课堂探索的重要部分。

一、课程产生的背景与意义

（一）学科融合是实现学生深度学习的有效途径

实施学科融合，目的是培养对问题有独到见解、能触类旁通、善于解决生活实际问题、对所学知识可以融会贯通的具有终身学习能力的人。在学科融合背景下，学生可以在教师的引领下，围绕某一现象或主题，冲破学科的知识限制，突破原有的思维局限，根据不同学科知识之间的内在联系，融合多学科概念、多学科领域知识，将不同学科或专题的零碎知识进行有效整合，对问题进行深入分析，从而实现深度学习。

（二）学科融合是促进学生全面发展的必然要求

长期将学习活动分割成单独的学科进行教学，学生逐渐会忽略对各学科领域之间知识相互联系的思考。在承认不同学科差异的基础上，在研究某一领域或学科问题时，打破不同学科之间的壁垒，利用多学科参与和介入，进行跨学科的学习可以更好地培养学生思维能力的发展，培养学生运用多学科知识解决真实问题的能力，从而促进学生全面发展。

二、学科整合课程的研究思路

（一）应以提升具体的核心素养为导向

跨学科整合课程的针对性是指应以提升具体的学生发展核心素养为导向。学生核心素养的培养需要以学科核心素养为抓手。3类课程（国家课程、地方课程和学校课程）的学科（跨学科）核心素养合理对接学生发展核心素养。任何一个学生发展核心素养往往需要多个学科从不同侧面共同担负起提升责任，这是单独一个学科、学段不能完成的。为此，我们要依据学科核心素养与学生发展核心素养的直接对应，设计提升学生缺失的发展核心素养的跨学科整合课程。

（二）把握整合的契合点

在学科融合多元化发展过程中，不同学科之间的融合度存在着一定的差异，所以在选择学科融合发展模式时，应针对不同学科的实际情况，选择差异化的融合发展模式。

三、学科融合的教学实践

基于以上理念，首师大附中大兴北校区在设计实施学科融合课程时，立足核心素养、创设问题情境，打破学科壁垒，以主题形式或跨学科形式进行教学活动，构建便于实施的融合课程体系。

（一）"地理+语文"学科融合课例呈现

地理学是一门综合性学科，与很多学科都有着密切联系。语文学科作为学习中华文化的载体和工具，是很多学科学习的基础。"地理+语文"学科融合渗透，既可以补充地理课程资源，也可以提升地理教师课堂语言感染力，是对学生"地理+语文"双素养及其科学认知水平的提高。

在承认地理、语文学科差异的基础上，抓住地理学科的本质和特点，将地理与语文学科中互通的知识和方法进行迁移和渗透。在首师大附中大兴北校区的学科融合探索中，由语文老师和地理老师共同完成了一次以"长江"为主题的融合课（如前文表3-8所示）。

这节语文和地理融合课以"长江"作为学习的共同主题，为学生构建了反映长江不同河段水文特征的诗词情境，让学生在阅读、分析图文资料的过程中，探索古人所观察到现象背后的地理原因，培养学生逐步形成人地和谐的理念与热爱祖国的情怀。把不同学科的理论或方法有机地融为一体，最终实现学生核心素养的提升。

（二）收获与体会

通过双师课堂、联合教研等多种途径的教学尝试，不仅能够使学生对解决问题更有兴趣，相较传统的课堂更为新颖、活泼，也能使课堂教学更加高效，学生的学习质量也得以提升，为他们在各学科全面发展提供了一条较好的途径。

通过学科融合教学，让老师和学生了解到不同的学科之间是相互交叉且有内在联系的。学生也积累了丰富的素材和经验以选择自己的理想学科，选科的同时要兼顾到学科知识的积累，为今后学习探究提供助力。

在新课程变革的背景下，跨学科联合教研、学科融合教学等新的教学尝试研究不仅能够直接促进教师的专业发展，而且有效提升了学生的科学素养与综合素质。在未来的学科融合教研中应多关注如何在保留学科自身特点的同时，又能够寻求跨学科教育教学过程中的最佳契合点，实现学科间的相互融合、相互促进，使各学科教学互联与延续，达到更佳的教学效果。

参考文献

[1] 陆启威. 学科融合不是简单的跨学科教育——学科融合教育的实践和思考 [J]. 辽宁教育，2017（5）：22-24.

[2] 钟启泉. 基于核心素养的课程发展：挑战与课题 [J]. 全球教育展望，2016（1）：3-25.

［3］李晓燕. 学科融合背景下"地理+语文"课程资源开发及教学渗透方法研究［D］.
昆明：云南师范大学，2020.

学科融合的探索
朱凤梅

一、课程融合综述

随着社会不断发展，对于人才的需要逐渐提高，人们对课堂教育的重视程度也随之提高，初中开展的课程教育，在学生整个学习生涯中占有重要地位，国家相关教育部门对于初中基础教育尤为关注。

在学科融合理念不断普及和流行的时代背景下，我国教育教学事业也应指明新的发展方向和路径。学科融合是指在承认各学科差异的基础上不断打破学科边界、促进各学科知识内容相互交流和渗透的教学理念。学科融合并未跳出学科教育的文化圈，仍然立足于文化知识的教育本体功能，积极探求更高效、更畅通的学科教学模式。

数学是研究数量关系和空间形式的科学。数学与人类发展和社会进步息息相关，随着现代信息技术的飞速发展，数学更加广泛应用于社会生产和日常生活的各个方面。数学学科是培养学生基础数学思维、逻辑思维、分析和判断问题的思维，可以为学生学习其他学科奠定思想基础。另外，数学学科中含有多种数学方法，也可以引导学生们用数学方法去解决多种问题。因此，初中教师应该加强对数学学科的研究，寻求有效的方法实现数学学科和其他学科的整合，发挥其功能，为其他学科服务。

二、学科融合的具体实践

下面是一节数学和历史的学科融合课程，面向的是小学六年级学生，本课课题是《玩转扑克牌》，以扑克牌为学习对象。扑克牌，是风靡全球的一种纸质娱乐玩具。约在13世纪，这种纸牌游戏进入了欧洲上流社会。15世纪后，随着印刷术的发展，手工制作的纸牌开始采用印刷方式制作，变为卡片的形式，统一了内容、花色和牌数，逐渐在全世界流行开来。

（一）指导思想

以《义务教育历史课程标准（2011 年版）》《义务教育数学课程标准（2011 年版）》为指导思想和理论依据，历史课程目标要求学生能够掌握中外历史的基本知识，初步掌握学习历史的基本方法和基本技能，开拓观察世界的视野；数学课程目标要求学生能探索给定情境中隐含的规律或变化趋势，通过实践活动，感受数学在日常生活中的作用，获得数学活动经验。

（二）学习目标

从数学学科视角，通过扑克牌游戏，探索游戏背后所隐含的数学规律，提高学生的思维层次，在既玩又学中完成学习；激发学生的学习兴趣，培养学生探究问题的意识，并尝试解决问题。从历史学科视角，通过提取信息、整理不同类型资料，知道扑克牌 K 所代表的世界古代历史人物及事迹，体悟历史学科追本溯源的特色，认同追本溯源有助于对事物的发展形成客观、全面而理性的认识。

（三）学习准备

扑克牌、人物名片制作卡。

（四）学习过程

活动任务 1：了解国王事迹，制作人物名片

现代通用的扑克牌，J、Q、K 上面的人物，都是欧洲历史人物头像。在很多扑克玩法中，K 最大。那么，4 张 K 上面的人物，分别是谁？各有什么来头呢？

结合所学，制作人物卡片，参考示例（如图 4-5 所示）：

活动任务 2：历史学法小结

图 4-5

承转：还可以从数学视角审视扑克牌。我们从电视上看到的一些魔术师，用手中的扑克牌变出种种不可思议的现象，让人想一探究竟。魔术一向深受同学们喜爱，那么，当魔术与数学结合，当奇幻与智慧邂逅，又会产生怎样的精彩呢？

活动任务 3：巧排顺序

每张桌子上有 13 张牌，牌面朝下，请同学们不要动这些牌，按下面要求操作，会有惊喜哦！

［玩法］

1. 将桌子上的 13 张牌，牌面朝下，放到自己手中。

2. 从下方抽出 1 张牌，将其放到牌的最上方，即第一张放到第十三张后面。

3. 继续从下方取出 1 张牌，牌面朝上放到桌面上。

4. 手中牌继续从下方抽出 1 张牌，将其放到手中牌的最上方，接着从下方取出 1 张牌，牌面朝上放到桌面上。

接下来重复操作……

直到手中的牌全部取出为止，最后桌面上的顺序是什么呢？

请同学试试看，如何排序能做到呢？

同学们，分小组试一下，哪组同学能解密呢？

同学们，有了本次活动经验，你可以设计扑克牌数学魔术吗？试试看……

活动任务 4：妙算猜牌

［玩法］

1. 将 54 张牌洗乱。

2. 将 54 张牌（正面朝上），一张一张地按顺序数出 30 张，翻面（正面朝下）放在桌上，表演者在数 30 张牌时，牢记第 9 张牌的花色与点数。

3. 从手中的 24 张牌中，请观众任取一张，若为 10，J，Q，K 之一，算为 10 点，并且正面朝上作为第一列放在一旁；若牌的点数 a1 小于 10（大小王的点数为 0），将这张牌正面朝上放在一旁，并且从手中任取 10~a1 张牌正面朝下，作为第一列放在这张牌下面，再请观众从手中的牌中任取 1 张，按上法组成第二列；最后再请观众从手中任取 1 张牌，按上法组成第 3 列，若手中的牌不够，从桌上已放好的 30 张补足，但是必须从上到下地取牌。

4. 将每列的第一张牌的点数 a1，a2，a3 加起来，得 a＝a1+a2+a3。

5. 表演者从手中已剩下的牌数起，数完后再从放在桌上 30 张牌中的第一张开始接着数起（如果手中已无剩牌，则从桌上剩下的第一张牌数起），一直数到第 a 张牌，并准确的猜出这张牌的点数与花色（即开始数 30 张牌时记的第 9 张的花色与点数）。

想一想，这是为什么呢？

三、收获和体会

本节课先是数学老师带着同学们从数字的角度看扑克牌，接着历史老师带着同学们认识扑克牌上的人物，以 4 张 K 为例，如方片 K 是恺撒大帝，是罗马共和国末期杰出的军事统帅、政治家和罗马帝国奠基者。之后历史老师带着同学们动手制作人物名片，学以致用。然后数学老师带着同学们玩转扑克牌游戏，在既玩又学中探索数字规律，体会数学的逆向思维，了解反正法，培养同学们逻辑思维能力。

不同学科知识之间有互通性和联系性，教师在教学的过程中，培养学生学会将数学基础知识和数学思想、数学方法运用到其他学科中，让学生从不同的角度感受数学知识的奇妙和灵活，也能激发学生综合看待各学科的意识。

参考文献

[1] 李佩宁. 什么是真正的跨学科整合——从几个案例说起 [J]. 人民教育，2017（11）：76-80.

[2] 徐芹. 由学科整合走向融合理论实践初探 [J]. 吉林教育，2017（32）：65.

[3] 柴亦扉. 因材施教的时代诠释与策略探析 [J]. 基础教育研究，2020（23）：23-25.

[4] 江正平. 以初中物理为主体的跨学科整合教学素养的培养 [J]. 数理化解题研究，2020（35）：54-55.

[5] 赵倩倩. 教育社会学视阈下师范生整合技术的学科教学知识（TPACK）现状与提

升策略研究［D］. 长沙：湖南师范大学，2020.

［6］邹小红. 学科融合背景下小学数学课堂教学策略［J］. 西部素质教育，2019，5（19）：243-244.

［7］李发文. 信息技术与初中数学学科教学的整合研究［J］. 学周刊，2021（7）：40-41.

［8］李云. 中学数学与其他学科渗透整合研究［J］. 考试周刊，2020（A4）：75-76.

［9］童佳. 核心素养背景下小学数学与其他学科的整合策略［J］. 试题与研究，2020（28）：72-73.

第三节 ▶▶▶▶▶▶

分层教学 ————

教学中关注学生的成长差异

李忠艳

来首师大附中大兴北校区工作 6 年，也是我接触分层教学的 6 年，6 年中变化最大的是教学理念与教学模式的转变。分层教学即因材施教，教师针对不同层面的学生有针对性地进行教学、布置作业。坚持"因材施教，循序渐进"的原则，开展分层教学，针对不同层次学生在思维发展水平、智力和认知结构方面存在的差异，确立不同的教育目标，采用不同的教学方法，既照顾到优秀学生"吃不饱"的情况，又解决了一般学生"吃不了"的问题，为学生个性发展创造了良好的环境，每个学生因而都能发挥其最大潜能。对于基础较好的学生，教师会充分调动其积极性，在进行日常教学的基础上，尽量多地引导学生进行研究性学习；对于基础较弱的学生，教师会在认真落实基础知识、基本技能的基础上，使其学会学习并喜爱学校的课程。

苏联著名教育家维果斯基提出的"最近发展区理论"，认为学生的发展有两种水平：一种是学生的现有水平，指独立活动时所能达到的解决问题的水平；另一种是学生可能的发展水平，也就是通过教学所获得的潜力。二者之间的差异就是最近发展区。教学应着眼于学生的最近发展区，为学生提供带有难度的内容，调动学生的积极性，发挥其潜能，超越其最近发展区而达到下一发展阶段的水平，然后在此基础上进行下一个发展区的发展。依据"最近发展区"的思想，"最近发展区"是教学发展的"最佳期限"，即"发展教学最佳期限"。即在最佳期限内进行的教学是促进学生发展最佳的教学。教学过程只有建立在那些尚未成熟的心理机能上，才能产生潜在水平和现有水平之间的矛盾，而这种矛盾又可引起学生心理机能间的矛盾，从而推动学生的发展。不同时代、不同班级、不同个体学生的发展水平和能力达到的水平是不同的，每个学生在每节课中知识是否有所增加，能力是否得到提升，情感是否得到体验，关注学生的成长，尊重学生的差异，是每一个教育者应该思考的问题。

上学时曾听过"一年的经验，三十年的教学"。当时的理解就是当老师有了一年或几年的教学经验后，就可以凭已有的经验教学了。如今我已在同一年级同一学科上教了 10 年，可我仍觉得每一节课都是新的，我觉得有些经验是可怕的，固有的经验和模式会让教学与学生兴趣及成长偏离。"没有差异的教学，就不是真正的教学。"我坚信这句话，教师只有在教学中承认学生的差异，才能真正进行有效的教学。

一、学生生长环境的差异，使学生的发展存在一定的差异

几十个孩子来自不同的家庭，有的甚至来自不同的地区，家庭教育、家庭生活背景的不同，使学生现有的发展水平也是不同的。几年前，我在一所农村中学任教，当讲《燃烧》这节课的内容时，学生对燃料的种类、家用燃料的转型十分清楚，但对新型燃料的使用情况了解很少，在教学内容的设计上，利用学生熟悉的燃料秸秆和煤，通过比较两种燃料的引燃方式不同，了解不同燃料具有不同的着火点，学生接受起来很轻松，因为在情感上他有过相同的体验。而我现在所教的学生，他们大多生活在城里，他们接触过的燃料只有家用燃气，有的孩子甚至对蜡烛都不是很了解，在教学设计上，通过大量的视频资料，让学生了解燃料在社会生活中的作用，然后再介绍燃烧的其他知识。教学中关注学生的生活环境差异，保护好学生持续的学习兴趣，促进学生全面的成长，而不是为考试而学的困惑。

二、社会的发展，促使不同届学生的发展存在一定的差异

社会迅速的发展，每一届学生对知识现有的发展水平都有所不同。经常听身边的同事说"以前这样讲一遍很多学生就会了，怎么现在教了几遍学生都听不懂"。这样的情况许多当老师的人都遇到过，老师是否考虑过现在学生与以前学生在知识发展水平和学生接受能力上存在差异呢？我们在教学设计之前对学生的这种差异是否了解清楚了呢？前几年，在讲碳酸钠的性质与用途时，经常把利用碳酸钠（纯碱）蒸馒头的情景放到课堂中，学生一听就很熟悉，学生从熟悉的生活中获得碳酸钠的性质，并能用学到的知识解释其中的原理，从而使学生认识能力的水平获得提高。而如今我了解一个班中家长自己蒸馒头的非常少，即使有的家庭蒸馒头，发面后再用纯碱的几乎没有。我们老师熟悉的情景学生很陌生，老师如果仍用这样的情景激发孩子兴趣，学生的认知点上存在着断层，学生的心理存在一定的迷茫，而这种迷茫再加上生疏的化学知识，学生学习起来会很晦涩难懂。我在了解了学生的情况之后，自己制作了一个蒸馒头的视频，视频中我告诉学生这是我第一次蒸馒头，馒头虽然蒸的不好，但学生能获得纯碱在其中的作用，同时我快乐的情绪使很多学生在课后都想回家试一试自己蒸馒头。当我们的课堂能为生活服务时，为学生的发展着想时，我们的课堂才是生动的、鲜活的。

三、关注学生个体差异，实施分层教学

学生的差异是客观存在的，不以人的意志为转移，面对这些差异，任何整齐划一的做法都是注定要失败的。正确的选择应该是尊重差异，正确对待差异，把差异当作一种资源来开发。教师要全面观察分析每个学生，关注个体差异，保护和调动每个学生的学习兴趣和积极性，善于发现和平共处开发学生潜在素质和闪光点，绝不能用一种标准衡量所有学生，应允许学生在发展程度和素质结构上存在差别，因势利导，创设有利于学生发挥自己特长，张扬自己个性的学习环境。因此在课堂教学中，我根据学生的不同情况实施分层教学，提出不同的要求，让每一个学生都有所发展。使得在同一学习时间内，各层次的学生都有自己要解决的问题，都能在各自现有的基础上跳一跳摘取桃子，即通过思考解答问题有新收获，有所提高。为使自己对学生的要求提得恰当，我做到摸清学生的最近发展区，这样使得自己能正确把握每一个学生的情况。使自己能针对不同类型的学生

提出不同的目标要求，采用不同的教学方法，让每个学生都有一条合适的学习路径，不至于使低层学生因台阶过陡而滋生惧怕心理甚至失去学习信心，也不至于使高层学生因学习台阶过缓而滋生骄傲情绪甚至丧失学习兴趣，这样才能使每个学生都乐于学习，勤于钻研。让优等生"吃得饱"，中等生"吃得好"，后进生"吃得了"，使每个学生都学有所得。让学生的"强项更强"，"弱项加强"，以免因某一方面知识的缺陷而影响后继续学习。

低层次的学生知识水平较低，分析解决问题主要靠教师"扶着走"。对这一层次的学生"教"重于"学"，即以教师的"教"为主，通过教师的讲解，使学生获得知识，再适当加以学法指导。讲课内容主要是讲解一些基础知识，基本原理，多数知识只要求他们能识记或简单理解，在能力方面主要达到"模仿"的层次；中等层次的学生具有一定的分析解决问题的能力，学习上主要靠教师"领着走"。对这一层次的学生，"教"和"学"应并行，但应更注重学法上的指导，尽量缩减"教"的时间，增加"学"的时间。讲课时应着重放在对基本概念、规律的理解上，使他们切实领会知识的来龙去脉，把握知识的内涵，在能力方面达到"学会"的层次；高层次的学生自学能力较强，学习上可"放开走"。对这一层次的学生，"学"重于"教"，因此在教学中，我以指导学生自学为主，多进行学法指导，讲课时要突出重点，画龙点睛，重点向他们讲解掌握知识的方法，培养他们独立获取知识、形成技能的能力及实验、创新的能力，在能力方面达到"综合运用"的层次。

对一些特殊意义上的差生，为使自己能对他们的要求提得恰当，一步步地引向深入。我注意既看到他们的闭锁心理，又抓住他们内心强烈的求同情性，从情感着手，加大师生间信息交流，尽可能给他们更多的真诚、更多的理解，用博大的宽容和接纳之心去温暖他们，让他们尝到成功的喜悦，享受发现的乐趣，逐步增强他们学习数学的兴趣，让他们也昂起头走自己的路。

"承认差异，利用差异，发展差异""教好每一位学生，对每一个家庭负责"，这不仅仅是口号，而且应逐渐成为我们每一个教师的自觉行动。

正如新加坡教育部在颁给校长委任状上的一段话，"在你手中是许许多多正在成长的生命，每一个都如此不同，每一个都如此重要，全部对未来抱着憧憬和梦想，他们都依赖你的指引、塑造和培养，才能成为更好的人和有用的公民。"这也是我们每一个教育者心中的责任。

总之，在教学实践中，我们每个教师要有整体育人、全面育人的观念，要对每个学生负责，我们应该认识到：转化一个差生和培养一个优等生同样光荣，我们一定要切实使素质教育落到实处，使每一个学生的数学素质不断完善和提高。

参考文献

[1]（苏联）维果斯基. 思维与语言［M］. 李维，译. 北京：北京大学出版社. 2010.

[2] 王道俊. 教育学［M］. 北京：人民教育出版社，2009.

[3] 翟利敏. 关注学生情感，尊重学生差异［J］. 学周刊，2011（2）.

[4] 陈鹤琴. 家庭教育［M］. 北京：中国青年出版社，2012.

初中数学分层走班的实践与探索

邓学翠

随着课程改革的深入推进，分层走班教学在教学过程中得到了广泛的应用。本文以在初中数学中开展的分层走班教学进行展开，对分层走班的方式及分层后采取的一些教学措施进行了研究，并探讨其效果存在的问题，以期为打造初中高效数学课堂并促使学生的全面发展提高参考。

一、分层走班的提出

近年来，我校所招学生群体差异较显著。从数学成绩上来看，最高分接近满分，最低分不到 20 分。当然，成绩是学生各个方面差异的最终体现。每个学生都是一个独立的个体，每个学生在思维方式、接受能力、学习习惯上都有差异。我们常常苦于班级内部学生的学习能力差异较大，教师往往只能根据班上大多数学生的情况进行授课，很难顾及班上所有学生的需求。对于习惯较好、接受能力较强的学生能较快地接受老师所讲内容、完成老师布置的习题，这些学生在课堂上经常处于没事可干的状态，这些学生思维难以拓宽，自主性得不到发挥；对于基础薄弱、思维较慢的学生，通常学起来很吃力，老师已经讲到第二个环节了这部分同学前面的知识还没弄懂，他们越来越跟不上，学习越来越吃力，内心受到挫败，最终放弃厌学；而对于中间部分的学生，往往满足于现状，缺少上进心。另外，由于学生在校学习时间有限，放学后还有课外活动等，因此个性化的辅导答疑很难保证跟进。

《义务教育数学课程标准（2011 版）》指出，数学课程应致力于实现义务教育阶段的培养目标，要面向全体学生，适应学生个性发展的需要，使得人人都能获得良好的数学教育，不同的人在数学上得到不同的发展。

近年来，研究性学习、小组合作学习、分层教学等方式在各地学校得到开展。也为了满足学生多元化、个性化的发展需求，为学生提供私人定制的个性化课程，我校于 2016 年开始尝试分层走班的教学方式，我所教的数学是分层走班的其中一科。

二、分层走班的实施

（一）分层走班的尝试与探索

分层走班需要考虑学校的师资情况及学生的实际情况，我校 2016 级学生共有 107 人，有 3 名数学教师。因此，在开学之初，根据学生的入学检测成绩，将学生分为 3 个层次的教学班，即 A 班，B 班，C 班。鉴于学生刚上初一，成绩、状态等还不太稳定，也为了不打消学生的积极性，因此让 AB 层人数各为 40 人，C 层人数为 27 人。3 个层次的学生采取走班制授课，同时分布在 3 个教室，由 3 个教师同时上课，我担任的是 C 层的教师。

一次考试成绩往往不能说明问题，因此分层走班教学过程中我们会根据学生的成绩及接受能力等综合因素随时调整。期中考试时，如果 C 层或 B 层的某位同学的成绩达到了 B 层或 A 层水平，并且接受能力还可以，学生可以申请升到 B 层或 A 层。但如果这个孩子虽然达到上一层的分数，但是接受能力较慢，跟不上上一层的进度，可以选择留在原层。期末考试时，如果 A 层学生成绩下降或接受能力较弱，以至于跟不上 A 层老师的上课进度，则可申请调到 B 层。

这样通过几次调整后，每层学生的特点比较突出。A 层学生基础比较扎实，接受能力强，思维较好；B 层学生基础相对较好，有一定的上进心，学习方法有所欠缺；C 层学生基础不够扎实，学习积极性不高，学习习惯不好。

针对学生的特点，每层重点培养的目标当然也不同。对于 A 层，重点培养学生的自主学习能力，培养学生的思维；对于 B 层，重点引导学生及时总结、改错等，学会学习，并加强基础知识的掌握和理解；对于 C 层，重点培养学生的学习习惯，建立学生的自信，从而激发学生的学习兴趣，强化基础知识的落实和基本能力的提升。

（二）分层走班的教学措施

学生分层后最关键的是每层如何根据学生的实际情况，制定适合学生的教学方法、目标，让学生最终都能有所收获，有所发展。下面谈一谈我在 C 层采取的一些措施。

1. 培养学生的自信心

对于 C 层的学生，他们初一的入学考试成绩最高分 50 多分，最低分个位数。通过初步了解大部分学生觉得数学难，不喜欢数学，觉得学数学没有希望了。因此，建立他们的自信心迫在眉睫。

（1）适当放低要求。在批改作业或学生回答问题时，我会降低要求。比如，在通常情况下 A 层学生的作业不错或只错 1 个题目，我会打 A，但是在 C 层错三四个以内，我都会打 A，这样学生会觉得自己的作业没那么差。最初，课堂上无论他们回答的正确与否我都会表扬他们，长此以往更多的学生愿意回答问题，在慢慢引导下，能回答对问题。

另外，对于课堂教学目标我会设置的比较基础，问题与问题之间会搭建台阶，讲课速度会适当放慢，让学生们能跟上进度，并不会觉得数学很难。

（2）树立标杆，及时表扬。大部分学生都渴望得到表扬，因此无论学生课堂上积极回答问题，作业完成的比较好还是课堂小测做得比较好，我都会在班级及家长群里表扬这些学生，久而久之，学生认为自己还是可以的，还是能得到老师认可的，随之也会提高一些学习兴趣。榜样的力量，同伴的力量，不容小觑，即使是最后一层，每次考试我都跟同学们一起选出本层的学霸，把他树立为本层的标杆，并把他的成绩与 B 层一些学生的成绩对比，孩子们会发现并非 C 层的成绩就一定比 B 层的差，所以学起来也有了信心。

2. 培养学生的学习习惯

良好的学习习惯不仅对学生当下的学习，也对学生今后的发展有着很重要的作用。尤其是对于刚步入初中的 C 层学生来说，他们学习习惯较差，因此培养他们的学习习惯是初一的重要目标。

（1）课前准备。最初分层走班，经过 1 周多的教学，发现这些学生有丢三落四的坏习惯，甚至有的孩子上课不带课本、笔记本等。针对这种情况，我要求每个孩子准备一个文件袋，把所有数学的有关资料都放在里面，上课放在桌角上，我会随时抽查，经过 1 周多的抽查，学生们基本上都能把课前准备做好。

（2）课上听讲。对于 C 层学生在课堂上很难保证一整节课都不走神，通常他们坐姿的变化或者是眼神的变化都是走神的前兆。另外，不良坐姿也不利于学生的身体健康。因此，培养学生的坐姿是我第一个月重点关注的。与此同时，教给学生什么时候记笔记，该如何记笔记等。

（3）改错习惯。对于 C 层的学生靠他们主动改错不太现实，那只能靠老师引领他们改错，并教给他们如何改错。学生们每天的时间都很紧张，我只能充分利用课间、中午的 20 分钟及下午放学后的 20 分钟，每个时间段叫几个学生去办公室改错，不会的给他们讲讲。这样既帮助学生形成每天改错的习惯，也拉近了我跟学生间的关系，让他们明白老师很看好他们。

（4）总结习惯。这些学生之所以在 C 层很重要的一个因素是他们不会学习，所学的每一个知识点在大脑中都是支离破碎的，没有形成系统。因此，作为老师要帮助学生把所学知识串起来。每学完一章我会带领学生回顾本章所学内容，然后让学生再自己画知识框图，然后在班级内展示、同学们共同评价，通过这个过程，学生们对知识间的联系有了更深刻的认识。

3. 层内分层

虽然已经把学生们分为 3 层，但是每个孩子是一个独立的个体，即使是同一层的学生，他们的接受能力也是有差异的。为了让学生们能在课堂上有最大的收获，在课堂内容上我进行了分层讲授。课堂主要面向的仍然是大部分学生，对于思维相对比较好的几个学生他们在完成我布置的任务的前提下并且我判完后会给他们单独的任务，并单独辅导，这样避免了部分学生提前完成任务无所事事。而对于基础相对不好、接受较慢的学生，课堂上的习题我会只让他们完成最基础的。

（三）分层走班的效果

1. 分层走班满足了不同层次学生的学习需求

分层走班教学由于学生的水平相当，课堂效率显著提高，形成了积极的学习氛围，学生在学到知识的同时体验到了成功，增强了学生的自信心。这样的学习氛围，既提高了优秀生，也培养了中等生，更帮助了学习暂时落后的学生。通过访谈 C 层的学生，他们觉得分层走班让他们有了更适合自己的学习策略。他们认为分层走班后能紧跟老师上课的节奏，不再处于上课与他无关的状态。

2. 分层走班增强了学生的自信心

分层走班后那些成绩落后的学生在教学班里成了学霸，找到了成就感。尤其是对 C 层的学生，由于大家的思维水平差不多，没有太多的自卑感了，也敢于课堂上回答问题了。

3. 分层走班后学生的成绩整体上有所提高

现以 C 层为例，由入学考试的班级最低分为个位数，最高分 50 多分，第一次期中考试的成绩如下（如图 4-6 所示）：

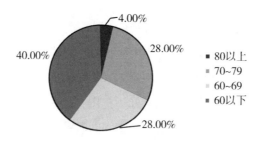

图 4-6　C 层学生第一次期中考试成绩

三、分层走班的进一步思考

分层走班的教学方式大部分学生很喜欢，成绩确实也比原来有了提高，但仍有部分学生不能接受，成绩还不太理想。另外，分层走班会让学生们淡化班级概念，缺乏归属感。班主任最多只能教班内 1/3 的学生，对其他学生的了解不够全面，只能靠咨询任课老师或者从活动中了解，对班主任做学生工作，班级管理，开展德育工作等造成了一定的困难。最后，由于分层走班后班主任将面对将近二十位任课老师，再去逐一了解有一定的困难，也可能同样的一个学生在不同课上不同层的表现是不同的，因此以年级组为单位定期研讨无疑可以让班主任及时了解情况，还能让老师们互相学习，互相全面地了解学生，对开展教学工作也提供了方便。

参考文献

［1］高新桥. 太平路中学分层走班教学的实践探索［J］. 教改前沿，2015（5）.

［2］孙秋香，麦锡流. 借合作之东风，促学生之发展——对初中数学分层教学有效性的探讨［J］. 学周刊，2014（11）.

［3］陈清锋. 浅谈初中数学教学如何进行分层教学［J］. 读与写杂志，2013（11）.

［4］解卫民. 实施分层教学，打造高效课堂——分层教学在初中数学教学中的实践探索［J］. 教材教法，2012（8）.

［5］万喜英. 数学课堂教学中分层教学的实践与探索［J］. 语数外学习，2013（9）.

有效实施分层教学
——以"生物圈中的人"复习课为例

路晓楠

学生存在发展差异，分层教学，针对不同层次的学生在思维方式、智力水平、认知水平等方面存在的差异，各个层次确立不同的教学目标，采用不同的教学方法，可以更好解决学生"吃不饱"和"吃不了"的问题。

一、课程产生的背景与意义

分层教学是提高课堂效率的有效途径。学生无论是在智力水平还是在思维水平都存在差异。单一的平行教学无法满足所有学生的需求，对于水平较高的学生来说，课堂如果过于简单会浪费时间，长此以往会限制其发展；同时对于水平较差的学生来说，长期课堂上跟不上会打击其自信心，学生易产生厌学情绪。因而分层教学可以有效地解决这个问题。

二、分层教学的研究思路

要坚持"因材施教，循序渐进"的原则，根据学生个体的特点，将水平相似的学生归为一层，为学生个性发展创造良好的环境，最大可能地发挥学生的潜能，让学生在课堂上有获得感，成就感，从而爱上本学科。

三、学科整合的实践

基于以上理念，首师大附中大兴北校区在设计实施分层教学时，力求做到满足学生课堂的需求，从而实现最高效率地从课堂获取知识，提升能力，激发兴趣。在学习"生物圈中的人"复习课时，依据不同的学生进行了不同的教学。本节课为《生物圈中的人》，是初中阶段主题4全部内容和主题5《动物的运动依赖于一定的结构》内容的整合。学生在复习了人体内各大系统后，对于各大系统之间的联系不清楚。本节课以学生课间跑操为情境，将各大系统之间联系起来，使学生构建知识网络。并通过实际情境来进行练习，提高学生学科素养。学生已经复习过人的各种系统，但学生脑子里的知识大都是零乱的，知识之间没有联系，直接让学生自己构建联系的话，存在一定困难，因而本节课教师需要借助情境来让学生构建知识之间的联系。

（一）生物学科"生物圈中的人"复习课课例呈现

A层同学基础知识较好，思维也较活跃。对于A层同学在教学中要注重给学生提供更多的知识或生物方面的科普来提高学生兴趣，拓展学生思维。表4-5为A层教学设计。

表 4-5　教学目标及重难点

知识目标：
分析建立各个系统之间的联系，形成知识网络
能力目标：
提高读图能力、阅读能力和信息提取能力
应用知识解决新情境下的问题
情感态度价值观：
认同生物体是统一整体的生物学观点
教学重点：
形成知识网络
新情境下的问题解决能力
教学难点：
知识网络的构建

教学过程				
教学环节	教师活动	学生活动	教学资源或设置意图	时长
导入	【情境】我们每天都要进行课间操或者每年都会举行运动会，跑步是由哪个系统完成的？运动系统的组成？还需要哪些系统的参与？这些系统是如何参与的呢？	学生思考：运动系统，骨，骨骼肌、关节。 学生思考：_____ _____ _____	提高学生的兴趣，并引入本课	3分钟
构建知识网络	【思考】要回答这些问题，首先我们要先分析参与跑步过程中肌肉细胞需要什么？为什么我们要从细胞层面去分析这个问题呢？ 【思考】这些能量如何直接获得？呼吸作用反应式？ 【思考】通过我们的分析，细胞要想进行呼吸作用，需要有机物和氧气，这些原料如何获得？ 【思考】如何通过消化系统获得有机物？	学生思考：细胞需要能量，因为细胞是生物体结构和功能的基本单位。 学生思考：通过呼吸作用释放。 呼吸作用反应式：有机物+氧气→二氧化碳+水+能量。 学生思考：需要有机物和氧气；有机物经过消化系统在小肠处获得，氧气通过呼吸系统获得。 学生回答：消化系统的组成：口、咽、食道、胃、小肠、大肠、肛门。小肠是消化和吸收的主要场所；呼吸	通过问题串的形式，将人体内的各个系统联系起来 回顾呼吸作用反应式 回顾消化系统并将其与其他知识联系起来	20分钟

续表

教学过程				
教学环节	教师活动	学生活动	教学资源或设置意图	时长
构建知识网络	【思考】如何通过呼吸系统获得氧气？ 【思考】有机物和氧气如何传递给肌肉细胞，通过什么系统？血液循环系统的组成？ 【讲述】有机物在小肠处被吸收进入毛细血管，所以此处毛细血管中的有机物含量最高；由血液循环系统运送到全身的组织细胞；氧气由肺泡进入毛细血管，因而此处氧气浓度最高，由血液循环系统运送到全身各处的组织细胞。 【思考】有机物和氧气进入细胞后除了提供必要的营养物质释放能量外，还会产生什么物质？这些物质需不需要运走，需要哪些系统参与？ 【思考】除此之外，还需要哪些系统的参与？ 【图片】肌肉受到神经刺激后会收缩的图片，肌肉为什么会出现收缩现象？ 【思考】刚学会走路的小孩容易摔倒和绊倒，而我们在课间操队列跑步的时候非常整齐，很少有人会摔倒，遇到障碍物也会迅速避开，主要因为哪个感觉和感觉器官参与了？当老师喊停时，学	系统组成：鼻、咽、喉、气管、支气管、肺，氧气通过自由扩散由肺泡进入肺。 学生回答：营养物质通过血液循环系统传递给组织细胞，血液循环系统由血液、血管、心脏组成。 学生听讲并回顾血液循环路线 学生回答：会产生代谢废物，这些物质也需要运出体外，大部分尿素、尿酸、多余的水通过泌尿系统排出体外；二氧化碳和部分水通过呼吸系统排出；少部分代谢废物通过皮肤排出体外 学生思考：＿＿＿＿＿ 学生回答：跑步中有神经系统的参与，它会起到调节的作用。 学生思考：＿＿＿＿＿ 学生思考回答：视觉参与、听觉参与。	回顾呼吸系统并将其与其他知识联系起来 回顾血液循环系统，并把它和呼吸系统和消化系统联系起来 将泌尿系统和其他系统联系起来 使学生理解跑步这项生命活动会受到神经系统和内分泌系统的调节。	

续表

	教学过程			
教学环节	教师活动	学生活动	教学资源或设置意图	时长
构建知识网络	生也会迅速停止，是由于哪个感觉和感觉器官参与了？【练习】感觉和感觉器官【思考】运动会上我们在进行百米跑的时候，选手会出现呼吸加快、心跳加速现象，这是为什么？说明什么系统参与了？【小结】通过以上结构的协调配合，细胞既得到了有机物和氧气，通过呼吸作用为生命活动提供了能量，又将代谢废物排出了体外，保证了生命活动的正常进行	学生进行练习学生回答：当人经历某些刺激（如兴奋、恐惧、紧张等）会分泌肾上腺素，能让人呼吸加快、心跳与血液流动加速，说明激素参与调解了		
小结	【整理知识网络】指导学生整理知识网络【讲述】人体内的各个系统通过相互配合、协调作用，实现了跑步的生命活动。人体内各个系统是一个整体，共同完成各项生命活动	学生整理知识网络	构建知识网络，使学生形成知识网	10分钟
检验学习成果	（1）考查消化系统中蛋白质和糖类的消化情况，以及表格的信息的提取能力。（2）考查呼吸系统。（3）消化系统和血液循环系统相联系。（4）这是因为这些添加剂随血液流经肾时，会透过肾小球进入中形成原尿，原尿中的一部分添加剂在流经时，不会被重吸收，而最终随尿液排出体外。（5）神经系统和内分泌系统。（6）图表识别题目	学生根据图表知识作答学生作答：_____学生作答：_____学生作答：_____	锻炼学生图表阅读能力。将知识与实际相结合，提高生命观念。将复杂的血液循环与实际生活相联系。通过实际生活情境考查泌尿系统知识的运用。	12分钟

续表

教学过程				
教学环节	教师活动	学生活动	教学资源或设置意图	时长
		学生作答：＿＿＿＿＿＿ 学生作答：＿＿＿＿＿＿ ＿＿＿＿＿＿＿＿＿＿＿	考查学生综合能力。 考查学生的图表分析能力	

B 层同学基础知识处于中等，但思维不够活跃。本节课在教学目标和重难点的设计上与 A 层相同。也是以问题串联的形式，通过层层递进的提问，让学生在回顾旧知识的基础上，初步在脑子里构建知识之间的联系。不同的是 A 层学生的思维较好，知识网络是学生自己落实到纸上的；B 层的同学在思维上稍弱，需要教师带着学生一块进行知识网络的整理。同时学习成果的检验上，减少题量，每道涉及思维的题目要详细分析。

C 层同学基础知识不好，思维也较差。在教学过程中教师要认真落实基础，同时要多夸奖，让学生找到自信，喜欢上本学科。本节课主要是在跑步大情景下复习人体的各大系统，初步将各个系统建立一个联系，着重各个系统组成的复习（见表 4-6）。

表 4-6　教学目标及重难点

知识目标： 知道人体各个系统的组成 能力目标： 应用知识解决新情境下的问题 情感态度价值观： 认同生物体是统一整体的生物学观点 教学重点： 知道人体各个系统的组成 教学难点： 新情境下的问题解决能力

续表

教学过程			
教学环节	教师活动	学生活动	教学资源或设置意图	时间
导入	【情境】我们每天都要进行课间操或者每年都会举行运动会，跑步是由哪个系统完成的？	学生思考：运动系统	提高学生的兴趣，并引入本课	3分钟
新情境下回顾人体各个系统的组成	【回顾】运动系统的组成 【讲述】运动系统需要骨骼肌收缩牵拉骨绕关节运动，骨骼肌收缩能量来自细胞呼吸作用释放。回顾呼吸作用反应式。 【讲述】细胞要想进行呼吸作用，需要有机物和氧气，这些原料如何获得？ 【回顾】呼吸系统和消化系统的组成。 【回顾】有机物和氧气如何传递给肌肉细胞，通过血液循环系统，血液循环系统的组成？ 【回顾】有机物和氧气进入细胞后除了提供必要的营养物质释放能量外，还会产生代谢废物，需要通过泌尿系统排出，回顾其组成。 【讲述】刚学会走路的小孩容易摔倒和绊倒，而我们在	学生回顾：运动系统包括骨、关节、骨骼肌。呼吸作用反应式：有机物+氧气→二氧化碳+水+能量。 学生思考：有机物经过消化系统在小肠处获得，氧气通过呼吸系统获得。 学生回答：消化系统的组成：口、咽、食道、胃、小肠、大肠、肛门。小肠是消化和吸收的主要场所；呼吸系统组成：鼻、咽、喉、气管、支气管、肺，氧气通过自由扩散由肺泡进入肺。 学生回答：营养物质通过血液循环系统传递给组织细胞，血液循环系统由血液、血管、心脏组成。 学生听讲并回顾血液循环路线。 学生回答：泌尿系统：肾脏、输尿管、膀胱、尿道。大部分尿素、尿酸、多余的水通过泌尿系统排出体外；二氧化碳和部分水通过呼吸系统排出；少部分代谢废物通过皮肤排出体外	通过跑步的情境，将人体内的各个系统联系起来。 回顾呼吸作用反应式。 回顾消化系统并将其与其他知识联系起来。 回顾呼吸系统并将其与其他知识联系起来。 回顾血液循环系统，并把它和呼吸系统和消化系统联系起来。 将泌尿系统和其他系统联系起来使学生理解跑步这项生命活动会受到神经和激素的调节。	25分钟

续表

<table>
<tr><td colspan="5" align="center">教学过程</td></tr>
<tr><td>教学环节</td><td>教师活动</td><td>学生活动</td><td>教学资源或设置意图</td><td>时间</td></tr>
<tr><td></td><td>课间操队列跑步的时候非常整齐，很少有人会摔倒，遇到障碍物也会迅速避开，说明跑步还需要神经系统的参与。
运动会上我们在进行百米跑的时候，选手会出现呼吸加快、心跳加速现象，说明跑步中激素也参与调解</td><td></td><td></td><td></td></tr>
<tr><td></td><td>【小结】通过以上结构的协调配合，细胞既得到了有机物和氧气，通过呼吸作用为生命活动提供了能量，又将代谢废物排出了体外，保证了生命活动的正常进行</td><td></td><td></td><td></td></tr>
<tr><td>小结</td><td>【讲述】人体内的各个系统通过相互配合、协调作用，实现了跑步的生命活动。人体内各个系统是一个整体，共同完成各项生命活动</td><td>学生听讲</td><td>通过跑步这个动作能够将人体的各个系统联系起来</td><td>10分钟</td></tr>
<tr><td>检验学习成果</td><td>基础练习</td><td></td><td></td><td>7分钟</td></tr>
</table>

（二）收获与体会

在进行分层教学时，教师也要观察学生的状态，对教学内容适时调整。另外，随着学生个体发展的差异，每隔一段时间每个层次的部分学生可能也存在不适合本层的现象，因而在分层教学时，课堂上依旧需要观察学生的差异性，以便可以根据学生的具体情况做出分层上的调整。

从教学内容方面来看，分层教学给教师提出了更高的要求。教师要保持终身学习，A 层同学不仅思维活跃，知识储备、课外阅读也多，所以需要教师自身专业知识强。C 层同学或者存在智力差异或者课堂习惯不好，聚在一起给课堂管理提出了新的挑战，因而教师要有过强的管理能力。

　　分层教学体现了课堂以学生为主体，学生能够适应课堂，从而参与热情高涨，进而促进了本学科的学习。

高效课堂

实践活动打造高效多彩课堂

李欣然

《义务教育语文课程标准（2011 年版）》经历了 10 多年的试验，实施实践后也取得了一定的成绩，并且激活了语文教学中存在许久的问题。有些问题还没有得到根本的解决，但已经引起了普遍关注，这已然是收获。首师大附中的教育走的是内涵发展之路，学校守正创新，春风化雨，放眼未来，为学生的终身发展奠定基础。

在语文课程活动设计中，首师大附中教师也在不断探索，争取课堂内容可以尽量全面地覆盖各个生活领域的话题，为学生提供实践、探究、合作与交流的机会。这在不断地增强学生学习体验语文课程乐趣的同时，促进发展学生的语言交流能力、想象力和思考能力，在保障学生全面发展的同时，夯实基础学习能力。

一、升华朗读，放飞想象

朗读作为语文教学中最基本也最重要的训练，却经常被轻视其作用。这个嘈杂的世界，需要给学生们一些时间，静下来读些文字，感悟内心。在分析书本知识之前，组织口语活动可以起到理解文字内容、发展语言、营造情境、激发想象力的作用。

唐诗宋词的流畅节奏感及音乐美感，让学生们可以体悟到中国古代诗歌词曲特有的神韵，想象出作者的生活情境与品格情操；配乐朗读现当代朴实无华的文字，让学生们走近文本领略其中无限意蕴，自然而然地解决文章重难点；分角色朗读扣人心弦情节曲折的故事文本，让同学们体会语言的艺术魅力，深刻领悟作者描写细节的深意。

唐代诗人张若虚的《春江花月夜》音乐性很强，班里感性的女同学说一看这首诗歌的名字就让人迷离陶醉起来。诗中字词中充斥着朦胧的意境，不用逐字逐句理解清楚诗歌含义就能对诗歌产生整体印象。第一次诵读有些字词拿不准字音，但学生们还是一气呵成地读下来了。集体诵读后，欣赏到美妙神秘的景物画面、完整的格调节奏、古典诗词的音韵之美。

讲授散文《背影》，父亲在火车站给儿子送行的情景是一种暗色调的画面，只有朱红的橘子蕴含着父亲对亲人无微不至的温暖关爱。这样一篇文章，我想一定需要一些背景音乐来烘托气氛，搭配着学生真挚的朗读。所以我选择了纯音乐大提琴曲《殇》作为背景音乐。通过教师的指导朗读，学生们伴着幽怨哀伤的琴声品味到父亲当时的离愁别绪，真切体会到亲情的珍贵。

分角色朗读活动与个人朗读有所不同，学生们会全身心地体悟每个人物的性格特征，并在全班范围内挑选一个最匹配的朗读者。在九年级上册的小说《我的叔叔于勒》中，人物特点十分鲜明，并具有深刻的社会意义。在朗读活动中，学生将菲利普夫妇这一小市民形象扭曲、自私、贪婪的个性表现得惟妙惟肖。就连爱慕虚荣的夫妻俩之间的差异，也被学生细心发现：妻子要比菲利普更加精明、有心机。例如，在吃不起牡蛎时，妻子用"我怕伤胃""至于亚瑟夫，他用不着吃这种东西"来掩盖自己的吝啬。反观菲利普在发现于勒是个穷光蛋时，只会神色慌张，问妻子"咱们怎么办"，手足无措地乱喊"出大乱子了"。妻子却镇定自若地大骂于勒为"贼"。在朗读活动结束后，我再问作品想要表达的主题，学生们已经可以答得八九不离十了。

二、阅读经典，健全成长

《义务教育语文课程标准（2011 年版）》中指出，"要重视培养学生广泛的阅读兴趣，扩大阅读面，增加阅读量，提高阅读品位。提倡少做题，多读书，好读书，读好书，读整本的书。关注学生通过多种媒介的阅读，鼓励学生自主选择优秀的阅读材料。加强对课外阅读的指导，开展各种课外阅读活动，创造展示与交流的机会，营造人人爱读书的良好氛围。"① 因此，我在本学期设计增添了每周一次的阅读课活动时间，让学生欣赏文化积淀留下的智慧结晶，使青少年学生的思想得以健全发展。

为了做好学生与《傅雷家书》之间的媒介，我对傅雷、傅聪、傅敏的人物生平、主要成就、经典著作做出积累拓展。通过施蛰存、楼适夷及《傅雷家书》纪录片，丰满的人物形象出现在了我的面前。学生自主阅读之前，我为他们安排了一节导读课。通过了解傅雷精彩纷呈的人生、傅聪的音乐绘画艺术成就、父子之间精彩的成长故事，学生们对家书产生了浓厚的阅读兴趣。这次名著阅读活动课的设计安排，使得我有了深刻的感悟：语文教师既是个"专家"，也是个"杂家"。一定要夯实住自己的文学素养、专业基础，并且不断阅读、一生阅读，培养出深远广博的知识视野，做好学生的引领者。

经过这次阅读活动的启迪，本学期我与学生们共同利用 12 次阅读课活动时间，完成了《星星离我们有多远》《哈利·波特与火焰杯》的自主阅读任务，并生成了一次班级读书报告会、一篇作文心得写作。这样读写说结合的活动，进一步了促进学生的能力迁移，激发学生的思维探究。

三、小组采访，唤醒课堂

作为一门实践性课程，语文课堂一直都很重视活动探究。为了更有效地培养学生的语文实践能力，部编版语文教材更是在八、九两个年级安排设置了学习新闻、演讲、诗歌、戏剧 4 个活动探究单元。每个活动探究单元都会配套安排学习任务，基本模式为课文学习—实践活动—写作表达，并且在单元起始设置"活动任务单"，为学生的活动学习提供了示范点拨。

在八年级上册的活动探究单元课堂上，学生经历了第一次的自主活动单元课程。在备课过程中，我针对新闻文体的特殊性，设计了与其他单元

---

① 中华人民共和国教育部. 义务教育语文课程标准（2011 年版）［M］. 北京：北京师范大学出版社，2012：14.

截然不同的教学活动流程、导读单、任务单。在单元活动任务中，涵盖口语表达、书面、聆听和阅读写作，以阅读 5 篇新闻为基础，全面培养学生的语文基础能力。经过单元学习，最终养成多角度观察生活、关心时事、捕捉新闻事件价值、自主思考的习惯。单元活动主题命名为"进阶新闻人，点亮开学季"，抓住单元特点，进行以开学季为主题的活动学习。

为了了解大部分学生对于新闻知识存在的问题，在单元起始课中进行了一个简单的预学活动：要求学生阅读学校公众号发布的新闻，结合日常阅读的新闻，思考新闻有什么特点。学生在阅读新闻时可以马上感受出新闻"新"的特点；在分析公众号新闻数字时，可以了解到真实性、准确性的特点。认知不足在于可以大概说出新闻包含的信息，但是不能把握新闻的结构。

在预学活动后，我设计安排了 3 个学习活动，分层次、分导向地将新闻单元不同体裁的知识落实到位。

单元活动一"探秘消息城堡"是针对新闻消息进行探索学习的。在学习《我三十万大军胜利南渡长江》《人民解放军百万大军横渡长江》《首届诺贝尔奖颁发》3 篇新闻消息的同时，学生需要完成 3 个任务："寻找要素宝藏""认识结构精灵""播报感受语言"，以掌握新闻消息六要素、五结构及新闻消息的语言特点。

任务一"寻找要素宝藏"是针对新闻要素设计的。先分析 3 篇消息的新闻事实，再进行对比分析，学生可以自己总结出新闻六要素，并发现新闻要素的作用：可以在阅读过程中，通过提取新闻要素，整合出来新闻事件。

任务二"认识结构精灵"是针对新闻结构设计的。学生先对导读单中的知识材料进行学习，然后开始自主填写表格（见表 4-7）。特别强调结构的重点是标题和导语，它们也是新闻的要点。

表 4-7　新闻消息自主实习表

	标题	电头	导语	主体	背景	结语
第一则						
第二则						
第三则						
总结 特点						

　　填写过表格，教师引导学生分析《首届诺贝尔奖颁发》是如何体现出其典范性的。《首届诺贝尔奖颁发》可以堪称是"倒金字塔结构"的样板。它的电头和导语交代了最重要的时间、地点和事件，采用引述资料的方法介绍了颁奖对象应该具备的条件，这样就做到了既准确又有权威性。

　　任务三"播报感受语言"是针对新闻语言设计的。学生在任务三中做了一次播音员，从播报朗读新闻中体悟到作者情感。他们模仿中央电视台新闻联播主持人的语气和语速，朗读新闻消息，体会在读新闻时应该如何把握重音、音调情感和节奏，并找到了自己最想突出强调的词句。

　　在对新闻消息的要素、结构、语言进行学习之后，学生们尝试着为新学期的开学典礼写作一则消息。这样既可以检测出探究活动的成果，又可以练习用"消息"进行表达写作，在活动一中扎扎实实地夯实了读写能力。

　　单元活动二"解锁新闻多样性"通过对比阅读活动，将特写、通讯、评论的定义与特点了解清晰。单元活动三"化身小记者"真切地实践了新闻采访的全过程。全班讨论确认专题报道方向后，分组制定采访提纲、收集信息、实施采访、整理采访内容、写作新闻最终集成小报，并严格按照目标计划执行任务。5 个小组分别选定了"采访初一新生的学习生活情况""采访食堂阿姨，新学期开学后完成节约粮食情况"等选题。

在整个采访过程中，教师应明确了解各小组的实施进度，适当地给予指导、点拨，在活动中适时地将研究方法传授给学生，确保学生在活动中真实有所收获。通过亲身实践，学生不仅感受到采访的过程和意义，更重要的是通过采访获得直观、生动、形象的第一手资料。采访的过程就是提出问题、研究问题、解决问题的过程，使学生的观察、想象、记忆等多项能力得到锻炼，语文综合素质也会得到提高。

在单元活动最后，各学习小组取得了属于自己的学习成果：校园新闻播报视频、校园小报。通过成果展示，进一步激发学生的创造欲和成功感，培养他们的语文综合实践能力。

四、结语

课堂实践活动造就出高效多彩课堂，但在绚丽缤纷的课堂背后，最重要的还是落实在基本知识的教学上。这需要教师在设计课堂过程中，针对不同活动特性确认好最终活动目标。随着教育改革的不断深化，优质教育资源的合理配置和实现教育质量公平在逐渐地成为改革重点。首师大附中大兴北校区将主动承担社会责任，奉行"成德达才"的育人理念，将学生作为学校的主人，培养发展成德才兼备的全面发展型人才。

参考文献

[1] 温儒敏. 温儒敏论语文教育 [M]. 北京：北京大学出版社，2010.

[2] 来凤华. 教出语文的个性 [M]. 北京：新华出版社，2017.

把握字族识字特点，打造高效课堂

韩　芳

首师大附中的教育一直秉承着以人为本，努力办好适合每一个学生可持续发展的教育，始终坚持遵循个性差异和注重因材施教两项基本原则。

教育不仅要传授知识，更重要的是培养有创造性、有想象力、身心健康的人才。我们的课堂是学生生活的重要组成部分，首师大附中教学始终朝着"课程要适合学生、课堂要属于学生、评价要激励学生"的方向努力。让学生学会方法，并且真正成为学习的主人。在这样的理念下，我讲了一节字族识字的语文课——《方字歌》。

本课的生字都是"方字族"的字，字形极易混淆。字族识字是融汉字规律于诗文中的识字方法。同一字族的字往往貌似实异，学生们面对众多像双胞胎一样的汉字，初看有趣，而区别起来又非常困难。因此，教师就必须创设生动的语言环境，以利于学生区别比较，明辨差异，加深理解。学生掌握了汉字的组合方法，不仅识字量大，而且巩固应用率会得到提高。

在上课之前，我对学生进行了前测，结果大部分学生不能准确地区别"芳""防""舫""访""妨""纺"6个字。

因此，在实际授课中我就把区别这6个字的意思作为了重点和难点。当学生初步认读过这些生字组成的词语以后，我又让学生从文中圈画出"方字族"的字。在这个时候，我就以做游戏的口吻对学生们说："方字妈妈的字宝宝那么多，长得又很像，但是方字妈妈本事可大了，她一下子就能认出她的字宝贝，你能猜猜方字妈妈的窍门吗？"

听到要猜一猜，学生们就开始活跃起来，认真地观察这6个字，很快就有学生发现它们的特点了，由于有一定的识字基础，一个胖乎乎的小男孩迫不及待地说："它们的偏旁不一样。"我顺势小结道："同学们真是很会动脑筋，一下子就能找到方字妈妈的窍门。原来方字妈妈就是用字宝宝的形旁来区分它们的。我们就用这种方法来看看这些字宝宝吧。"学生们争先恐后地举手，由易到难逐个说明这些字为什么是这些偏旁。第一个学生说："采访离不开说话，'访'就和说话有关系，所以是言字旁。"我及时肯定："你真是有一双会发现的眼睛啊！"对第一个学生的肯定更加激发了其他学生的热情，第二个女同学说："纺织的'纺'和线有关系，所以是绞丝旁。"由于"纺织"的情境距离学生的生活较远，当她说到纺线时，我就立刻出示了纺织厂的图片，并出示了绞丝旁的演变图，我指着屏幕对学生说："同学们看，这就是纺织车间，有许多的线轴，阿姨就是在拿这些线为我们织布呢！"（现代纺织图）这是什么？（古代纺织图）"这是古代时阿姨在纺织。"我马上追问："你能看着这幅图，再用'纺'组几个词吗？"学生们看着图片说出了"纺线""纺车"等词语。

接着一个学生说了"芳"字和植物有关，所以是草字头。此时我让学生翻开书看看儿歌中是怎么说的？读一读。学生读完后，我问道："你读完这句话感受到了什么？"有的学生说："我好像看到了五颜六色的花朵绽放了。"还有的学生说："我好像闻到了花的香味。"我故作神秘地对学生们说："我们一起深呼吸，闻一闻鲜花散发出的阵阵清香。（学生深呼吸）草字头不仅像同学们说的和植物有关，而且表示花草散发的香味。带着你的感受再读读这句话。"学生们再读的时候就仿佛能闻到花草芳香似的。

这时一个小男生站起来说："舫是舟字旁，它和船有关系，所以是舟字旁。"我好奇地问："你怎么知道舫和船有关系？你见过石舫吗？"他腼腆地一笑说："我没有见过，是我猜的。""你猜得没错。"说完我就出示了石舫的图片，并接着说，"这就是儿歌中所说的颐和园的石舫。就是一艘永远停泊不启航的石头船。"

防字有点儿困难，一个带着两道杠的女生说："这个防字左边的左耳旁就像是钢枪，右边的方字就是一位解放军叔叔，他在保卫我们祖国的边疆。"听了她的回答后，我很高兴地赞扬道："你的想象真丰富，说得很好，和儿歌中说得差不多，我们一起来读读这句儿歌。"学生们读儿歌，我接着说道："我也给同学们带来一幅图（出示左耳旁倒着的图）你们看这像什么？"有的学生猜道："像一座一座的山。""这是我们学过的左耳旁。左耳旁与山和土山有关系。它就好像一位战士手握钢枪，在祖国边疆的山上站岗，保卫我们祖国的大好河山。你还在哪里见过这个字？"学生们有的说："解放军叔叔守边防。"还有的说："老师总在提醒我们要防火防盗。""我在课下也找了一些词，我想推荐给大家。"我接着出示了一组词语：防不胜防、防止、防护、防身、预防。

最后剩下了一个"妨"字，学生们不像说前几个生字那样踊跃了，这个情景是我事先就预料到的，于是我把准备好的小故事讲给学生们听：
"古时候，科学不发达，就有一个职业叫女巫，她们总是想办法妨害别人，
给别人添麻烦，特别坏，所以妨碍的'妨'就是女字旁了。"学生们听得
津津有味，也就记住了这个字和它的意思。

这一教学环节充分注意到了低年级学生的年龄特点和汉字的构成规
律，有效地完成了教学任务。

从小学开始就应该培养学生喜欢汉字的情感与态度，让学生逐步感受
到汉字在中华民族文化中的价值与意义。但是，这些内容不应该简单地作
为口号，管束学生或强迫记诵，而应该潜移默化渗透在学习识字与写字的
过程中。

在本课的教学中就让学生了解到我们汉字的构字规律，是一个音、
形、义的统一体，这些偏旁不仅能区别字形更能帮助我们理解字的含义，
感受到了我们祖国文字的神奇。

王宁教授曾指出："没有一种教学法是适用于教学的各个阶段和各个
汉字字符的，识字教学法的多元不但是适应学生学习的不同阶段，也是为
了对付汉字的复杂情况。"正因如此，我在教学这一环节中使用了多种教
学方法。

在教学中我就运用了结构意识识字法，通过给学生呈现一些象形字的
演变过程，加深了学生的理解，对他们区分形近字非常有帮助。另外，建
构主义学习理论强调，学生不是空着脑袋进入教室的，任何学习都是在原
有认知结构基础上进行的同化或顺应的过程。对于二年级的学生来说，在
入学以前，口语词汇已经非常丰富了，而且以前有过字族识字的经验，在
识字教学中我就有效地利用了学生已有的经验，将"芳""访""舫"
"纺"四个字放手让学生去说，通过学生自己易于理解的方式表达出来，
更容易让其他学生接受。

小学二年级的学生形象思维仍然占据主要位置，因此在学习理解一些
生字的字义时，我适时地展示了图片，比如"舫"学生绝大部分没有见
过，我展示了颐和园石舫的图片，学生一下子就把这个字和这幅图建立了
联系，理解了"舫"字的意思。展示现代和古代纺织的图片，让学生直观

感受"纺"和丝线的关系，从而记住了"纺"。

"兴趣是最好的老师"，对于小学低年级的学生来说更是如此，识字是语文课程中的重要学习任务，学生们每天要记住大量的生字，而处于这个年龄段学生的身心发展特点就是爱玩儿、好动，形象思维占主导，他们乐于选择生动、形象、富有情趣的内容和形式进行学习。因此，我在教学时就努力给学生创设了丰富多彩的识字情境，让这些生字变成了字宝宝，"方"字当成了它们的妈妈，用接近学生生活的有趣情境来激发学生的学习兴趣，用猜一猜的形式引起学生的好奇心，让学生在不知不觉中入境，置身于主题场景。一颗颗童心被牵动，学生真正地在自主探究中得到发展。

郭沫若曾说过："识字是一切探求之第一步。"识字是学生阅读、写作和口语角交际的基础，所以把好识字关，是打开人类各种文化宝库的钥匙之一，是汲取人类优秀文化的重要工具。因此，我们要上好识字课，让学生爱上我们祖国的语言文字，为学生的终身学习和发展助力。

英文绘本阅读与常规英语教学的有效整合

王　新

近几年，英文绘本作为学习载体在小学英语教学中得到广泛应用。英文绘本为学生提供了真实、有趣的情景，缓解了常规英语教材情境枯燥、教法单一的现象。为满足学生的学习需求，丰富学习资源，我校老师开展了以英文绘本为载体的阅读课和阅读实践活动。在开设绘本课一段时间后，由于绘本内容选择不当，老师们发现部分学生的学习效果并不显著，还有部分学生难于理解绘本内容且不能熟练掌握知识点。对于教学而言，在有限的英语课时内开设阅读课，不仅课时变得紧张，常规教材中的知识点学生也未扎实掌握，给老师和学生造成教学及学习上的压力。基于上述现象，笔者认为将绘本与常规英语教学有效整合至关重要。有效整合不仅可以帮助学生操练、巩固常规教材所学，拓展相关知识，还可以激发学生的学习兴趣，培养学生的阅读能力和阅读品格。那么，如何将二者整合到一起且怎样整合更有效是值得老师们去研究的。

一、背景分析

英文绘本能够提供给学生学习英语的真实和丰富的词汇，能协助发展儿童的语言能力。绘本中展示的很多词汇和句子都是鲜活的、是学生未曾在教材中接触过的，这种潜移默化的学习可以不断丰富学生的积累，提升他们的语言运用能力。

在英语教学过程中，学生是教学的主体，教材是教学的载体，教学活动是教学的主线，三者紧密相连。英文绘本阅读结合多元的英语教学活动展开，能极大地促进学生的英语听、说、读、写能力。若将英文绘本整合到常规英语中进行教学，使学生的英语学习更加有效，那么除了绘本的内容要符合学生已有的认知水平，基于常规教材内容外，教师还要将其恰当地融入常规教学中，促进常规教学，帮助学生高效学习。接下来，笔者将从绘本与学生、常规教材、教学活动 3 个方面如何有效整合进行阐述。

二、实践过程

（一）绘本选择要结合学生的学段特点

在英文绘本阅读的过程中，儿童在认知学习、语言发展、人格涵养、美感与创造力的开展等方面都能有所成长，但学生的年龄特征不同，不同学段的学生对英语知识的理解能力、接受能力和情感体验都是不同的，因此在绘本的选择上，教师要考虑学生的认知水平，选择不同层次、不同主题的绘本。同时，根据本校各年级学生的英语学习实际情况，可参照王蔷教授和陈则航教授所编著的《中国中小学生英语分级阅读标准（实验稿）》对分级读物里的书目进行再次确认。

对于低段学生而言，学生刚入学，阅读水平有限，教师需要选择图片鲜明、趣味性强的绘本进行教学。在此阶段中，绘本主要以培养学生的阅读兴趣和阅读习惯为主要目标；对于中段学生而言，学生已有一定的英语基础，在常规教学中，初步具备了一定的阅读能力，因此教师可以选择语言活泼、有一定故事情节的绘本进行教学，目的在于发展学生的想象思维，初步培养学生自主阅读、思考的能力；对于高段学生而言，学生的知识量、阅读能力都达到了一定的认知水平，因此教师在选择绘本时多注重语言文字的实效性，注重培养学生的语用能力和批判性思维。基于学生认知水平选择的绘本既不会增加学生的学习负担，也不会减弱学生的学习兴趣，从而使学生的学习更加有效。

（二）以话题为线链接教材与绘本

现行小学英语教材是以话题为单元进行编写的，在进行教学时，教师可以选择与其相同或相似话题的绘本作为教材的补充。除了与教材话题相同外，教师也可基于课堂教学的重点及核心句型和单词来选择绘本内容，通过学习绘本，学生可以在真实生动的情境中反复接触语言知识，从而巩固所学知识点。

例如，北京版三年级下册 Unit 2 Lesson 7 以形状为话题，以 "What shapes do you see in...? I see..." 及表达形状的单词 " triangle, circle, rectangle, star, square" 为主要核心句型及重点单词进行教与学。教师在本课教学过程中选择了原版英文绘本 Bear In A Square 作为载体对学生学习的新句型及重点单词进行操练和巩固。绘本以丰富的图形为插图，以表达不同形状的单词 "square/heart/circle/rectangle/moon/triangle" 等及简单句 "Find... on..." 作为文字支撑。在口语交际操练的环节中，教师以插图中丰富的形状及表达形状的单词为连接点，带领学生深挖图片细节，引导学生使用核心句型 "What shapes do you see in the picture? I see..." 对图片内容进行介绍，从而达到操练句型及巩固表达形状单词的目的。

除了以教材核心知识点为链接点外，教师还可以选择与教材内容整体情境相似的绘本进行辅助教学。例如，北京版教材三年级上册 Unit 5 Lesson 15 "It's a nice autumn day" 一课中，主要核心句型为 "What's the weather like today? It's..." 重点单词为 "sunny, warm, hot, cold, cool"。本课整体大情境为主人公 Mike 在 sunny 的天气里和家人去公园的场景。教师在针对这节课选择绘本时，根据天气的主题及在某种天气下主人公去某地的大情境下，选择了《典范英语 1a》中 "Kipper's Diary" 故事作为操练及拓展环节。绘本内容主要以 Kipper 周一至周五在不同天气下开展不同活动为主线，以 "It's a... day. I go to..." 的句式来介绍天气和描述 Kipper 当天的活动。在学生学习新知后，教师引导学生使用"What's the weather like? It's..."为主要句型进行口语交际，关注绘本细节的同时操练巩固新知中的核心句型及表达天气的单词。在师生共同分析绘本内容后，学生自主阅读，当学生朗读或默读绘本故事时，将已学的句型及单词运用到绘本阅读中，再一次巩固所学，自主内化故事内容，阅读能力也得到锻炼和提升。

（三）绘本阅读与常规课堂活动整合

将绘本整合在常规课堂教学活动中应讲究时机和策略，绘本教学活动关系到本节英语课堂教学的有效性。有效的绘本阅读活动不仅能激发学生的阅读兴趣，提升阅读能力，还能巩固常规教材的语言点，发散学生的思维能力。

1. 巧用绘本，导入新知

导入作为课堂的起始环节，可以引导学生进入英语学习。将生动、趣味性强的英文绘本作为导入环节，能够快速引导学生进入学习状态，激发学生的学习热情。例如，在北京版二年级上册 Unit 1 Lesson 4 复习课中，主要复习表达星期的7个单词。在本课教学中，教师选择绘本故事 *Today is Monday* 作为学前导入，帮助学生复习表达星期单词的发音及书写规则，为后续的学习打下单词基础。

2. 深挖文本，趣味操练

在学习常规知识点后，教师通常会设计机械操练的活动帮助学生巩固核心句型及重点单词。如果学生一味地机械性练习，就会感到枯燥单一，学习效率低。教师可选择与其句型相关的绘本，在真实的情境中复现新词句，引导学生在绘本阅读语境中自然操练所学新词句，强化语用意识，增强语感，为后续自主运用语言做好扎实铺垫，提高操练实效。例如，在北京版三年级下册 Unit 2 Lesson 7 一课中，主要句型为"What do you see? I see..."。因此，教师选择绘本 *Brown Bear, Brown Bear. What Do You See*？对本课句型进行操练。学生在趣味阅读和表演操练过程中，不断复现操练所学语言知识，学生的学习效果显著。

3. 发散文本，拓展运用

在学生掌握本课知识点基础之上，教师可以选择合适的英文绘本作为载体，学生运用本课所学对绘本内容进行表演或创编，提高学生的综合语言运用能力。例如，在北京版二年级上册 Unit 2 Lesson 6 中，主要核心句型为 "What do you do on...? I go to..."。在本课教学中，教师选择《典范英语 1a》中 "Kipper's Diary" 故事作为拓展，引导学生使用句型 "I go to... on..." 创编并绘画自己一周的日记，学生在运用本课知识点的同时，发散自身思维能力。

（四）绘本阅读与常规课后活动贯通

由于课上时间有限，不恰当地将绘本融入课堂，这容易对老师的教学和学生的学习造成更大压力。因此，除了课上阅读外，教师也可利用课下时间丰富学生的英语阅读体验，开阔学生的视野。例如，为学生创设英语图书角、组织学生开展 "英语阅读季" 活动、布置多元化的家庭亲子阅读及开展手偶形式的绘本剧。在以上课后阅读活动中，学生们对以手偶为道具的 puppet show 活动的兴趣度和参与度极高。在阅读或学习绘本后，学生课后使用丝袜、彩笔等各项工具自主制作绘本中的人物及场景，边制作，边复习绘本中的重点单词。在完成道具准备工作后，学生以小组为单位进行绘本剧排练，自主创编。最后，各个小组轮流展示，学生之间相互评价并说明理由，选出最优节目，给予奖励。手偶制作、剧本创编、手偶表演等一系列实践活动不仅提升了学生们的动手、协作及自主学习能力，也展现了学生的智慧、创新精神及表演风采，极大地激发了学生的英语学习兴趣，培养并发展了学生的创造性思维。

参考文献

［1］罗少茜，李知醒. 持续默读在中小学英语教学中的应用［J］. 中小学外语教学（中学），2014，51（11）：8-12.

［2］谢弋飞. 英文绘本运用于小学英语教学的探究与实践［J］. 中小学外语教学（小学版），2016（12）：42-44.

［3］中华人民共和国教育部. 义务教育英语课程标准（2011 年版）［M］. 北京：北京师范大学出版社，2012.

线段图让解决实际问题更容易

苏雅楠

小学数学应用题既是小学数学的难点，也是教学中的难点。有不少的应用题，文字叙述比较抽象，数量关系比较复杂，小学生对于一些抽象问题理解起来比较困难。如果教师一味地从字面去分析题意，可谓是事倍功半。线段图在小学数学应用题教学中起着奇妙的作用，它可以帮助学生轻松、愉快地学会解决复杂关系的应用题，既提高了学生的理解能力，又促进了学生思维的发展，是行之有效的教学方法。

在教科书中，线段的定义是直线上两点间的部分叫作线段。特点有两个端点，有限长。关于线段图没有定义，字典中也没有解释。可以这样理解，线段图是由几条线段组合在一起，用来表示应用题中的数量关系，帮助人们分析题意、解答问题的一种平面图形。特点是从抽象的文字到直观的再创造、再演示的过程。

如何让学生喜欢画线段图，并在学习中自觉地应用呢？下面是我关于线段图优点的一些思考。

一、线段图最大的特点就是直观，它可以化抽象为具体

心理学研究表明，小学生的思维以具体形象思维为主，逐步向抽象逻辑思维过渡；由具体运算为主，逐步向形式运算过渡，这是一个缓慢的、渐进的发展过程。而小学阶段的数学概念大多具有简洁、抽象的特点，为了使学生准确地理解数学概念，需要教师充分利用直观教学，借助数形结合，引导学生去观察比较，化抽象为具体形象。

例如，在讲三年级上册"解决实际问题2"中：两辆卡车，小卡车上有6台电视机，题中文字是：我车上有6台电视机，另一辆大卡车上装满电视机，题中写道：大卡车上的电视机的台数是小卡车的5倍。问题：两辆车上一共装了多少台电视机？老师问学生："从题目中你能得到哪些数学信息，以及问题是什么？"学生很迟疑。老师接着问："遇到什么困难

了，你能说出来大家一起交流吗?"这时候，学生 1 回答:"老师，这个题目有点儿复杂。"学生 2 说:"题目中没有直接给出大卡车上有几台电视机。"对于题目，大部分学生感到无从下手，满脸茫然，也有个别的学生能够回答出来，但是大部分学生都无从下手。这时，有个学生举手，说出了自己对这道题的理解，我觉得很对。我就趁机问了学生:"有什么办法能够让大家一下子就明白你的想法吗?"孩子迟疑了一下，说:"可以画图。"

对于学生而言，纯文字形式呈现的问题相对比较抽象，仅凭文字叙述有时很难直接看出题中的数量关系。这类问题对大部分学生来说具有一定的挑战性，他们会感到很困难。这种时候，在学生们对数量关系理解模糊之际，通过老师的启发引导，让学生说出自己的困惑，相信学生会想到画图，产生画图的需要。引导学生画图，并且完整体验画图与数形结合思想结合的过程。这不仅是提高解题能力和技巧的重要方法，更是学生教学过程中必须具有的一种策略意识。

二、线段图可以化静为动

线段图可以把静止的文字，转化为线段图。例如相遇问题:东西两地间有一条公路长 217.5 千米，甲车以每小时 25 千米的速度，从甲地开往乙地，1.5 小时后，乙车从西地出发，经过 3 小时后，两车还相距 15 千米。乙车每小时行多少千米?如果学生只看文字，很难理解两辆汽车行驶的过程;如果学生用线段图，却可以很清晰地表示出来。甲车行驶的路线、乙车行驶的路线，以及两车相距的 15 千米，在图上都可以清晰地表示出来，这样学生很轻易地就可以从图中看出，要求乙车每小时行驶多少千米，关键要知道乙车已经行驶的路程和行驶这段路程所需要的时间。

三、线段图方便学生比较

对于一些比较难的应用题，由于其所包含的信息量更大，数量管理也更为复杂;相应地，学生会更难厘清自己的解题思路，并做出正确的解答。而运用线段图的方法可以逐步地找出有效的信息，并正确地分析出它们的数量关系，方便学生对于各个数量关系的比较，将比较复杂的应用题分解开来，并逐步地分析思考问题，用正确的方法得出准确的结论。

所以，在课堂上，我充分发挥学生的主观能动性，让学生自己动手画线段图，学生从最开始的实物图到简图，最后到线段图。虽然过程有些复杂、有些拖沓，因为让学生直接接受线段图还是有些难的。只有这样一步步地进行，最后学生自己也总结出了，解决实际问题，画线段图是最方便、快捷、直观的方法。

在小学数学的教学工作中，应用题是一个非常重要的板块，其对于学生的综合能力要求也较高。而由于应用题包含了丰富的信息量，数量关系也较为复杂，是教学中的重点和难点。而引入线段图来辅助解答小学数学应用题是一种非常有效的科学方法，不仅能提高学生的解题效率，还能在一定程度上培养学生的分析问题能力和思考能力。因此，培养学生运用线段图解答应用题的能力也应该是非常值得我们重视的教学环节，我们应该规范小学数学应用题教学工作的具体流程，并能达到让学生熟练地运用线段图解答应用题这一最终目标，让学生能比较轻松、愉快地掌握到这一高效的解题技巧。

参考文献

［1］陈树江. 线段图在小学数学应用题教学中的应用［J］. 空中英语教室（社会科学版），2011（3）：180.

［2］杨成. 线段图在小学数学应用题教学中的应用［J］. 新课程（教育学术），2010（1）：334.

［3］卢艳. 线段图在小学数学应用题教学中的应用［J］. 商情，2013（2）：256.

第五章

成达教师的成长

习近平总书记曾寄语教师："要成为塑造学生的'大先生'。"《国家中长期教育改革和发展规划纲要（2010—2020年）》提出了建设一支"师德高尚、业务精湛、结构合理、充满活力的高素质专业化教师队伍"的具体目标。《中小学教师职业道德规范》提出了"爱国守法、爱岗敬业、关爱学生、教书育人、为人师表、终身学习"6项要求。由此可见，教师是立教之本、兴教之源，承担着让每个孩子健康成长的重任。

早在20世纪80年代，首师大附中要求每位教师争做研究型、学者型教师，并提出"名师工程"，创造条件帮助优秀教师脱颖而出。首师大附中大兴北校区教师的成长备受首师大附中教育集团的重视。首师大附中通过为我校新入职教师开通实习绿色通道，集团优秀教师与我校青年教师一对一进行"师徒结对"，集团骨干师资进入我校指导教研、组织大型学习交流等，加强我校教师队伍的建设，为我校培养了一批批优秀教师。

近年来，我校以青年教师成长学院为依托，坚持以校本培训促进教师专业发展，不断搭建平台，建设了一支专业素质高、综合素养强的朝气蓬勃师资队伍。学校现有正式教职工128人，其中具有硕士学历的教师 46 人，占教师总数的 36%；北京市骨干教师 2 人，大兴区学科带头人、骨干教师 26 人。教师成长不是仅仅为了自己，主要还为了学生，为了给国家社会培养有用之才。尊重学生、关心学生、爱护学生、促进学生健康成长，应该成为教师成长中最重要的素质。

从一位普通的教师到一位优秀的教师，成长永远在路上。经过几年努力，我校在继承首师大附中本部优良传统经验的基础上，不断将教师自身的成长、学生的成长融为一体，感受到成长的力量。

教师的成长离不开书籍。学校每个寒暑假都鼓励教师读经典、读专业，读书可以让教师触及先贤、大师的思想高度，不断完善自己的想法，指导自己的行动。

教师的成长离不开与同事的交往。常言道，三人行必有我师焉。教师在与同事交往互动的过程中思维碰撞、产生火花，让一点点火花簇成火焰，照亮教师前行的路。

教师的成长更离不开课堂。教师只有扎根课堂，才算是一名"真教师"，才能将自己的想法进行落实，才能在落实想法中不断完善教育教学方法，不断丰富教育教学经验，才能助力自身成长。

我校在 2019 年成立了"青年教师成长学院"，实现中小学教师的融合发展，搭建了中小学教师成长的一体化的通道。作为刚刚成立 8 年的新生校，教师的培养一直是学校最重视的工作之一。青年教师成长学院打破了学段的围栏和学科的界限。针对教龄为 0~3 年的启航学员和教龄在 4 年以上的领航学员，制定了第一阶段的发展目标。在目标的引领下，青年教师成长学院依托课程发挥功能，引导青年教师把握教育脉搏，善于研究、敢于探索。

学院创设了基础通修、教师素养、项目研究和自主研修 4 类课程，每类课程设置相应的研修专题和研修内容。比如，在教师素养的课程中，我们设计了素养发展和素养提升两个研修专题，配合生涯规划和沟通艺术等研修内容落实课程的实施。这些课程不仅立足于打牢青年教师扎实的教育教学基本功，更立足于引导青年教师关注发展、关注大局、关注未来。教育是一项合力彰显成效的工作，对于学校教师队伍的建设，更是不求独行速，只求共行远。为了保障课程的实施，学院还设计了"必修+选修"的双轨评价机制，同时辅以考核奖励与考核退出机制，从而让"研究促发展，行动促成长"的指导思想落地、生根。

教师的成长，需要永恒，需要与时俱进。教师的成长就是不断超越自我，在自我超越中不断追求教育的真谛。教育是和煦的阳光、无声的细雨，首师大附中大兴北校区将在培养有理想信念、有道德情操、有扎实学识、有仁爱之心的优秀教师之路上乘风破浪、砥砺前行。

汇聚人才

继承、发展、创生，教师成长再出发

许向辉

自 2013 年 9 月建校至今，一批批青年教师怀揣对教育的初心和理想走进这所学校，与学校共成长。学校发展要创新，青年教师发展要创生，只有搭建更适切的发展平台，才能引来源头活水，实现学校与教师的双优质发展。

一、学院成立背景

随着北京大兴国际机场的建成，大兴区发展将迎来新的机遇与挑战。"经济发展，教育先行"，打造京南教育新高地，一直是区委、区政府、区教委领导努力的目标。区教委、进修学校一直以来都非常重视青年干部、教师的培养。仅 2018 年就以多种形式培训教师 5496 人，完成教师交流轮岗近五百人次，促进了教师的专业成长。此外，还将选拔出来的 30 位硕博干部送到市级名校跟岗锻炼，为青年干部成长搭建了更高平台。

我校青年教师的发展也备受首师大附中教育集团的重视。仅 2018 年下半年，首师大附中总校派特级教师及名师指导我校青年教师教研、集体备课 12 次，引领青年教师听课交流 16 次，助力年轻的年级主任和班主任开展家校互动讲座 2 次，切实提升了青年教师教育、教学及科研的水平。

我校目前共有教师 128 人，其中 35 周岁以下的教师近 69 人，占教师总人数的 53.9%，全校教师平均年龄为 33.4 岁；其中，具有硕士研究生学历的教师 46 人，占教师总数的 36%，他们毕业于北京大学、中国人民大学、北京师范大学、东北师范大学、首都师范大学等国内名校。面对这样一批有朝气、有活力的青年教师队伍，帮助他们跨过由站上讲台到站好讲台的"一步之遥"，用"精耕细作"代替"自由生长"，使他们成为习近平总书记口中的"大先生"，是学校一直以来所思考的问题。

二、青年教师成长需求分析

为了准确地把握青年教师的成长需求，了解青年教师的成长困惑，学校以问卷调查和访谈的方式对 35 周岁以下的青年教师进行了调研。问卷借助"问卷星"平台进行，共回收了 65 份有效问卷。问卷调查有效样本的 3 项基本属性情况：一是性别分布。男性教师占比 7.69%；女性教师占比 92.31%。二是教龄分布。教龄不满 4 年的教师占比 52.31%；教龄在 4~6 年的教师占比 36.92%；教龄 6 年以上的教师占比 10.77%。三是班主任分布。现担任班主任工作的教师占比 50.77%；非班主任教师占比 49.23%。梳理问卷调查，结果显示：一是本科为师范教育专业的教师占比 60%。二是在开始从事教学时，64.62% 的教师缺乏课堂教学实践；90.77% 的教师对所教学科的专业知识准备充分；但其中 47.69% 的教师认为在教学方法上准备不足，有指导需求。三是入职后，56.92% 的教师在处理学情方面遇到困难，40% 的教师对于如何调动和维持学生的学习兴趣存在困惑，24.62% 的教师对与家长的关系和互动方面存在疑虑。四是在成长支持方面，58.46% 的教师希望学校能保障充足的学习时间，49.23% 的教师希望提供更多专家指导、教学观摩等活动，41.54% 的教师期待建立更好的学习激励机制，40% 的教师希望培训活动可以自主选择。五是在参与学校发展建设项目中，60% 的教师希望参与学科课程体系的建设，52.31% 的教师希望参与校园文化建设，41.54% 的教师希望参与中小学直升课程的开发，38.46% 的教师希望参与学校特色发展研究。六是关于个人职业生涯发展规划，44.62% 的教师尚未制定适合自身发展的规划，55.38% 的教师选择了由站稳讲台到形成个人教学特色，成为优秀教师、名师的发展路线。

面对这样一批有想法、渴望进步的青年教师，学校不仅要思考如何满足教师个人成长需求，还要在青年干部队伍建设和教师队伍建设上有所收获——实现干部教师双成长，从而推动学校的创新与发展。

树高千尺，必有根基；水流万里，定有源泉。在学校发展的关键期，我们有幸得到了首都师范大学基础教育学院、首师大附中、大兴区进修学校、大兴教委领导的大力支持。依托首都师范大学基础教育学院"远郊区县项目"，仰仗专家、教授们的高度引领，借助首师大附中教育集团的优质资源，得益于大兴区教委、进修学校的支持，青年教师成长学院这样一个组织应运而生。

三、学院发展的思想内涵

教育的根本任务是立德树人。育人是一项合力彰显成效的工作。对于学校教师队伍的建设，更是不求独行速，只求共行远。我们的追求是共同发展，人人精彩。学院的发展秉承"协同、共进"理念，树立"服务、创新"的意识，努力落实4个坚持，即坚持协同发展，坚持团队合作，坚持服务教师，坚持实践创新。

四、学院发展目标

教师是教育发展的第一资源。习近平总书记高度重视教师队伍的建设，提出了"四有"好教师、"四个引路人""四个相统一"等一系列要求，为教师队伍的建设指明了方向。学院成立旨在把握青年教师成长的关键期，提高教师的综合素养和教学管理能力。研究发现，教师成长生涯的关键期为0~3年，稳步提高期为4~10年。成长关键期不仅决定着初任教师的教学有效性、工作满意度及职业持久性，而且对教师未来的专业发展产生长久的影响。从某种意义讲，能否把握住教师成长的关键期和稳步提高期，在很大程度上决定其是否能成为名师。

青年教师成长学院是一个非行政学术组织，其更侧重自主性、研究性，同时考虑教师成长需求和学校发展需要。拟通过2019年3月至2020年6月的运行，力求实现：有一批青年教师在学科教学上有影响力，在班级管理中形成独特风格，成为学校发展的骨干力量；在优秀的教师队伍中，培养一批具有管理才能的教师，为学校的发展积蓄力量，充实新鲜血液；充分发挥已有骨干教师的辐射带动作用，互促互进，共同发展。

五、组织结构

青年教师成长学院将让全校近 2/3 的青年教师受益,让一批真正有能力、有情怀的青年教师脱颖而出。学员涵盖了年龄在 35 周岁以下的 78 位青年教师。其中,教龄为 0~3 年的 27 位教师为启航学员;教龄 4 年以上的 51 位教师为领航学员。青年教师成长学院的护航团队由市、区、校三级专家组成,共同助力青年教师的成长。青年教师成长学院院长由校长兼任,在专家团队的支持下,带领这群有"想干事,真干事"想法、有"能干事,干成事"决心的青年教师协同创新,优质发展。

六、课程设置

青年教师成长学校依托课程发挥功能,通过课程引导青年教师把握教育脉搏,善于研究、敢于探索。依据《中共中央、国务院关于全面深化新时代教师队伍建设改革的意见》《义务教育学校管理标准》《青年教师成长问卷》调研的需求分析,学院将通过专题讲座、深度研讨、主题论坛、学术沙龙等方式,提升教师综合素养和教育教学实践能力。

青年教师成长学院课程包括四大类型,即基础通修课程、教师素养课程、项目研究课程、自主研修课程(见表 5-1)。

表 5-1 青年教师成长学院课程

序号	课程类型	研修专题	研修内容	培训对象
1	基础通修课程	教学专题	教学设计	启航学员、领航学员、(每项研修分别针对启航学员和领航学员设计内容,学员根据情况自选)
			教学实施	
			教学反思	
			教学观摩	
		教育专题	班级管理	
			师生关系	
			家校沟通	
			心理健康	

续表

序号	课程类型	研修专题	研修内容	培训对象
2	教师素养课程	素养发展	生涯规划	全体学员
			职业道德	
		素养提升	沟通艺术	
			信息化教学	
3	项目研究课程	课程体系	直升课程	双选指定学员
			行知课程	
		德育建设	德育专题研修	
			德育活动设计	
		校园文化	精神文化	
			制度文化	
		特色发展	办学特色	
			项目特色	
4	自主研修课程	人生展望	阅读分享	全体学员
		专业提升	教育实践	

青年教师成长学院的课程设置不仅立足于打牢青年教师扎实的教育教学基本功，更立足于培养青年教师的崇高责任感和使命感；不仅要跳出学科看学科，关注当下，更要着眼于国家、民族的发展和未来；不仅要有新思路和新方法，更要有为国家培养合格的建设者和可靠的接班人坚定信念。

七、评价考核

青年教师成长学院以"研究促发展，行动促成长"为指导思想，注重学习—研究—行动—反思—完善的学习与成长过程，采用"必修+选修"的双轨评价机制。

必修成果满足"三个一"达标标准：一次育人成果展示（班会课、班点故事、教育案例、家校育人协作示例等）、一次学科优质公开课展示、撰写一份读书报告。

选修成果满足"五选三"的过关原则：策划一次交流展示活动，主持一次项目组活动（项目组成员必选），参与一次外区培训，参加一次京外学习，撰写一份学习心得。

学院建立退出机制，每学期进行一次考核，未达到学院考评标准的学员（必修课程和选修课程完成率低于30%），将退出青年教师成长学院；完成较好的学员将赢得更多外出学习、考察等机会。

青春因初心而不老，梦想因奋斗而生辉！青年教师成长学院就是一群志同道合的青年人在交流碰撞中产生、释放、传播、循环、再生正能量的地方；就是为青年教师成长提供肥沃的土壤的地方；就是让青年教师成长更稳、更快的地方！在这里，没有拔苗助长，有的是阳光与水分；在这里，没有闭门造车，有的是研究与实践；在这里，没有亦步亦趋，有的是唤醒与激励。青年教师成长学院崇尚"自然而然"地生长，但青年教师也必定经历一条"披荆斩棘"、从不退缩的成长之路！

第二节 ▶▶▶▶▶▶

专业引领

师者弦音

韩　颖

时光如梭，自2004年毕业走上教师这个岗位起，"潜心教书，用心育人"成为我努力做一名优秀教师的永恒追求。从教17年来，我把自己当作学生的拐杖，拿时间做路程，用爱做调味剂，默默奉献在三尺讲台上，无怨无悔。在工作中，我不断更新教育观念，始终走在教育教学改革前沿，积极参与新课程改革并进行教学实验，多次担任跨年级教学工作，近三年连续承担初三年级教学任务，并始终保持较好的教学效果和优异的成绩。为了能更好地完善和提升自我，我努力从各个方面做到潜心教书、用心育人。

一、潜心教书　见贤思齐

教师一直被社会赋予很多耀眼的光环。作为一名教师，我在享受这些美丽光环的同时，更应该恪尽职守，努力适应时代的发展，去为这些光环增光添彩。一直以来，我努力做到了身正为范，用自己的言行诠释了师德的高尚。17年来，我从地理老师到班主任、教研组长、年级负责人、骨干教师，变的是岗位，不变的是不断思考和进步的脚步。

"要想学生好学，必须先生好学。唯有学而不厌的先生才能教出学而不厌的学生。"教书育人是教师的天职，但教师如果没有扎实的教学技能，只有一腔热情是没法完成教书育人这一根本使命。我把教师能当作不断提高自我修养的一个目标去追求。在地理课上，我最大限度地激发学生学习的兴趣，体现学生的主体性。很多毕业的学生都说初中和我一起学习地理知识，对高中的学习非常有启发和帮助；有些同学外出看到与地理有关的自然和人文景观，也不忘和我分享探讨其中的地理原理；有些同学决定今后从事与地理相关的工作。同时，我平时还不忘努力学习理论和文化知识，不断提升业务水平。课前，围绕课改理念，深刻领会课标内涵，准确把握、认真钻研教材，制定科学、合理的教学目标。在课堂中，把各种教学方法有机地结合起来，实现师生、生生、生本之间的平等对话，地理课因学生个性的张扬而美丽，因教学理念的前卫而精彩。随着教育改革的深入，我还不断开发实践活动课程模式，将学生实践活动做到实处，不但课上渗透实践探究，还利用我校博识课程的优势，先后开发了留民营生态农业考察、恭王府四合院考察、颐和园园林考察等实践活动课程，并编写成教材，在考察后做全市的公开展示课，在全市地理实践活动方面起到了引领的作用。为了更好提升教学效果，我借助实践活动课程与其他学科相融合，对如何构建地理学习单元进行研究。

此外，我觉得一名教师的成长首先要从教学反思开始，平时再忙也要坚持及时进行教学反思，在反思自己每一节课的得与失的同时，也反思其他教师的教、学生的学，经过多角度的反思，不断总结经验，找出教学中存在的问题，并着力实施解决。于是，我坚持订阅教学刊物，坚持业务自学，认真做好笔记，广泛汲取营养，及时进行反思，转变教育观念，捕捉新的教学信息，勇于探索教育规律，大胆采用新的教学手段。我还常外出听课向名师学习教学经验，借鉴优秀的教学方法，提高自己的教学能力和业务水平。同时，积极参加各级公开研讨课，在备课、磨课的过程中，不断向市区专家、教研员和本部优秀教师请教学习，使自己的教学技能不断提高。

春深雨过风景好，德润万物草木秀。在学校领导的亲切关怀和市区专家、教研员的热情指导帮助下，我的教学工作取得了较好的成绩：《地方文化特色》被教育部评为全国优课，微课《各种气候图之间的关系》获北京市一等奖，《地图上的方向》获北京市二等奖，教学设计《黄土高原与华北平原的地理差异》获北京市优秀课堂教学设计一等奖,《恭王府实践活动》获北京市一等奖。教学设计《西北地区》《地震的威胁》荣获大兴区基本功展示一等奖、获德育课程说课一等奖,《地图》获基本功大赛一等奖、实践活动设计获一等奖,研究课获一等奖,《元宵杂戏》《天文历法》案例获一等奖,论文《校园与纸》获研究性学习一等奖;而参与的区级规划课题《利用生活中资源提高初中地理教学有效性研究》已顺利结题,并被评为优秀课题;还先后主持参与了《小初地理课程衔接策略研究》《中华传统文化教育》《气候变化教育》《基于价值观教育的综合社会实践活动区域实施策略研究》《基于学生综合实践体验的初中地理课程体系构建与实施的实践研究》等全国市区级课题的研究;多篇教育教学论文(案例)在市、区获奖或发表,其中参与编写的《中学教师学科素养提升策略——地理》《中学学科实践活动优秀案例——地理》《校外资源与地理》等已经公开出版发行。

美国实用主义哲学家、教育家杜威说过:"一个人应能利用别人的经验,以弥补个人直接经验的狭隘性,这是教育的一个必要的组成部分";我们的古圣人也说"见贤思齐";西哲亦言"经验并非发生在人们身上的事情,而是人们利用所发生的事而做的事情"。在立身炼志的过程中,我必将直面自己的现实,以"正志笃行,成德达才"的育人理念为引领,继续坚定前行的脚步,不断弥补自我、发展自我、创造自我、超越自我。

二、用心育人　携手同行

互帮互助,携手同行。在评完高级教师之后我曾有一段时间的迷茫,仿佛看到了职业的天花板,不知道今后的职业生涯向哪个方向发展。后来恰逢区名师工作室成立,我作为指导教师参加工作室的工作,同时担任着大兴区地理兼职教研员的工作,我想作为老师我要不断学习研究教学,那么作为骨干教师,我要承担起对新教师的指导工作,让自己成为一名有用的人,发挥自己的作用,让所有的年轻教师都能成为一名优秀的教师。我不但将教学方法经验传授给新教师,还为年轻教师搭建成长平台,创造学习和比赛的机会。

在我校地理老师董老师刚工作的第一年,我与她对教材的每节课都会进行集体备课，从教学目标的撰写到教学活动安排及板书的设计、作业的布置，我都会对她进行一一指导，将自己多年积累下来的教学经验毫无保留地传授给年轻的董老师。同时，我还鼓励董老师多做公开课，给董老师创造锻炼的机会，主动和教研员申请让董老师承担公开课。我认为，要做优秀的地理教师，因为很多优秀教师都是通过公开课成长起来的。任何一次成长都经历过无数次磨课的历练。根治自身教学顽症最有效的方法就是在专家面前真实地暴露自己存在的问题，让自己在历练中脱胎换骨，公开课上得越多，成长得就越快。因而，要多上课、上好课，将自己的课堂当作实验基地，积极进行归纳和提升，从而形成自己的教学风格。

在我的鼓励下，董老师做了第一次区级公开课《诗词话长江》。公开课准备阶段，我和董老师一次次地磨课、一遍遍地试听、一遍遍地修改，磨尽同课之精华，养出自我之新意。从教案设计、PPT 的制作，到学案上每个问题的设置……

磨目标：这节课究竟要干什么？磨教材：课堂需要怎样的素材？磨环节：哪些是课堂必备的环节？这些环节如何设计，提升学生怎样的能力？磨学生：学生可能出现哪些问题？磨细节：该提什么问题，如何反馈？我们不断切磋、研讨、设计、实践、反思以至于不断飞跃，经过反复修改，此课参加了 2019 年北京市中小学教师优秀教学设计展示与交流活动，获得了北京市一等奖。

同时作为大兴区兼职地理教研员、骨干教师，我还助力全区地理教师的成长，开展复习讲座，教学研讨会，与老师们一起备课、磨课、修改，教老师们如何设计教学情境，如何进行单元备课……我坚信，切磋琢磨筑师魂，思贤省己善师道。我将矢志不渝，努力地学习、探索，不断提高自己，注重完善自己，秉承一切为了学生发展的育人原则，让一堂堂优质的地理课闪耀睿智的光芒。2020 年，我幸运地被评为了北京市骨干教师，可以说这个荣誉是对我 17 年来教学工作的最大认可和褒奖，回想起 17 年来的教育教学工作一切的付出都是值得的，今后我将在这个平台上继续学习进步，发挥自己更大的作用。

"路漫漫其修远兮，吾将上下而求索。"作为一名人民教师，我在今后的教育教学工作中，将立足实际，认真钻研教学，创造性地开展学校的教育教学、教改科研工作，在教育这片田园里勤奋耕耘，积极探索，潜心教书，用心育人，努力让桃李香满天下！

师者至诚

陈合宁

岁月飞逝，回首相视，我已经与北校区一起走过 8 年。回想自己从 2013 年入职之初的迷茫与未知，到后来自己的努力与坚持，成为一名骨干教师，一路幸福满满。更有幸的是在成长之路上遇到了附中本部的专业引领和正确引导，让自己自信、钻研，不断提高、成长。

2013 年，北校区是大兴区的一所新建校，而我也是刚参加工作的一名普通教师，我们只默默地做好自己——学校做好教育教学工作，我站好三尺讲台。学校得益于首师大附中本部正确引领，有正确的办学方向和先进的育人目标，在努力成为京南一所优质学校，而我受首都师范大学和附中培养，想成为一名优秀教师。

2015 年，北校区开始接受区抽测、学业水平监测等，并且都取得了优异的成绩；而我上课和成长事例，在区新教师培训中被讲座人举例子，我觉得无上光荣。在北校区的这几年，我一直在努力积淀，从自身专业水平到教学实践能力，我翻阅了上百本教学杂志、观看了许多名师的课、钻研了课标和 12 册教材，参加了各级比赛，也取得了一定成绩，北校区的人就是这样，专心做好自己，不张扬、不浮躁，厚积薄发。

现如今，我很荣幸成为一名年轻的骨干教师，学校也在发展中向一所优质校前进。学校这片蓝天，给予我们自由翱翔的天地，我们在这片蓝天下挥洒汗水，张扬青春，扬帆起航，一起成长。

一、初为人师的迷茫与困惑

2013 年，我满怀热情地成为一名小学数学教师，一度自我感觉良好，觉得自己这专业素养绝对足够胜任一名小学数学教师，也一定能成为一名优秀的数学教师。然而，没有成熟教师在课堂上那么轻车熟路的课堂组织能力，我在第一个月的数学课堂上"倒下了"。

为什么我上课有那么多学生不认真听呢？为什么一年级孩子都不会呢？为什么课堂上这么乱呢？……一连串的问题倒逼自己在上完每节课后开始反思，开始想办法"治"他们。于是，我开始翻《吴正宪的儿童数学教育》《教育心理学》《给教师的建议》等书籍，从中我明白了：学生是活生生的人，教师要友善地走进学生的心灵，用教师的人格魅力引发学生对数学的喜爱；学生是发展中的人，每个学生都有无穷的潜力，教师要宽容、理解学生，以学生为本，促进学生健康成长。

于是，我开始调整我的课堂教学模式。

（1）平等对话。在每节课上，我认真倾听每个学生的发言，并给予学生恰当合理的评价，教会学生在数学课上正确表达、会表达、善表达。

（2）给予空间。在第一个月的课上，我基本都是自己在"一言堂"，觉得内容太简单了，不用学生参与。这次，我把课堂的时间和空间交给学生，让学生参与到每个教学环节，他们在课堂上反而更坐得住、会思考了。

（3）关注差异。每个学生之间都有差异，如何利用好学生的特长、扬长避短，是教师的必修课。在后来的课堂上，我经常抓住学生的特点进行合理利用，让每个有差异的学生都在我的课堂上有收获。

慢慢地，我熟悉了数学课堂，也抓住了学生的"心"，他们也逐渐在课堂上与我为友、共同学习。

二、骨干教师的坚持与努力

经历了初为人师的迷茫与困惑，通过阅读专业书籍，让我在教学的路上思路更加清晰，也更明白了自己前进的方向。2014 年，在《神奇的七巧板》校内公开课时，我大胆创新，将平板教学用到课堂，关注学生创作，以学生为主体，学生在课堂上精彩的表现得到了听课教师的赞叹，让我更坚定了自己的教学方式。在 2015 年大兴区新教师培训时，特级教师姜利民将我的磨课过程在区级做分享，让年轻教师有所获益，让我信心倍增。

从入职到 2017 年的 4 年中，我认认真真地钻研了小学 12 册数学教材，认真看课程标准，多次观摩特级教师的现场课、录像课，也参加了区级教师基本功展示等活动，几次一等奖的成绩让我在教学路上尝到了"甜头"，我想，我应该朝一名骨干教师努力，于是我刻苦钻研教材、课标、教参，在较出色地完成了教学工作之余，我还在把自己的教学经验与反思记录下来。先后在《中学生数学》上发表《用轴对称变换解一道中考题》《关于15×15的巧算》等5篇文章，撰写的论文多次在市区级获奖。在2015年大兴区小学学科教师专业能力提升工程学科专业知识展示活动中获一等奖，大兴区小学"新星杯"青年教师教学展示活动二等奖。一次次的活动参与，不仅是对自己的磨炼，更是让自己站稳讲台。

在进步的过程中，我明白了"苦练与积累"是教师成长的必修课。因此，教师需要有扎实的专业知识。几年下来，我一直在苦练自己的教学内功：

（1）钻研教材。我翻阅了12册教材，厘清了小学阶段数学的知识脉络，构建了属于自己的数学教学网络。在每个教学阶段，我会在课堂上给学生适当的拓展，让学生知道我们后续会学什么，激发学生的学习兴趣，让学有余力的学生提前看、提前了解，从而提升学生的数学能力。

（2）注重积累。一个想成长、想进步的老师需要不断反思、积累、沉淀。在工作中，我阅读各种书籍，从《多元智能理论》到《吴正宪与小学数学》，从《我的教育视界》到《读书是教师最好的修行》，从《小学数学教学》到《中学生数学》再到《中考说明》，了解最新的教学研究动态，了解教学改革的前沿信息。在工作这几年，我经常听吴正宪老师、刘德武老师等全国几十位教育名家的课，也向特级教师姜利民、马希明学习教学的先进经验，与名师对话，一起研究数学教学，正是这些鲜活的榜样，教会了我去研究学生、去感受教学、去反思数学。

（3）扎根课堂。课堂是教师成长的重要阵地，教书育人的使命主要是通过课堂来完成。在工作中，我一直在思考课堂中遇到的问题，也会和老师们一起思考、讨论课堂呈现的问题，一切都是想让自己的课堂更丰满。在课堂上，我希望学生在40分钟内有习惯的养成、有思维的碰撞、有经验的积累、有应有的收获，我深感教师的每一次进步都是从上好每一节课开始的。

2018 年，我光荣地被评为大兴区数学骨干教师，这不仅是对我坚持的肯定，更是对我的激励。

三、优秀教师的期待与追求

在一位优秀教师的课堂上，学生应该会提出问题、会数学表达、会数学思考，坚持让学生在生活情境中学数学、在操作活动中学数学、在体验感悟中学数学、在合作交流中学数学、在实践创造中学数学，让学生觉得数学特好玩、挺有趣、很神奇、真有用。在教学的路上，我会努力做到：

（1）注重学生对知识的体验和探索。在数学课上让学生有观察、操作、估计、分析、交流、反思等过程，让学生在活动中体会数学知识的产生、形成过程，受数学思想方法的熏陶，获得数学学习的积极情感。

（2）尊重学生，信任学生。充分信任学生、尊重学生，把学习的主动权交给学生。我想我应该以热情的鼓励、殷勤的期待、巧妙的疏导与学生思维共振、情感共鸣。让学生在 40 分钟的课堂上做到课伊始、趣已生；课继续、情更浓；课已完、意未尽。

（3）注重思维，发展能力。在我的数学课堂上，我努力创设和谐的学习环境，学生充分表达自己的数学思考；我加强学生数学推理、转化等思维训练，让学生理解数学、热爱数学，将数学思想和数学方法相容，促进学生数学素养的提高。

如今，我仍在努力，努力成为一位更优秀的教师——让学生喜欢上我，更喜欢上我的数学课，我愿意就这样一路领着孩子们走着、说着、笑着、欣赏着、品味着，同时不断地回味着、思索着……

仁心教育 ─────

你与我共同成长，我与你并肩前行

樊菁菁

首师大附中大兴北校区自建校以来，一直秉承"成德达才"的教育理念，并坚持"资源共享、集中优势、科学整合、保留特色、协同创新、优质发展"6 条基本原则。建校 7 年来，是学校教学水平和综合实力得到大幅全面提升的 7 年，也是我自己教学技能和专业水平不断提高的 7 年。

每当回想起我与学校共同成长的这 7 年，都颇为感慨。

2013 年，硕士毕业的我非常荣幸地作为建校后入职的第一批音乐教师之一，加入了首师大附中大兴北校区这个大家庭。确切地说，当时的首师大附中大兴北校区还算不上是大家庭，因为是新建校，教师数量还很少，不过经过 7 年的发展与壮大，现在的首师大附中大兴北校区，教师数量已超百人，与同类型学校相比，我们也是名副其实的大家庭。

和每位新教师一样，刚入职的我，怀揣着满满的梦想与激情，希望我的每一堂课都像一件艺术品一样无可挑剔，希望能够将音乐的美好传递到课堂上每位学生的手里、眼里和心里。当然，那时的我，除了梦想与激情外，更多的是担心，因为我知道自己的教学和课堂管理经验还停留在理论层面，尤其缺少教学实践经验，甚至不知道该如何讲好一堂课，更不懂如何与学生建立良好的师生关系，感觉是凭空仅有一腔热情却使不上劲儿。

但事实上，担心有些多余，学校为新教师精心组织了各种入职培训和学习，每学期还会举办内容丰富的校内、校外教研活动，为提高教学能力提供了非常好的条件，通过不断的学习和积累，自己慢慢地学会了思考，开始对教学和如何建立良好的师生关系有了一些自己的理解和感悟；另外，学校还定期开展博识活动，既开阔了学生视野，也打破了师生交往仅在课堂的局限，增加了师生亲密度；更重要的是，校领导也在全力为大家争取各种锻炼、提升教学能力的机会，引领教师成为在教育、教学、科研等方面综合发展的真正名师。

2016 年和 2018 年，我两次参加大兴区举办的"新星杯"青年教师课赛，这是我提升音乐教学水平和专业素养的重要阶段，学校教学主管和音乐组全体老师给予了我悉心帮助和无私指导。

比赛第一阶段是说教材、诵读和自弹自唱 3 个部分，主要是考查参赛教师的基本功，以及对教材、教参的理解程度，其中又以说教材为重点。因此，在第一阶段的准备过程中，我把主要精力都放在了说教材上，并多次修改说教材文稿和 PPT。在这个过程中，学校教学主管刘老师多次为我进行细致的分析和耐心的指导，使我的思路更加清晰，解读内容也更加具体；同时，学校还特意邀请大兴区少年宫的专业老师为参赛教师做为期 1 周的诵读培训，使我在诵读方面有了进一步的感悟和体会，也收获了许多诵读技巧；弹唱是我的专业，因此花费的时间相对较少。

比赛的第二阶段是现场课，我选择的是小学二年级唱歌课《小雨沙沙沙》，准备时间为 1 周。小学低段的唱歌课不仅要充满趣味性，还要适时加强学生的音准、节奏等音乐基本功练习，而训练音乐基本功恰恰又是最枯燥、最乏味的。因此，如何让学生在保持兴趣的基础上，无形渗透音乐基本功练习，成了备课的重点与难点。

为了高效设计好这堂课，我每天都会与音乐组的老师们沟通、交流、学习，为了激发孩子们的兴趣，同时保证音准练习的高效性，大家帮我想了许多新方法，极大地丰富了课堂内容。

在学校领导的大力支持和鼓励下，我取得了一等奖的好成绩。现在回想整个比赛过程，虽仅有短短 1 个多月，但调整思路和修改内容却始终伴随，从课堂的环节设置，到课堂中说的每句话，都有可能影响整堂课的效果及比赛的最终结果。

经历了紧张又充实的磨课，使我明白，细节决定成败，一堂好课的背后是对教材的深入理解和对教法的熟练运用。

2020年年初，受新型冠状病毒肺炎疫情的影响，北京市中小学春季学期延期开学。3月底，为更好地贯彻落实市教委关于延期开学期间的相关要求，进一步丰富学生居家学习教育供给，缓解学生视觉疲劳，大兴教育两委与大兴融媒体中心深度合作，从全区范围遴选、推荐优秀教师，根据学科、学段特点，结合学生实际，设计、编排、录制每节20分钟的视频公开课。

我有幸参与到此次公开课录制过程中，学校特意邀请区教研员就选题定位、挖掘特色等方面为我做线上指导，在与教研员进行了充分研讨后，我确定了选题，也为打造一堂精品公开课奠定了良好的基础。

确定好讲课主题后，进入了课程设计、打磨阶段，这是录课过程中最困难的环节，也是最需要细心、耐心的环节。我必须充分、合理地利用好录课过程的每一分钟，精心设计每一句脚本、每一页PPT。在设计和打磨课程内容的过程中，不仅需要解决知识层面的问题，更大的困难是技术层面的，我必须在短期内熟悉并使用多种设计软件，如图形图像编辑软件、视频录制剪辑软件、音频剪辑与录制软件等，这对于我而言是一次考验，也是一次自我提升，好在信息技术发达的今天，网络不失为一个极佳的助手，帮我解决了许多技术性的问题，也让我学习到了许多。

这次录课让我明白，一堂好的线上课程，每个环节都需要精心设计和打磨，非细心、耐心、诚心不可为。

就我个人而言，这7年里，曾先后参加区级、市级、国家级比赛30余次，累计获得一等奖21项，获得教育部部级优课4次。每次参赛，都是一次难得的成长机会，对教学能力而言都是一次巨大的提高。记得2018年参加北京市优秀教学设计比赛，在决赛答辩环节时，一位评委专家对我的教学视频做了点评，他说："我非常高兴能看到这样的授课视频，因为我能切身感受到你与学生之间那种亲密、默契而又平等的师生关系，以及你对教师这份职业的热爱。"这句话令我非常感动，因为我成长了，我知道，在我成长的路上，离不开首师大附中大兴北校区的悉心呵护与陪伴。

国之大计，教育为本；教育大计，教师为本。回顾我校 7 年的发展历程，其实也是北京市"十二五"和"十三五"规划实施期间，教育教学质量全面飞速提升的生动体现。展望未来，首师大附中大兴北校区必将取得新的辉煌。

未来的日子里，我将继续恪守"自觉、勤奋、求实、创新"的校训，不断改进教学方式，将"人"的培养放在核心位置上，遵循教育规律和人才成长规律，以"一体化贯通培养"为教学主线，更好地把德育教育贯穿于学校教育，更好地培养和提升学生的音乐核心素养，使学生成为品德优秀、才能通达的创新人才。

感谢首师大附中大兴北校区，在我成长的路上，离不开你的陪伴与呵护，你发展茁壮的大道上，也必将有我与你并肩前行！

仁心有人

董 璇

作为一名青年教师，我觉得成长比成功更重要。成长不仅意味着专业能力的提升，也意味着职业信仰的不断增强。这同时也是一个"为学日益，为道日损，不进则退"的过程，对于我们学校来说，只有我和韩老师两名地理教师。于是，在学校的鼓励下，优秀的韩老师主动承担起了引领青年教师成长的责任。

一、模仿与思辨

"要想学生好学，必须先生好学。唯有学而不厌的先生才能教出学而不厌的学生。"这是陶行知对教师成长的寄语。成为一名光荣的人民教师不是学习的结束，而是新的开始。教师成长的主阵地在课堂，要通过靠近优秀教师、释放潜力、挑战自我等方式，让自身发展目标和途径越来越明晰。

教师教学如果一味闭门造车，则必然妨碍自身发展。因此，在老教师的引导下，我潜心研究优秀教学设计的"精妙之处"，认真思考优质课例对教学各环节的合理把握，细细体会优秀教师对教材的合理处理。学习经验是教师成长的捷径，当然，学习不等于"全盘照收"，而应该是吸收和再创造；学习更不是"拿着别人的教学设计去上自己的课"，而是逐步形成自己的特点。

多听优秀教师的研究课；多集体研讨备课；多听即将参赛教师的评优课；多听获奖教师的汇报课；多观看名师的录像课，细心揣摩他们点拨、评价、激励等语言艺术的精妙之处，提炼教学的技巧和要领，我慢慢地领悟到名师的教学思想和先进的教学理念。我在让学生喜欢地理课的同时，收获核心素养。渐渐地，思考多了，成长也更快了，驾驭课堂更加熟练了。经验人人都可以有，对已有经验进行分析与反思，才是成长的关键，多学习才能提高课堂效率。

二、把公开课作为成长的支点

很多教师都通过公开课成长起来。任何一次成长都经历过无数次磨课的痛苦。根治自身教学顽症最有效的方法就是在专家面前真实地暴露自己存在的问题，让自己在痛苦中脱胎换骨，公开课上得越多，成长得越快。因而，要多上课、上好课，将自己的课堂当作实验基地，积极进行归纳和提升，从而为自己的教学找到通路。

于是，在韩老师的鼓励下，基于我对传统文化的喜爱与研究，我认真做了第一次区级《诗词话长江》，从语言风格到课堂结构、设计思路等进行创造性的改革，力求体现个人的教学特色。韩老师与我一起磨课，磨尽同课之精华，养出自我之新意。磨课是一个深度的研课过程，我通过参考、比较、思索，寻求优课的优质有效，要在吸取别人亮点的基础上，演绎出自己的特色和见解。在此基础上，韩老师帮助我磨目标：这节课究竟要干什么？磨教材：课堂需要怎样的教材？磨环节：哪些是课堂必备的环节？磨学生：学生可能出现哪些问题？磨细节：该提什么问题，如何反馈？同我一起不断切磋、研讨、设计、实践、反思以至于循环往复、不断飞跃，经过反复修改，此课参加了 2019 年北京市中小学教师优秀教学设计评选活动，获得市级一等奖，此课还被评为教育部 2018 年"一师一优课，一课一名师"活动部级优课，这对我专业发展有着十分重要的意义。

三、认真设计课堂教学，关注学生的实际获得

更真切的课堂应是师生互动、心灵对话的舞台，而不仅是优秀教师展示授课技巧的表演场所；课堂应是师生共同创造奇迹、唤醒各自沉睡的潜能的时空，离开学生的主体活动，这个时空就会破碎。因此，要深入思考一堂好课的标准，想让学生获得什么？为什么要让学生获得这些？怎样做可以使学生有获得？认真设计好每一节课。

我认真研读初中地理课程标准，在走上教师工作岗位后通读了地理课程标准解读，将学科基本知识、技能、方法细化、内化、落实。总结了课标对学生能力要求的层次进阶，包括以下3个层次：一是识别与描述。阅读地图、数据、文字等资料，识别、提取相关信息，回忆、再认相关知识，运用学科语言简要描述地理事物和现象的基本特征；二是说明与归纳。依据地图、数据、文字等资料，解释地理现象，说明各地理要素之间的相互联系，归纳或概括区域地理环境的基本特征；三是分析与应用。运用地图、数据、文字等资料，整合地理信息，在具体情境中分析并解决地理问题，从人地协调的角度为区域发展提出合理建议。

"学习对生活有用的地理""学习对终身发展有用的地理"是初中地理课程的基本理念。地理学科的生命力存在于真实的地理环境与生活之中，提高地理学习能力和意识，运用所学知识解释生活中的现象，逐步形成人地和谐的理念与情怀。因此，在地理教学中应联系生活实际，激发学生对地理学科的兴趣，提升知识的灵活运用能力。新课标还提出从地理实践力、区域认知、综合思维、人地协调观等方面培养学生核心素养。地理课堂应该包括给出材料、构建情境、提出问题、解决问题、培养价值观等环节，在此过程中，学生逐步提升综合思维能力，进一步领会自然地理环境各要素的相互作用，并影响人们的生活与活动，人类生活适应的不同自然环境，形成人地协调观。

课堂上应讲练结合，精选练习题目，大胆取舍，处理好"讲"与"不讲"的关系，讲学生分不清的、弄不懂的重点和难点，应满足大多数学生的需求，提升思维高度，注重优秀生地理学科能力和核心素养的培养，提

高中等生理解记忆和运用地理知识的能力，抓好及格边缘学生地理概念和主干知识点的落实。注重读图能力、审题、解题方法和技巧的训练，包括提取和解读题图文信息技巧、用地理学科思维思考问题、用地理学科语言描述与阐释问题。

经过学习，我的地理教学水平得到不断提升，所带班级地理成绩一直在区里名列前茅，并在2020年学业水平考试中取得了全区第一名的成绩。

四、研究考试方向，助力教学诊断

多研究试题命题方向，让自己跳进题海，帮助学生跳出题海。近两年的中考试题往往要求在紧扣课程标准的基础上，学生通过阅读材料，提取关键信息，将所学知识和信息进行转化对应。解题过程是提升核心素养的过程，也是图像特征与知识、图文、图图的结合和转化的过程。因此，在教学中，教师应采用构建情境、提供材料、提出问题，解决问题的呈现形式，充分契合考出课堂表现的中考改革方向。

近几年中考试题在考查学生的人地协调观、综合思维、区域认知、地理实践力等地理学科核心素养的同时，关注传统文化、关注时事热点，注重平时的积累。呈现出选材丰富、思想立意高远等特点，试题突出对学生学习工具、学习过程和学科学习方法的考查。因此，在教学过程中，教师应引导学生关注世界、关注国家发展、关注生活、关注文化。鼓励学生自主学习、合作交流、积极探究。通过提供不同的图文资料，构建层次丰富基于学生体验的情境，拓宽学生的学习空间，倡导多样的地理学习方式。

多学习如何提高课堂效率，让学生喜欢地理课的同时，收获核心素养。渐渐地，思考也就多了，成长快多了，驾驭课堂更加熟练了。经验人人都可以有，如何对已有经验进行分析与反思，才是青年教师成长的关键。

博爱之心

高懿蕾

优秀的校园文化既是学校内涵的积淀，又是学校竞争的优势所在。走进北校区的这 3 年，我深深感受着学校对附中百年积淀的文化底蕴的传承和发扬，它体现在环境氛围、办学理念、教学目标及学校活动的方方面面，特别是对我们这个年轻的教师团队的激励和引领，"正德、博爱、敬业、远识"的教风正在逐步形成。

每次看着年轻教师跟学生在一起时既是严师，更像朋友、长辈、亲人，我都不由得回忆起自己刚刚走上工作岗位发生的一件事情。

这天上课时，班级里有 4 个同学没带书，其中有 3 个同学提前到办公室，说明了原因，上课时候，我没有做过多的处置。但是，对比起来，还有一位女生课前既没有找我，也没能给我一个合理的解释，为了给全班同学一个警告，我让这个女生站了起来。孩子不明就里，看到其他孩子都没被批评，唯独只让她站着，质问我："凭什么只让我一个人站着？"在课堂上，多少双眼睛看着我，我当时严厉地批评了她，并且告诉她，其他同学都在下课跟我单独说明了原因，只有她没有来找我。下课以后，我带她去办公室，想好好跟她解释。她走进我的办公室，用一种仇恨得可以杀人的眼神看着我，大声地质问我："凭什么只让我一个人站着？"我原本的耐心也消失了，严厉地批评了她，原本想解释的话一句也没有说。孩子还是很倔强地看着我，仍然是那种眼神，不断地重复那一句话，我当时也被她的态度激怒了，把她交给了班主任，在班主任那里，孩子流眼泪了，是那种无声的眼泪，眼神中盛满了不满和仇恨。1 周后孩子来向我道歉，并且写了一份书面的检查，但仍然是那种眼神、那个表情和语气，看着孩子的委屈和不情愿，虽然我收下了道歉和检查，但是当时我也意识到，我将永远失去这个孩子的信任。

之后的每堂课，孩子都是以一种冷漠的表情看着我，从不回答任何问题，也从不随便说话，我让做的每一件事情都默默做好，但都是冷冷的。有时候，课堂气氛热烈，同学们都开怀大笑，孩子却一直很"蔫儿"。每次看到这样，我的心里都有着很多的不忍，但一直也没有勇气向那个学生道歉。在班主任那里，我了解到，这是一个学习、纪律、品德都很优秀的学生，性格中有倔强和不服输，有好几次，她跟父母吵架后离家出走。可以说，这是一个很有自己独立想法、见解的孩子，但是有些近乎偏执，似乎只活在自己的世界中，而不去接受外界或来自父辈的建议。暑假里，我不断地反省自己，我的简单粗暴伤害了她的自尊，她毕竟是个孩子，如果因为这件事情，影响她对这门课的学习，甚至造成逆反心理，让她无所适从，影响她以后的人生，那么我就亲手毁了一朵希望之花。每当想到这里，我都自责不已，并且下定决心，要让这个孩子重新回归集体。

新学期开学，我找到她，进行了一次长谈。我把自己摆在朋友的、倾听者的位置，开始我只是询问她暑假过得怎么样，以及一些生活、学习上的事情。在消除敌对状态后，她开始吐露心声："我觉得您不尊重我，没有问清理由就罚站。我给自己定了目标，每次政治考试，我都要考最高分，我要证明给您看，您不提问我、不喜欢我，我也一样要考第一！"我也开诚布公地说出了我的心里话，坦然地承认在对她的处理上，我的做法不得当。同时，让她知道我的希望、我的期待。这次以后，孩子似乎更愿意跟我说话了，无论是生活上、学习上，还是与家人、同学之间高兴的、不愉快的，都会来向我倾诉，我们成了无话不谈的朋友。课堂上，她也更积极了，同学们都说，她开朗了好多。阳光似的笑容重新回到了孩子的脸上。

近二十年的教育生涯，每当回忆起这件事情，我都欣慰自己当时没有用偏执的严厉代替该有的博爱。因为我懂得了学生在学校里的成败，将影响其一生的成败，学生的命运与教师的教育方法关系太大了，有时一句不经意的话，就会断送孩子的前程；有时一句温暖的话语，就会唤起失落孩子的激情。

一、教师的爱心是成功教育的原动力

所有学生，无论是智商高还是智商低，无论是家庭条件好还是家庭条件差，无论是安静听话还是调皮捣蛋，都十分需要老师的爱。老师的爱与尊重是照亮学生心灵窗户的盏盏烛光。"从早到晚我一直生活在他们中间，我的手牵着他们的手，我的眼睛注视他们的眼睛，我随着他们流泪而流泪，我随着他们微笑而微笑。"美好的人生是为爱所唤起，并为知识所引导的。从这一角度讲，美好人生的开始掌握在我们教师手中。

作为发展的人，也就意味着学生还是一个不成熟的人，是一个正在成长的人。在实践中，人们往往忽视学生正在成长的特点，而要求学生十全十美，对学生求全责备。这是和发展观点相对立的。其实作为发展的人，学生的不完善是正常的，而十全十美则是不符合实际的。教师要把学生作为一个发展的人来对待，要理解学生身上存在的不足，要允许学生犯错误。当然，更重要的是要帮助学生解决问题，改正错误，从而不断促进学生的进步和发展，这也是坚持用发展观点认识学生的重要要求。

二、教师的爱心让学生更健康地成长

在我们的青少年中，有一批成绩优秀、才华出众的学生，对这些学生，教师的爱心要特别表现在锤炼其意志、帮助其心理得到健康成长方面。对有些有生理缺陷或家庭贫寒的学生，教师的爱特别表现在关心和体贴上，使之摆脱自卑、增强信心和勇气。教师的爱心能使犯了错误的学生振作起来。要像父母对待子女，医生对待患者一样，用真心实意和爱心融化他们心灵上久积而成的坚冰。

（一）爱学生就要了解他们

了解他们的爱好与才能，了解他们的个性特点，了解他们的精神世界。对于一个好老师而言，只有了解每个学生的特点，才能引导他们成为有个性、有志向、有智慧的完整的人。教育是人学，是对灵魂的引导和塑造。苏霍姆林斯基说得好："不了解学生，不了解他的智力发展，他的思想、兴趣、爱好、才能、禀赋、倾向，就谈不上教育。"

（二）爱学生就要公平对待

据有关教师人格特征的调查，在学生眼里，公正客观被视为理想教师最重要的品质之一。他们最希望教师对所有学生一视同仁，不厚此薄彼；他们最不满意老师凭个人爱好，偏袒某些学生或冷落、歧视某些学生。公正，这是孩子信赖教师的基础。

（三）爱学生就要尊重他们

在教育过程中，教师是主导，学生是主体，教与学互为关联，互为依存，即所谓"教学相长"，"弟子不必不如师，师不必贤于弟子"。一名好教师会将学生放在平等地位，信任他们，尊重他们，视他们为自己的朋友和共同探求真理的伙伴。

友爱需要回报，师爱则是无私奉献。陶行知先生提出"爱满天下"，因此他才能为学生做到"捧着一颗心来，不带半根草去"。一旦我们有了这种比友爱更无私、比母爱更深刻、比情爱更崇高的师爱，我们的教育也就迈进了成功的大门。

云端牵手，共育蓓蕾
王　瑜

自古教师的职业在人们心中是高尚而神圣的，源于教师的无私奉献和辛勤耕耘。其实，教师的工作是十分平凡而琐碎的，需要用心做好点滴小事，默默付出，持之以恒。"师者，所以传道受业解惑也。"在三尺讲台上，教书育人是教师的天职，不必赘述。然而，肆虐的新冠肺炎疫情，给全人类带来了灾难和考验，也给基础教育带来了巨大冲击。面对新形势，作为一线教师，不能忘记自己的职责和使命，要主动思考，转变教育教学方式，用实际行动为抗击疫情尽自己的绵薄之力。在线上学习期间，与家长云端牵手，相互理解、密切配合变得尤为重要。

一、平等沟通，相互理解

疫情的突然来袭使我们每个人都始料未及，恐慌不安的情绪在学生、家长和老师心里都或多或少的存在着。作为班主任，要及时调整自己的心态，在结合空中课堂完成教学任务的同时，还要积极开展对学生居家学习阶段安全、健康、心理等多方面的指导，甚至为提高居家学习质量，要负责安抚家长的情绪，指导家长制订家庭学习计划，解决亲子矛盾，工作难度相较在校教学有增无减。但也正因如此，家长与老师之间建立起了可贵的信任关系。

线上教学开展伊始，许多孩子和家长很不适应。记得一次有家长在群里留言询问其他孩子完成作业的时间，一石激起千层浪，随后陆陆续续有家长回复，并从言语间表露出家庭辅导的不易和作业偏多的情况。

我见状感觉不能坐视不理，任由"吐槽之风"盛行，但也不能简单打压扼制，那样不能解决根本问题。我身为一个准一年级学生的妈妈，特别理解家长们的心情。于是我决定采取迂回战术，弱化教师的身份，以一个既要工作又要看娃的妈妈身份，也加入"吐槽大会"。先表达了对家长们的理解，然后仿照家长的形式将一天的工作和生活简单列表展示出来，让家长明白在这个特殊时期，每个人都在默默付出，以自己的方式为对抗疫情做贡献，生活不易并非个别现象。我进一步举例子说从这段时间的作业提交情况看，有一半的家长要晚上 6 点以后才能提交作业，甚至最晚要到 11 点以后，但无论多晚我都坚持"今日事今日毕"，我会把孩子哄睡后再批阅晚 9 点以后交的作业。有一次，我竟然和孩子一起睡着了，但可能心里觉得不踏实，凌晨 2 点多醒来又把晚交的几份作业批阅完成。（我后来才知道每天批阅完作业小程序都会给家长发一条提示信息，所以老师的辛苦并非空口无凭，家长们是看得到的。）这种生活的相似经历引起了家长们的共鸣，随后家长们纷纷表示老师也不容易，有时甚至比家长更忙。

得到了家长们的理解，我们的沟通便成功了一大半，我又继续和家长们"聊天"。将一天的网上学习、完成作业、家庭辅导时间做了合理化建议，并开导家长"作业无情人有情"，毕竟居家学习与在校学习不同，不可能完全按照课表执行，我们明确布置作业是为了帮助学生巩固知识，只要这个目的达到了偶尔有事晚一点交作业也是没关系的，这样便减轻了家长们的心理负担。我还承诺，只要提交了作业，最晚第二天上午我一定会批阅，不耽误孩子新任务的完成，把作业提交截止时间错后不少。

经过这样推心置腹的交流，家长们纷纷表示感谢，"吐槽风波"表面上得以平息。但我觉得这还不够，作为班主任，在各学科老师与家长间做好协调也是职责所在，于是我与几个家长进一步电话沟通，了解各科作业情况，有针对性地与几位学科教师进行沟通协调。经过此番沟通，无论从心理上还是实质上都减轻了家长的负担，孩子们作业的提交不但没有推迟反而提前了不少，我想这就是沟通的成效。

二、有求必应，耐心细致

对于刚刚上学半学期，各种习惯尚未完全养成的一年级学生来说居家学习面临极大挑战。经历了一个寒假的放松，想要快速转变进入学习状态很难，更何况"老师"是在线上教学，"看得见摸不着"，不能及时指导反馈，孩子的状态容易松懈，难免会产生厌学情绪。

有一天，一位家长突然给我留言说孩子厌学，要把孩子送到我家帮忙管管。一看便知这是气话，但家长也一定是处在崩溃边缘了。于是我详细询问了情况，得知孩子最近学习热情不高，反映在作业提交晚、不认真、作业本经常有折痕、改错不及时，家长十分着急。这些问题我从作业中也有所觉察，但没想到问题会如此严重。于是我和家长约好半小时后与孩子聊一聊。利用这半小时，我又翻看了一下最近两周孩子的作业，将孩子的优点和不足写出来，简单地列了一个谈话提纲。谈话开始，我并没有直奔主题，而是先和孩子聊聊家常，使孩子放松心情。之后从他在学校云端艺术节获奖入手，让他回忆自己成绩的取得是刻苦努力的结果。明白了这个道理，我转而谈起了最近学习的问题，告诉他他很有潜力，之前的表现也不错，但学习如逆水行舟，不进则退，不能停滞不前半途而废，也要听妈妈的话，接受妈妈的批评教育，做个听话懂事的好孩子。最后建议他调整心态，按时完成作业、提高作业质量、及时改错。孩子向我保证能做得更好，我们约定看他的日后表现。经过那次谈话，家长反映效果良好，孩子的学习热情高涨，增强了信心，也能接受妈妈的指导意见了。于是，我又"乘胜追击"，在线上作业反馈中，我不时给予鼓励和称赞的评语，孩子的学习热情一直没有消减，直至期末，他被评为了"进步小标兵"和"多才多艺小明星"。简单的沟通竟能收到如此效果使我十分欣喜，更加懂得作为教师肩上沉甸甸的责任。

对于新的学习形式，学生、老师、家长都是陌生的，甚至开始都会有些无从下手的感觉。家长并非专业的教育工作者，在指导学习方面难免会有各种疑问，这也是特殊时期老师与家长沟通最多的。与其说是指导家长，不如说是与家长合作，不断尝试和摸索适合孩子的方法。这段时间也正是实施因材施教的好机会。

关于阅读的重要性是不言而喻的，居家学习期间有大量时间可以用来阅读，良好的阅读习惯会使孩子受益终身，所以作为老师，我建议家长给孩子每天安排阅读的时间。刚巧放寒假前我发给每个孩子一个"阅读存折"，用来记录每天的阅读时间，并说明开学后会评选阅读时间长的学生为"读书小达人"。为了保证能如实记录，记录这项工作请家长帮忙。大部分学生在居家学习期间一直坚持阅读，有几位家长反馈效果不错，对于刚学过拼音识并且字量不多的孩子来说，阅读既能巩固拼音又能识字，一举两得。我十分欣慰，觉得自己的这个小方法在这个特殊时期收效显著。但快到期末有两三个家长向我反映，孩子虽然每天坚持阅读，识字量提高了，但在完成练习册中的阅读作业时，总是错误很多，在家长看来是很简单的问题孩子却读不懂，不由得产生疑问，到底孩子的理解能力如何提高？对于低年级孩子是反复阅读好，还是阅读量大些好？

面对心情急切的家长们，我先安慰家长，孩子理解能力是随着年龄的增长、阅历的增多而不断提高的，不要太着急。然后，我耐心帮其分析，读书能提高理解能力是毋庸置疑的，正所谓"读书百遍，其义自见"。经过反复阅读，联系上下文认真思考，往往能理解文意，久而久之，便能提高阅读理解能力。但孩子自己能做到耐下心来反复读和思考是很难的，往往是囫囵吞枣，只拼读不去理解意思，所以识字量提高比较快，而理解能力却提高得不明显。如果想要孩子理解能力提高得快，我建议家长能够有针对性地帮助孩子。在孩子遇到不理解的问题时，家长能帮孩子解答，或引导孩子去理解。在孩子读完一段话或一个故事时，让孩子给家长讲一讲意思，或者家长提出几个问题让孩子解答。既能锻炼孩子的阅读理解能力，又能锻炼语言表达能力。孩子讲完要及时鼓励，让孩子获得成就感，这样也能激发孩子的阅读动力。这才是真正的亲子阅读，而不是简单的陪伴。我进一步说，我们培养孩子阅读习惯时往往是给孩子提供书籍和安静的环境，但并没有真正指导和帮助孩子如何阅读。就像我们常告诉孩子做事要"认真"，而对于不同的事到底怎样做才是"认真"，可能孩子根本不知道。这就是需要我们去指导的。经过分析，家长们纷纷反思自己的做法，的确真正的"陪伴"太少了，要给孩子提供真正的帮助。

不管是教学还是教育，不管是学习还是生活，不管是早上还是晚上，也不管是单独联系还是群里发问，只要家长们有问题，我都会及时回复，知无不言，言无不尽。有些时候不能给出准确解释的问题，我也绝不会敷衍过去，会向同组的老师甚至教研员请教，最终给家长们一个较为满意的答复。有的家长在群里说，感觉老师总是"在线"，心里特别踏实。是呀，线上交流是家长与老师联系的唯一途径，为了让家长和学生们的问题能及时解答，为了让家长安心，我必须全天"在线"，这是作为老师的责任，也是疫情期间的另一种坚守。

三、持之以恒，相互信任

一年级与其他年级有所不同，在家校合作方面存在更多困难，因为相处时间短，老师与家长、学生沟通较其他年级要少，彼此还不够熟悉，要建立起相互间的信任并非易事。我始终坚持以诚相待，相信通过每天的线上交流和沟通，持之以恒地为学生和家长服务，总能取得彼此之间的信任。

居家学习期间，每天的"空中课堂"课程我都会提前看，然后布置相应的作业。对于课上难懂的问题或重点知识，我会截屏发到小程序里并在布置作业时做解释。不容易说清楚的内容还会在班级群里做进一步解释。

每天的作业我并没有规定必须在当天下午交齐，而是截至第二天早上上课前，这其实是违背了我"今日事今日毕"的原则。但为了方便家长和孩子，我宁愿把批阅作业的"战线"拉长，我会按照与家长约定的时间段批阅作业，并提醒一定要及时改正错题再提交，进行二次批阅。但是对于改错作业个别家长提交不够及时，每次批阅完当天作业，我都会翻看前两天的作业，以免有改错没有看到。每周末我都会把一周的作业再查看一遍，以免遗漏，当看到小程序提示未批阅为 0 时，总有一种满足感。这样的坚持没想到竟是一个学期，在这样每天的线上互动中，我与家长们越来越默契，也越来越信任。偶尔出现没交作业的情况也不用电话催促了，因为我知道一定是因为家长有事，第二天一定会交上。相应地，如果我批阅作业稍晚，家长也会理解。"路遥知马力，日久见人心"，在与家长们的相处中也同样适用。唯有持之以恒，才能获得可贵的信任。

疫情期间的工作与往日的课堂教学不同，多是通过家长的转达和反馈来指导学生的学习，更体现了家校协作的重要性。苏霍姆林斯基曾说过：

"没有家庭教育的学校教育和没有学校教育的家庭教育，都不可能完成培养人这样一个极其细微的任务。"只有认真对待每件小事，家校间及时沟通，才能相互理解、彼此信任。老师与家长从来就不是站在对立面的，因为我们的目标一致，都希望孩子能够成才。达成了这个共识，我们就应该以诚相待，多一分理解少一份挑剔，多一份包容少一份刻薄，多一份关心少一份冷漠，建立起彼此之间的信任，成为朋友、战友，携起手来，共育蓓蕾。

敬业姿态由心升

安进亚

一天闲来无事，我翻阅起书架上已经落灰的同学录，第一页那清秀的字迹让我定格在我成为教师的第一年。那是炎热的夏天，硕大的太阳炙烤着整个学校的学生，班级队伍中那个弱弱小小的男孩，穿着干净的校服、一尘不染的鞋子，站得格外笔直，让我对他好感倍增。

从后来一段时间的相处中，我发现他不爱说话，很少看到他和同学交流，他也很温和，不会与别的同学吵架，或者发生直接的冲突，总是规规矩矩地做自己的事，不用让老师对他太过操心。

作为新手教师的我，整天忙得不可开交，也是由于缺乏经验，孩子们找我聊天我都没认真听，很多次只是搪塞几句，或者干脆说自己没时间。其中就有这个小男孩，很多次他都走到我身前，想说什么又不说的样子，有时候小声嘟囔着什么，我听不清就也没多过问，忙着做其他事了。

过了半学期，一次快放学，同学们下了音乐课回来，我在办公室就听见楼道里人声嘈杂，我心里想这些孩子一到快放学就什么规矩都抛之脑后了，便让班里学生都在楼道里站好，这时两个音乐课代表和我说几个孩子在回来的路上一直说话，我一看其中居然有他，我心想这次我得问清楚什么情况，我把这几个孩子留下，问他们有没有说话，其他孩子都一言不发，有的还低下了头，只有他理直气壮地说："我没有！"我说："那课代表为什么说了你的名字呢？"他开始瞪着我闭口不言，我没有理他，想着等和其他的孩子说完，再了解他的想法。因为最近他总是上课走神，看别的书，也不完成作业，而且连最拿手的作文都不好好写了，我对他的看法有了一百八十度的大转变，心里觉得这孩子好像并不听话，我也没少批评他。就在这时他一转身跑进教室，拿起书包飞快地跑了出去，自己跑出了校门，我立即联系了家长，好在他一出门家长就看到了他，有惊无险。我不由得问自己：难道是我错怪他了吗？

第二天我详细地了解了这件事，原来只是在队列里别人踩疼了他，他叫了一声而已，在询问他时他边说边掉眼泪，委屈极了。我顿时感到疑惑，明明很简单的事，只是为自己辩解一下就可以了，为什么他的情绪会这么激动呢？我安慰他几句，但是看起来并不能实质性地解决问题。

之后他还出现了类似的问题，每次都大发一通脾气，有时候跑出教室，有时候把别人的东西摔到地上。我多次批评他，苦口婆心地讲道理，他就是闭口不言，不解释自己这些所作所为的原因，我甚至怀疑他对我有什么不满。之后他居然在课上脚伸到前边凳子上躺着坐，对于我的提醒置之不理，我更是火冒三丈。

这还是那个温和听话的小男孩吗？回想起他恶狠狠瞪着我的样子，我想有必要解决一下男孩的这些问题了。通过了解男孩的家庭情况，我得知小男孩的父母很忙，一直都是保姆看管他和妹妹的生活和学习，男孩的爸爸非常严厉只会打骂，妈妈又非常溺爱孩子，男孩说什么妈妈都要满足。男孩每次遇到不开心的事，从不敢和爸爸说，也不愿意告诉只是搪塞他的妈妈，久而久之，男孩不高兴了也不会直接表达，就在心里憋着。但是最近他总是闹脾气，这几天保姆一边哄着他一边进行劝解。

三年级的孩子处于儿童叛逆期，这是他独立思想形成的时期，男孩正处于三年级这个转型期，三年级的学生没有了一、二年级学生的懵懵懂懂，有了很多自己的想法，不会只是听老师和家长的话，慢慢地会表达自己的一些想法了，个性突出的孩子会表达自己的个性。不过三年级学生由于生活经验不足，他们在陌生、严肃、冲突、恐怖、约束、遭受指责等情况下，容易产生紧张的情绪，自我调节能力比较差，难以释放心理压力，这样就容易使他们的心情变坏。另外，在这一年又遇到了我这个不怎么关心他的老师。回想前一段时间我对他的表扬确实很多，反而在他出现错误时会严厉地批评，再加上家人的漠不关心和溺爱，我想男孩的内心一定是很孤独的。很多时候他不知道怎么处理身边的种种问题，性格内向的他又不会去主动表达不满，男孩目前也没有较高的自我调节能力，只有发脾气和做一些不合规矩的事才能让老师和同学们注意到他。其实只是想要让大家关注到他。因为男孩身上有很多闪光点，比如男孩的东西都很干净整洁，他写得一手好字，作文写得也很精彩等，如果让大家关注到他的优点，那么他在班级里会有更多朋友，对他以后的学习生活有很大益处。目前男孩对我已经充满了敌意，我想给男孩做出正向的引导，首先我需要理解男孩，试着让男孩接纳我，进而走进男孩的内心世界，在一些事情上帮助他。于是，我决定从他最拿手的作文开始。

一次批改完作文，我兴高采烈地走上讲台，向全班同学展示了他的优秀作文，并表扬他的字和人一样整洁、大方，他看到自己的作文被老师展示，立马坐得直直的，脸上露出喜悦的神情。看到他的表现我心里想，看来他挺在乎我和同学们对他的看法的。于是我更加认真地帮他批改作文，让他受到老师和同学们的赞赏。课后我还会把他做得好的地方，以及对家长和孩子的建议，也和家长说一说，让家长在了解孩子的同时，把打骂和愧疚导致的溺爱，变成对孩子的陪伴。家长非常支持我的工作，在多次与家长沟通男孩的情况后，男孩的妈妈决定放下一部分工作，多花些时间去了解孩子，学着和孩子沟通。

除了男孩的作文我会格外细致地批改外，在批改他的作业时我也会在底下写一写评语，希望他能找我沟通，有时候是表扬，有时候是感叹，一开始他只是看看，没有表情也不说什么。但是我想这么爱写作的他，总有一天会想和我说点什么。没想到不知怎么了，突然有一天这孩子回复了我的所有评语。感到欣喜的我大笔一挥，洋洋洒洒地在他的本子上写了一封信，其中的内容就是表扬他作业做得很好，而且我很欣赏他的写作能力，告诉他在我的心里他是一个好孩子，表达我对他的认可，以及对于他一些表现我很是疑惑，希望他把原因写给我。之后他并没有给我回信，但是他上课比以前更加认真了，也再没有自己跑出过校门。而且他心里有什么不高兴的事，也愿意和我也说一说。我想这便是最好的回信吧！

很快毕业了，我收到了全班同学写的同学录，其中也有这个小男孩的，那天他穿了一身浅蓝色西服，就像是童话里的小王子，干净又帅气。他把同学录双手递到我的跟前，深深地鞠了一躬，那双眼睛亮得发光，仿佛期待着我立刻看到他写的同学录。我也好奇，他会写什么呢，等到孩子们回家了，我便翻看起来。那是一封信，信中说他一开始并不喜欢我这个严厉的老师，但是慢慢相处发现我其实是一个很有意思的老师，当看到学生出糗时总是忍不住和同学们一起笑。还喜欢和同学们一起玩儿、一起聊天。信中还有这样一段话："谢谢您总是表扬我、鼓励我，让本来性格孤僻的我，在班级里有了几个好朋友。也感谢您在百忙中，抽出时间替我排忧解难，您是我的良师更是我的挚友！"转眼间孩子们已经毕业两年，但是关于男孩的事依然让我记忆深刻，让我感触颇深。

我想身为班主任需要了解自己的孩子们，即使平时忙得焦头烂额，也需要认真听孩子们讲话，他们的小脑瓜里装了许多有趣的事情，也许是分享，也许是真的需要你帮忙。当你走进孩子的生活，你可能发现他们承受着他人无法理解的痛苦。老师对孩子的尊重与认可便是对孩子最大的支持和鼓励，请耐下心来和孩子沟通，走进孩子的世界，你会有不一样的感受。我想我不会忘记那个小男孩，因为他是第一个让我感受到身为班主任有着很大意义的学生，是第一个让我学会用心去爱的学生。

兴于诗，立于礼，成于乐

田 莉

走进首师大附中大兴北校区中已经第四个年头了，回首过去的时光，我由一名学生转变为此刻的老师，一路走来，其间的兴奋、迷茫、失望、欣喜、收获，如人饮水，冷暖自知；一路走来，离不开师父的细心督导，离不开同事们的关怀帮忙，离不开学校针对青年教师的指导……

青年教师的成长离不开学校良好的机制和先进的教育理念。在总校"成德达才"理念的影响下，我时刻提醒自己要做一名负责任、有内涵、有温度的青年教师，把温暖的爱分享给每位学生，让他们在爱的浸润中，学会关爱他们身边的每个人，让他们在爱的怀抱中幸福地成长！

为了使我们青年教师尽快成长，学校设立了以"师"带"徒"的青年教师培养模式，采取了多样化的培养措施：为了帮助年轻教师熟悉课堂教学常规，学校开展多次岗前培训，确立了一对一的师徒帮教对子，定期开展学科教研及时听评课，有经验的教师会给予青年教师细致的指导。除此之外，学校还积极搭建各种平台，给老师们创造很多参加区级、市级教研学习、比赛的机会，为青年教师提供展示自我的平台。在这样一种良好的环境下，我得以茁壮的成长。在经验丰富的优秀教师的指导和帮忙下，在紧张而又忙碌的学习和工作中，我慢慢地成熟起来，随着我在教学实践中不断进行自我反思，在反思中不断成长，我也更有信心应对学习和教学。

艺术教育对于培养学生全面素质发展有着其他学科不可替代的作用，音乐教育属于艺术教育的范畴，是学校进行艺术教育的重要途径之一。作为一名音乐教师，我认为抓好课堂教学，提高课堂效率是我们需要努力的方向，因此我认真阅读研究新的课程改革标准，深入钻研教育教学大纲，阅览大量专业相关的报刊及视频资料，认真细致地备好每堂课，争取通过音乐课让学生喜欢音乐。此外，我还利用休息时间多听、多接触优秀的音乐作品，扎实自身的文化积淀，提升自身艺术修养，给学生带来更多新鲜的音乐知识。作为一名年轻教师，我还有许多需要改进和学习的地方，我会继续向老教师学习，多参与听、评课的活动，努力使自己的课堂教学更加成熟，对学生和教材的理解、把握进一步提升，加快自己的成长和进步。

首师大附中大兴北校区依托本部百年学府的深厚文化底蕴，传承"成德达才"的育人理念，落实负责任、有温度、有内涵的"成达教育"，挖掘每个孩子的特长与优势，让学生实现全面而有个性的发展。因此，在做好音乐普及教育的同时，我开设了古筝选修课程，有针对性地引导学生的个性化发展，有兴趣、有特长的孩子们可以在这里探寻民族乐器的奥秘，感受中国民族文化的博大精深。"兴于诗，立于礼，成于乐"，开展古筝选修课在弘扬中国传统文化的同时提升了学生的艺术素养和气质修养，在日积月累的过程中会持续磨砺学生的性格、唤醒学生的潜能，给孩子们带来潜移默化的精神财富。

入职以来，在学校领导的帮助下，我通过自己的努力进取，在工作中也取得了一些成绩。入职后，我参加了北京市"启航杯"新教师教学风采展示大赛、大兴区"新星杯"青年教师教学展示比赛等各类竞赛课，承担了多次校级、区级的研究展示课，迅速提高了我们青年教师的专业素养和教学水平，使我们进步快、收效大。古筝社团的学生们也先后参与了"建校五周年庆演""中小学直升课程展示"等多种演出活动，得到领导及师生的一致好评。一切成绩的取得，都离不开学校领导为我们提供的平台和机会，离不开学校老师的指导和帮助。学校浓厚的学习氛围和领导们张弛有度的管理模式，充分地调动了青年教师的工作热情，帮助我们更健康地向上发展。

青年教师是充满希望、拥有活力的队伍，也是需要努力学习和经受锤炼的群体，作为一名青年教师，我拥有许许多多的机会，也会面临不计其数的困难，针对具体的问题有具体的解决方法。但是抛开这些具体的东西，在我的成长过程中，我始终认为学会做人、学会学习、学会创造，是我们青年教师立足之本、发展之机、力量之源。我很幸运，进入了一所高起点的学校，遇到了高水平的各级领导和真诚以待的各位良师益友，为实现自我价值提供了一个很好的平台。感谢学校领导对我们的培养，感谢老师们对我们无私的帮助，前面的路还很长，我们将会用自我的行动和努力，回报学校、回报社会！

做知识的明灯，成为真正的教育者

高　伟

苏联教育家苏霍姆林斯基在《给教师的建议》一书中提出，只有当学生产生了想要比在课堂上获得更多知识的愿望，这种愿望成了推动他学习和掌握知识的一个主要刺激因素时，教师才能成为知识的明灯，因而也成为教育者。

2019 年 7 月 6 日至 10 日，我有幸现场聆听了小学语文统编教材（北京市大兴区儿童阅读课程种子教师）为期 5 天的专题培训。本次培训在统编教材基础上，主要关注的是儿童阅读。不仅为我们现场进行包括单篇阅读、整本书阅读、项目阅读、群文阅读展示课，还有闫勇老师《语文要素的培养和发展逻辑——以统编教材阅读策略单元为例》，以及管建刚老师为我们带来的《儿童的写作》报告。老师们的每堂课都让我沉醉其中，老师的每场报告都让我有新的思考。他们都是真正的教育者，都是我应该学习的对象。

当然，各位老师的教学风格各有特点，各有所长。有的老师诙谐幽默，妙趣横生。有的老师娓娓道来，引人深思。虽然风格迥异，但是都为我们呈现出一堂有深度、有思考的课。那么如何能让学生积极思考，产生了想要比在课堂上获得更多知识的愿望，推动他学习和掌握知识呢？我认为这些老师都"善于启迪"。王文丽老师说："平庸的教师在说教，优秀的教师在解惑，卓越的教师在启迪。"所以善于启迪一定是成为一个真正教育者的充分条件。直至今日，我对王文丽老师的整本书阅读《明锣移山》还历历在目。王文丽老师善于启迪，在了解整本书内容后并没有结束，而是又通过问题启迪学生这代表一种解决问题的策略，能发现解决问题的奥秘，又启迪学生发现聪明人和明锣各自的优点。这还没有结束，最后王老师又启发学生将《明锣移山》与《愚公移山》做比较，让学生自由说，如果将来你遇到大山，你是做明锣还是做愚公呢？这时学生们各抒己见，答案不一。让人忍不住拍手叫绝，薛法根老师《火烧云》《翠鸟》同样让人印象深刻。在《火烧云》教学中，薛老师启迪智慧主要体现在学生积累和仿写方面。一上课，薛老师不仅带着学生积累课文中好的词语，还让学生进行扩充积累。课文中关于火烧云的描述和字典中的描述是不同的，引导学生发现不同，教师相机做出总结这两种描述分别用在什么地方合适。在学习课文前，薛老师先问了学生如果是作者会从哪几个方面写，然后着重学习描写火烧云形状部分，并且让学生按照间接描写的方法描写炎炎夏日，烈日当空……在薛老师的引导下，同学们纷纷写出一小段想象丰富、略带童趣的夏日描写。在《翠鸟》教学中，薛老师用幽默诙谐的语言引导学生仿写重点段落，从而让学生在课堂中有所思、有所得。如果学生在学习课文中积累这么多词语、句式，对其习作一定是大有裨益的。

学校给予学生的是有限的，而阅读给予学生的是无限的。因此，上好阅读课对于我们老师来讲是至关重要的。而上一堂自然流畅又不失深度的阅读课，更是对于老师的考验。首先，需要教师自己有大量的阅读积累，苏霍姆林斯基在《给教师的建议》一书中提过一位有 30 年教龄的教师上了一节历史课。课上得非常出色，以至于在场听课的教师都忘记做记录。课后有位老师问这位历史老师："您花了多长时间准备这节课？"那位历史老师的回答是"对这节课，我准备了一辈子。而且总的来说，对每一节课，我都是用终生的时间来备课的。不过，对这个课题的直接准备，或者说现场准备，只用了大概 15 分钟。"当我读到这个故事时，我就在想，我们所上的每堂课所呈现的并不仅仅是课前的备课，还关系到我们平时的获得。平时的阅读都有可能会成为我们准备下节课的重要材料。不仅如此，薛法根老师说过，一堂理想的语文课，不仅需要教师深厚的文化功底，更需要教师高尚的人格魅力。

教师除了有一定的阅读量，热爱阅读外，还要善于思考总结，最好能把自己的思考用教育日记的形式记下来。这样长期下来，有助于积累自己的教学经验财富。只告诉学生读是不够的，阅读能力的提高也是有方法策略的，需要训练的。这就要求我们要去了解教材。根据教材的编排特点，适时安排合理的教学内容，使教学效果更好。通过培训，我更加深入地了解了教材。小学语文统编版教材是按照"人文主题"和"语文要素"双线结构编排的。其中，语文要素是教好统编教材的关键，不同的阅读策略适用于不同的文体。总之，只有当教师对教材清楚，才能在教学中达到好的效果。

写作是我接下来要遇到的一个比较全新的教学。在听完管建刚老师关于儿童写作的讲座后，给我留下最深印象的就是管老师关于儿童写作的

"说真话"的理念，大人不能用自己的道德标准去评价孩子作文的好坏，更不能用自己的道德标准限制孩子说心里话的自由。如果儿童写作文只为迎合大人的想法，那么是写不出好作文的。假期我也有深入了解管老师的作文理念，并且拜读了管老师《我的作文革命》一书，书中的很多想法、做法值得我学习和借鉴。

我想成为一名真正的教育者，不仅是传授知识，更重要的是应该启发智慧，让人学会思考。在接下来的教学生活中，我也会努力践行在此次培训中获得的教育智慧，不断提升自己、充实自己。让自己成为知识的明灯，做一名真正的教育者。

初为人师

刘 浩

时光如梭，岁月如歌，转眼间已经进入北校区的大家庭有 3 年时光，回忆这 3 年的时光，既有很多故事，也有很多快乐。每当给孩子们上课时，我都会想起初为人师时与第一群学生们一起嬉戏的场景，学生们第一次叫"老师好"时心里真是美滋滋的，小时候的我就仰慕教师这个神圣的职业，而这句"老师好"也使我坚定了一生的信念，注定我一辈子要教书育人，我不仅要做到爱一行，钻一行，更要干好这一行。

一、坚定信念，制定目标

小学阶段是孩子的性格形成期，作为一名体育教师，我要通过体育教学培养学生良好的性格，使他们乐于交往，兴趣广泛，与人和谐相处养成积极进取的精神。

依托我校传承本部百年学府的深厚文化底蕴，传承学校"成德达才"的育人理念，作为青年体育教师，我应在学校管理部门和有经验的教师指导下制订自身合理的成长计划，确定成长目标。在工作初期要熟悉学校的各项规章制度、教育理念，并能够尽快地融入这个大家庭中。在教学中，首先要备好课，勤听课，并了解自己所教学生的学情，制定好教学目标、教学方法和内容，在撰写教案时注意书写的规范性。在育人方面，遵循教育规律和人才成长规律，培养正志笃行、报效社会的人才。在课余时间，我自学新课改的相关知识，并对自己定期的成长计划的实施进行总结，分析自身的进步与不足之处，制订好阶段的成长计划。

二、积蓄学识，提升自身、培养学生

在教学实践中，要锻炼自己的教学技能，提升自身对学生的组织管理能力，在教学中做到掌握好教学大纲，制订好教学计划，提前备课，根据学生的差异因材施教，认真上好每节课，课堂中让学生成为课堂的主体，在教学中采用适合所教年龄段学生的教学方法，采用多种教学手段，使学生在宽松的学习环境，发挥主观能动性，让学生在学中玩，玩中学，真正地学习到体育技能。在大课间课外活动、体育竞赛、课余训练、裁判工作等体育教师的常规工作中，在学校的带领下，身为青年教师的我也积极参与其中，并在实践工作中锻炼自身的各项教学技能。经过 3 年的学习与实践，由最初的手忙脚乱到现在自身能够胜任学校的大课间活动、体育竞赛的编排、组织，以及学校田径队的训练等活动。在大课间活动中组织学生们积极参与，做到在锻炼的前提下学生能够达到锻炼的效果的一些学生喜爱的活动。在体育竞赛中，能够编排学校的各项活动赛事的规程，在比赛中能够有序、安全地组织学生们进行田径运动会、足球班级联赛、各年级趣味运动联赛、体育节等活动，在活动中以学生为主体，让学生在竞赛中体验体育带来的乐趣，在比赛中让学生更加深刻地了解集体荣誉感、班级凝聚力的意义。在课余训练中，我带领着学校一支团结拼搏，吃苦耐劳的田径队。在这支训练队中孩子们都非常棒，积极努力，勇于拼搏，不怕苦不怕累。在孩子们进入训练队之前，我就对孩子们说，田径训练非常苦、非常累，而且会很枯燥，但如果能够坚持住，不管自身以后是否以体育为出路，一定都会成为强者，正所谓吃得苦中苦，方为人上人。最早田径队训练人员寥寥无几，到现在训练的人员越来越多，我也是发自内心的高兴。在训练中，孩子们也都非常努力、认真、开心。经过努力，孩子们都取得了非常好的成绩，为学校、班级、自己都取得了荣誉。

三、努力学习，积极创新

在教育教学中积极向老教师学习，在向老教师学习的同时要不断地创新。积极参加校级、区级、市级教研活动，在活动中不断提升自身的教学能力，发挥出培训的效果。在自己的课堂中认真反思，通过自我反思、总结、实践，使自身有提高深化的过程，促进自身综合素质的提高。

经过 3 年的实践与学习，我更加明白自己需要学习的内容还有很多，在以后的教师生涯中，我会更加努力学习，在实践中找到学生的发展需求。在这 3 年中，学校给予我的帮助不言而喻，我会一如既往地干好各项体育工作。初为人师，需要学习的很多，需要实践的也很多，我会秉承自己的初心，做一名合格的体育教师。

以关爱之情育友善之心

施一肖

习近平总书记在 2015 年的教师节时曾提到，一个人遇到好老师是人生的幸运，一个学校拥有好老师是学校的光荣，一个民族源源不断涌现出一批又一批好老师则是民族的希望。在座谈会上习近平总书记也提出了"四有"好老师的标准，即有理想信念、有道德情操、有扎实学识、有仁爱之心。无论是个人角度还是职业角度，友善与仁爱都是教师的底线，是传递给学生宝贵的精神财富，其实这更是拉近教师与学生距离的重要桥梁。

一、冷漠背后，皆有原因

常言道"严师出高徒"，但是何谓"严"，如何"严"，"严"的程度是什么，却成了让我们难以衡量的问题。在教育的这条路上，我们时常因为严厉、严格而让学生变得听话、胆怯，却也让本该亲近的师生关系变得更有距离感。当学生年纪逐渐成长时，长期压抑的情绪，可能会爆发，甚至改变学生原本的脾气性格。所以，我认为严虽有益，但仁更当先。

《三字经》中提到"人之初，性本善"，对于这句话我十分认同，我相信每个孩子在出生时，都像一张白纸一样纯洁无瑕。所以，学生发展差异性的最直接变化离不开学生的第一所学校——家庭环境的影响。在我接触过的学生中，有一位学生尤其特殊，孩子爸爸由于工作原因不能参与教育孩子的过程，然而当孩子成绩不理想时，爸爸却总是第一个冲上去对孩子指责、批评。伴随着孩子成绩的不理想，这个家庭的矛盾便越发严重，每天除了爸爸无休止的批评外，还有母亲无奈的叹息声。由于长期处于这种环境中，学生对于教师的批评教育变得无动于衷，没有任何的改变。于是我开始改变策略。

雨果曾提到："善是精神世界的光。"而上述学生的问题就在于，他感受不到身边最亲近的人的善意，从而变得冷漠。在班级与人交往时，经常因为不会沟通，以及自身的性格与其他学生产生冲突。久而久之，该学生逐渐边缘化。

二、以关爱为线，树友善之心

（一）耐心教育不可少

儿童心理学研究的基本原则表示：儿童心理发展具有一般性，也具有特殊性。面对这种比较特殊的学生，我对其进行了"个别谈话法"来实施教育。在谈话过程中，我始终站在与学生平等的地位上，对学生进行启发引导，将严格与宽容融为一体，设身处地地理解他的行为目的与思想，从而帮助他指出错误之处，寻找正确的方向。

当教师对学生态度平和时，往往学生对教师教育的接受程度也会更高一些。在学生犯错后，我不会第一时间批评他，而是要厘清事情发生的过程，以及这么做的原因。帮助他找到价值观里的细小偏差，耐心地帮助他分析事情发展中的细节，以同样的角度、同样的方法让他站在对方角度思考问题，以便帮助他理解自身行为的不足，并共同寻找解决办法。长期下来，学生在成长过程中接受了更多的价值观的培养，逐渐转变了自身的理念，在与其他学生交往的过程中问题慢慢变少，其他学生对待该学生的评价也逐渐转化为正向评价。

（二）集体温暖力量大

在班级中，我努力营造平等、温暖的环境，让学生感受到集体的温暖与包容。以教师自身的影响力去带动周围同学的情绪与认知。在班级中，我会主动地和他聊天，多询问他的感受，关注他的情绪。其他学生看见教师的行为的转变，也会主动地去与他交流。

在课堂中，我们学习《称赞》这篇文章。学生在文章中学会了称赞会给人带来的动力与快乐。于是我将他带到了讲台中央，让他成了称赞活动的主角。起初只有几个人举手，在教师的提示和引导下，同学们一起回忆他做过的事情，一起寻找小的细节，越来越多的同学开始举手称赞他，仿佛称赞他就与称赞自己一样的高兴。活动的最后，我们还将称赞的话写在了便利贴上，并贴在了班级的成长树之上。那一次的活动，大家加深了对他的了解，从此变得对他不再那么排斥，而他通过那次的活动，更是感受到了同学对他的认可。

（三）树友善之心

因为感受到爱，慢慢地就会变成心中有爱的学生，能对周围的人或事释放善意。通过多种方式的教育，在细细的沟通与周围同学对他的逐渐接纳后，该学生的情况逐渐好转。在与他人的交往过程中及在教师的多次谈话下，该学生逐渐找到了合适的与他人交往的方式。在周围同学对他的赞扬肯定后，该学生变得自信了，在与人交往中，也更积极主动。

通过这次的事例让我意识到，每个孩子都害怕训斥，但不是每个孩子都接受训斥。他们需要严厉，但不需要批评；他们需要严格，但不需要指责。对学生多些耐心，多些真心，多些关心，也许他们会让我们看到不一样的他们。在教育学生的过程中，让我更加体会到了教育的魅力与快乐。希望在以后的职业生涯中，我也始终能以关爱之情面对每个孩子，走进他们的心里，贴近他们的生活，塑造出一个又一个心中有爱的孩子！

人生满希望，前路由我创

赵婷婷

教师是培育优秀人才的关键。我校鼓励教师在教学中改革创新，创造自己的教学特色，鼓励优秀教师发挥传帮带作用，以使青年教师迅速成长。

我校的各个教研组长长期坚持拜师传统。通过传帮带，青年教师在业务上快速成长。在老教师的带领下，每个教师均能做到备课认真、规范，工作负责，为人师表，在讲课中追求有启发、有深度，有利于学生创新精神和实践能力的培养，优秀学生有钻研的余地。教学中注重过程管理，对学生严格要求并通过各种途径了解学生的学习状况，有针对性地开展教学工作，教学效果得到了学生和同行的认可。

我就是在学校为新教师培养规划中的受益者。

为期一年的新教师培训的学习是我能更稳健地踏上神圣的三尺讲台的起始点。通过培训，我慢慢地适应了环境、适应了工作。因此，我也由初来时的浮躁，再经过老师们与同事们潜移默化的教导，慢慢变得求实、务实起来。我的教学品质在这样的人文环境中也得到步步提升，我的教学业务能力也在不知不觉中得以加强。

在培训中，从事教育多年、教学经验丰富的老师们，根据自己的实际经验，给我们介绍了许多当好教师的要点和方法，使我留下了深刻的印象。

第一，要学会爱教师这份工作，爱这个角色，因为职业认同是职业幸福的根本。

第二，教师是知识的传递者，"师者，所以传道受业解惑也""学高为师，身正为范"，教师要具备扎实的专业素养，真正成为学生的引路人。终身学习是教师应该具备的良好习惯，要不断地用知识充实自己。

第三，教师是管理者。教师要有较强的组织领导、管理协调能力，才能使教学更有效率，更能促进学生的发展。一节课要想上得好，课程管理很重要。好的管理方法不仅能提升课堂质量，更能让学生养成良好的课堂习惯。

第四，教师是父母。教师要富有"爱心"，教师对学生的爱应是无私的、平等的，就像父母对待孩子。爱心教育是充满智慧的教育，当然，教师还要善于发现每个学生的闪光点和发展需要。在美术教学中，每个学生的基础是不同的，要因材施教。黄同学在初一的时候美术基础很差，一上美术课就提不起兴趣。但是他对色彩的感觉很好，于是我在课上鼓励他多进行色彩的搭配，尽量用颜色表达情绪。于是在初二时，黄同学不仅在色彩上提升了一大部分，在造型表现上也更加有耐心，愿意静下心来完成一幅作品。学生在每个发展阶段的需求是不同的，所以教师要关注到每位学生的变化，多发现学生身上的闪光点。

第五，教师是朋友。"良师益友"就是强调教师和学生要"交心"，师生之间的融洽度、亲和力要达到知心朋友一样。作为年轻教师，与学生交朋友这件事相对来说算是我的强项。但是由于年纪较小，学生有时候会忘记对待教师应有的表现，既要做朋友，也要做好教师。

第六，教师要创设安全的课堂氛围，有了安全的氛围，学生才敢于举手，敢于发言，敢于说出自己的想法，不怕被嘲笑，不怕被否定。还要学会忽略与表扬，学会等待，学生是需要表扬、需要鼓励的，聪明的孩子是夸出来的。在美术课上，学生比较愿意积极回答问题，因为在上课之初我就告诉学生们一个观点：在欣赏一件美术作品时，每个人的想法都是不同的，没有对错之分，不要害怕说错，要勇敢地表达自己的想法。

第七，教师是学生的心理辅导者。教师必须要懂教育学、心理学、健康心理学等知识，了解不同学生的心理特点、心理困惑、心理压力等，以便给予及时的帮助和排解，培养学生健康的心理品质。中学生处于青春期的敏感阶段，有些学生没有好的排解压力的方法，容易造成心理压力，所以教师在这个时候要多注意学生的变化，及时帮助学生找到问题根源，帮助学生缓解压力。

培训的主要形式为听课、评课、试教、磨课，互动性非常强，能使我在培训中能更加积极地思考，不断地成长、进步。通过交流、点评和指导，让我看到了自己身上所存在的许多不足，如教师的语言不够精练、教态不够自然大方、对学生的评价没有针对性。通过多次的试教，对于教学的设计、问题的提法、学生回答的预设、课堂生成的处理，我有了一定的体会和感悟，也有了一定的经验。同时，我也意识到了，作为一名教师，应该具备上课的热情，这是取得课堂互动的最佳手段。要上好一节课，需要不断地磨砺，而试教、磨课就是非常有效的途径，能使一个新教师不断地进步、不断地成长。

通过学校的新教师培训，我深深地领悟到，作为一名人民教师，要不断提高自身的文化素养和教学水平，夯实教学基本功。时代的脚步永远都不会停留，我们必须不断地学习，活到老，学到老。

"人生满希望，前路由我创。"谢谢首师北对我的栽培！作为新教师，我的职业生涯刚刚起步，今后我要坚持不断地学习，提高自我知识储备和教学水平。尽力汲取培训中所得到的知识和经验，努力地做好教师的角色，教书育人，在数学课堂中，尽力做到最好，让学生快乐地学习，学习得快乐，做一位优秀的、合格的好教师！

爱人者，兼其屋上之乌

高　雅

学生的成长需要与植物和其他动物有所不同，学生成长需要火热而真诚的心。中国有句古话："爱人者，兼其屋上之乌。"老师对学生的爱，会被学生转化为对教师的爱，学生进而把这种爱迁移到教师所教的学科上，正所谓"亲其师，信其道"而"乐亲其道"，因此爱的教育是我们教学上的巨大推动力，教师关心学生，就能载起我们教育界称为的那条很难驾驭的小舟。没有这种关心，小舟就会搁浅，用任何努力也无法使它移动。

《国家中长期教育改革和发展规划纲要（2010—2020 年）》明确指出：百年大计，教育为本。教育是民族振兴、社会进步的基石，是提高国民素质、促进人的全面发展的根本途径，寄托着亿万家庭对美好生活的期盼。青年教师是实施素质教育，推进教育现代化的生力军，也是未来教育改革与发展的希望。因此，在新的历史条件下，加强对青年教师的培养，已成为当今教育一项十分重要的战略性工作。

一、与身边教师学习，尽快提高自己的业务水平

对于我们缺乏教学经验的青年教师，我清醒地认识到身边老师不仅仅是自己的同事，还是自己在教学路上的引路人。要虚心向老教师学习，并且要在日常工作中多观察。比如有的老教师，教学经验丰富，积累深厚，经常能够在很多有难度的问题上给我解答。有的老教师善于把握学生的思想动向，通过与她们进行教学交流及她们在日常教学中的安排，我不仅学到了书本上所没有的教学方法，也学到了宝贵的教学经验。

增进与其他青年教师的相互交流，虚心向他人学习。在年龄相仿的青年教师队伍中，也有很多非常出色的教学能手，他们在教学方面有自己的一套方法和特色。经常与自己周围的同事及外校的其他老师交流，吸取他们成功的经验，交流教学心得。这样不仅可以迅速弥补自己教学中的不足，还可以彼此探讨经验，增强信心。青年教师之间的互相交流还可以使彼此之间获取最新的信息，丰富自己的教学手段和方法，在教学中达到事半功倍的效果。

二、平等民主、和谐师生关系

入职一年以来，我逐渐明白了做一位好老师并没有想象的那么简单，不仅要上好每一堂课，更要学习如何与学生相处，热爱学生，注重师生关系。其教育结果的好坏有时受师生关系好坏的影响，不同的师生关系往往导致不同的教育结果。学生需要有一个安静和谐、健康的学习环境。师生关系的建立必须是"民主型"的。在这样的情况下，学生的情绪就会轻松愉快。在学生所认同的目标或要求的指引下，主动积极地参与各种学习活动。反之，如果师生关系是"专制型""放任型"的，则会造成学生情绪上的紧张，导致学生内心烦躁、恐惧等情况的发生。在这种情况下就不会有高效的学习，学习效果也不会好。这种情况正如英国教育家洛克所揭示的："儿童从导师方面受了无情的言语和鞭挞，他的心里，就充满了恐怖，恐怖立刻占据了他的整个心理，使他再也没有容纳别种印象的空隙了。"在教育过程中，教师与学生之间要进行多方面的互动，会产生种种矛盾。所以教师要重视矛盾，关心和热爱学生并把他们视为可倾吐心声、解决困惑的朋友，让他们感受到亲人般的关爱和保护。除此之外，教师还要以正确的方式去体现对学生的尊重、爱护和关心，爱就能为建立民主、和谐、平等的师生民关系奠定良好的基础，进而很好地化解矛盾。因此，热爱学生是建立民主、平等、和谐师生关系的基础。

三、热爱尊重学生、公平对待学生

教师热爱学生有助于学生良好品格学的的培养，有利于创造活泼、生动的学习氛围，使学生保持良好的学习状态，而这一切都是做好教育工作必不可少的条件。

四、主动与学生沟通、善于与学生交往

在我入职的第一个学期，无论是教学还是课堂管理，我都需要仔细观察认真学习。在任职美术教师的同时，我还担任一年级副班主任，在我们班里有个叫小岳的男孩儿，班主任让他担任小组长的工作，开学的前一个月，我需要协助班主任一起培养学生吃饭的好习惯，所以吃午饭时我就和他们坐到一组，自然我也就成了他们的组员，我告诉他，老师吃饭时要有做不好的地方，你也要指正哦，他听到很高兴，之后我们相处得很愉快。我发现他是一个做事认真、敢说敢做也很懂事的学生。在我不和他们一起吃饭的时候，他还来问我为什么不和他吃饭了。我很高兴他愿意和我在一起。

但在接下来的日子，我慢慢发现他开始被班主任频繁地点名字，我也开始有意地观察他，发现他开始捣乱，不认真做事，遇到事情喜欢狡辩，当时我也有些惊讶，便问他怎么了，他瞟了我一眼，还表现出不屑的表情，与我也有了距离感。不久，学校组织活动，正赶上班主任休假，在活动中，小岳表现得尤为活跃，我弯下腰在他的耳边说："你愿意活动之后，和我聊一聊吗？"他又拿眼瞟了我一下，想了想，说："好吧。"活动后他找到我，我蹲下来问他："你有想和老师说的吗？"他低头沉思道，说："老师，我觉得特没意思。""你指的是什么没意思呢？""我也不知道，我就是觉得没意思。""那你愿意把觉得有意思的事情和我分享一下吗？"他沉思片刻，认真地说："老师，你知道吗？我有个想法，我一直在思考一个问题，想做一件事。""什么事呢？我很想听听哦！""就是我想学习克隆技术！我都在研究呢！"然后就和我表述了一些关于克隆技术的神奇之处，我饶有兴致地听他讲完之后，摸着他的头说："哎呀，克隆技术真是太神奇了，你懂得真是不少呀，老师也希望有一天你能实现自己的理想，那你现在有没有觉得我们现在学习的知识越多，就可以越帮助实现自己的想法

呢?"他想了想回答:"应该是吧。""那我们应该怎样做呢?"他笑了,"老师一直认为小岳是个懂事可爱的小学生,相信你在学校也可以管理好自己的,有一天,你掌握了克隆技术,一定可以帮助到更多的人,让他们的生活更快乐、更幸福。""没问题!"他兴奋地说。通过这次谈话,我们之间的距离近了一步,之后无论是校内还是校外,只要他看到我都会大声地叫老师,我也会开心地回应他,并且经常以朋友的口吻鼓励他,他慢慢地又自律起来,较之前有了很大的进步。

学生渴望与教师沟通,渴望得到老师的关注。美国著名心理学家威廉·詹姆斯指出:"人性中最深层的需要,就是渴望得到别人的欣赏和赞美,教师对学生及时的欣赏、赞美和激励便是帮助学生飞向成功彼岸的翅膀。"因此,教师在授课时更应该使用更贴近学生、利于学生接受的方法,去管理学生。平常多与学生交流并了解他们的思想动态,关心他们的学习和生活,主动和他们多接触、多谈心,这样可以迅速融入学生中。

苏联著名教育家、心理学家赞可夫曾经说过一句话:"当教师把每个学生都理解为他是一个具有个人特点的、具有自己的志向、自己的智慧和性格结构的人的时候,这样的理解才能有助于教师去热爱儿童和尊重儿童。"我想教师需要有这样的理解,才能缩短与学生的距离。同时,我们还要给予学生充分的信任,多与学生进行交流,要重视他们的想法和做法,这样才能有助于了解每个学生,让每个学生健康、快乐地学习和成长。

加快角色转变　不负时代召唤

姚旭颖

著名作家冰心曾说过:"没有爱就没有世界。"爱的教育对当代学生尤为重要,理应成为教师教育工作中一个永恒的主题。作为一名青年任课教师,只有全身心地去爱学生,才能赢得学生的爱,才会让你在和他们的交往中忘记师生之间的距离,你才会更容易走进学生心里。因此,教师要把自己的爱心洒遍班级的每个角落,让全班的学生共享你的爱心。

在新教师培训中，王学军书记的讲话让我了解到了大兴区教育的目前现状，总结起来就是，大兴教育的今天可圈可点，大兴教育的明天值得期待！由于大兴新机场的建设，推动了大兴经济的全方位提高，所以教育问题也要紧跟步伐，要理解并肩负人民群众的期望。王学军书记也给我们新教师提出了以下几点要求：

第一，做一名对党忠诚的教师。爱国爱党的理念要摆在教师准则的首位，而我自己也作为一名共产党员，自己的政治思想、准则、方向、立场始终要与党保持一致。正确处理公与私、对与错、荣与辱3种关系，树立正确的工作作风。学校会定期召开党员民主生活会，开展批评与自我批评；王校长为我们讲党课，进行集中交流与学习；党支部书记下发学习资料，定期撰写学习心得。在新冠肺炎疫情期间，我积极参加学校组织的党员"桶前值守"活动，在所在社区进行值班，号召居民进行垃圾分类，发挥党员教师的先锋模范作用。

第二，做一名有教育情怀的教师。教师不仅是知识的传播者，更是文明的传承者和灵魂的建设者。起初，我刚进入工作岗位，接手英语学科教学时，过分关注自己的课堂，课堂上问孩子最多的问题就是："今天学的课文你听懂了吗？""这个小语法点你明白了吗？"课后反思的时候也是在反思自己的课是否设计得符合目标，流程是否完善。后来一段时间我发现，自己的课堂变得索然无趣，孩子们是可以很好地理解今天所学的知识点，但看到孩子们上英语课似乎没有很大的兴趣。此刻，我开始意识到我似乎忽略了课堂的真正主体——学生。我们英语组经常进行教研和交流，在交流与反思中我明白：追求学习结果应转向追求学习过程，真正把学生当成获取知识发展自我的主人。教学活动以学生在课堂上做事为主，教师的作用是负责组织、引导、帮助和监控，引导学生学会认知、学会做事，让学生经历获取知识的过程，而不是做一个"填鸭式"教学的老师。

加快转变教师角色，面对教育的喧嚣，我们要依然保持着淡定与从容，以教育者的眼光和实践者的姿态加以理性的审视与判断，秉承"择其善者而从之"的准则；面对各种误解甚至不公正待遇时，我们要依然坚信教育的美好，始终恪守内心深处崇高的道德法则，依旧报以满腔的热情。

爱生育生　静等花开

教育首先进入学生的心灵，然后改变学生的灵魂，要发自内心地爱学生，用点滴折射出教育博大的爱。作为一名小学英语学科教师，现在已经工作将近两年，在日常的教育教学中也遇到了许多学生事件，在学校文化的影响下，在不断地请教和自我摸索中，逐渐有了一些自己的感悟。

"如果学生们在课堂上表现不好，该归罪于谁?"每个班似乎都有几个令老师"头疼"的学生，而我也"未能幸免"：在我任课的其中一个班有3个调皮捣蛋的学生，课上经常随意说话，发出怪声，似乎想引起其他学生们的注意。起初，我只是对他们进行口头上的严厉批评，想以"严厉"震慑住着这3个"小调皮鬼"，但我发现这样非常影响班级其他学生的听课效果，批评他们就会打断我的授课。后来，找到本班班主任了解这3个孩子的性格特征，以及他们在其他课堂上会不会出现这种状况，了解过后，我就经常单独找到这3个孩子聊天，首先给予他们表扬和鼓励，然后我将他们3个学生之间进行"竞争"和比拼，看谁得到我的奖励最多，后来这3个"小调皮鬼"真的开始"竞争"起来，表现得越来越好。我后来认真反思：其实课堂真正的关键变量在教师的归因，优秀的教师总是在时刻反思提高自己。面对学生——赏识激励抓亮点　助其成长；面对同伴——协同作战夸优点　共同发展；面对家长——有效沟通给信心　赢取合力；面对自己——不断学习找支点　体验幸福。

近期，在参与班主任处理一名"问题"学生的事件，学校领导们的处理方式使我也更加明白了家校协同的原则：要和家长站在同一立场上，把培养孩子作为共同的目标。在网络上沟通要微笑开场、尊重对方、夸优批缺、关切忧肠、请求合作、提出希望。当面约见的沟通要致歉打扰、不得不找、情况通报、危害不小、相信能好、家合重要。

教师无论走到哪里，心中总有一份牵挂，牵挂着自己的课堂、学生，牵挂着学校里的一草一木。发自内心地爱着每位学生，做一名受学生爱戴、让家长放心的好老师。

习近平总书记在党的十九大报告中指出，我国特色社会主义已经进入了新时代，新时代的青年教师承担着传播知识、传播思想、传播真理的历史使命；肩负着塑造灵魂、塑造生命、塑造人的重任。百年大计，教育为本；教育大计，教师为本。教师是立教之本、兴教之源，承担着让每个孩子健康成长、办好人民满意教育的重任，在平凡岗位创造属于自己的精彩！